普通高等教育
广告学系列教材

本书荣获中国石油和化学工业优秀教材奖二等奖

新媒体广告

XINMEITI GUANGGAO CEHUA YU SHEJI

策划与设计

第二版

李雪萍 岳 丽 编著

U0367402

化学工业出版社

·北京·

内容简介

《新媒体广告策划与设计》从理论和设计两个维度来解读新媒体广告。

理论篇，主要是对新媒体广告实施的原理和规则进行阐述，从介绍新媒体营销环境和新媒体终端入手，对新媒体广告的现状和发展、新媒体广告的分类、新媒体广告的运营要点等内容作出系统的梳理；最后展望5G环境给新媒体广告带来的机遇和挑战。

设计篇，则主要从视觉感受的角度出发，以视觉设计基础为出发点，依托电脑终端和移动终端载体，阐述了新媒体广告在不同终端中推送的视觉设计要素和关键问题。

本书可用作新闻传播学、广告学、视觉传达等相关专业的教材，也适用于对新媒体广告感兴趣的读者。

图书在版编目（CIP）数据

新媒体广告策划与设计/李雪萍，岳丽编著. 一2版. 一北京：化学工业出版社，2022.6（2023.8重印）
普通高等教育广告学系列教材
ISBN 978-7-122-41079-5

Ⅰ.①新…　Ⅱ.①李…②岳…　Ⅲ.①广告-策划-高等学校-教材②广告设计-高等学校-教材　Ⅳ.①F713.81②J524.3

中国版本图书馆CIP数据核字（2022）第051636号

责任编辑：郝英华　　　　　　　　文字编辑：徐照阳　王　硕
责任校对：边　涛　　　　　　　　装帧设计：张　辉

出版发行：化学工业出版社（北京市东城区青年湖南街13号　邮政编码100011）
印　　装：涿州市般润文化传播有限公司
710mm×1000mm　1/16　印张16$\frac{1}{2}$　字数321千字
2023年8月北京第2版第2次印刷

购书咨询：010-64518888　　　　　售后服务：010-64518899
网　　址：http://www.cip.com.cn

凡购买本书，如有缺损质量问题，本社销售中心负责调换。

定　　价：68.00元

新媒体、新技术、新环境衍生新的广告传播方式，带来新的广告业态。广告早已从传统的大众传播时代进入了数字传播时代，信息传播技术的发展孵化了新的媒体形式，新的媒体形式必将产生新的传播模式，以信息传播为基础的广告业，也将产生前所未有的变化。基于行业发展的广告学专业教学也逐渐转向培养学生的数字化思维和新媒体平台驾驭能力。

本书作者李雪萍、岳丽，为山东建筑大学广告学专业副教授，多年从事新媒体广告和文化传播等相关课程的一线教学工作。虽然本书是《网络广告策划、设计与制作》的再版，但由于传播环境变化所带来的行业翻天覆地的改革，所以在内容设计上与第一版有较大的区别，主要从策划理论和设计呈现两个方面入手，带读者全面浏览、理解新媒体、新技术带来的新的广告呈现方式。本书共有八章，分为理论篇和设计篇。理论篇注重理念和原则，通过对这部分内容的了解，读者可以体会到广告策划的精髓在新媒体环境中运用的"神来之笔"，以及新媒体所带给我们广告人思想上的冲击；设计篇则让读者的各个感官"畅游"在新媒体广告的海洋中，体会其设计所带来的"美感"。

理论篇涵盖了第一章到第五章，从第一章介绍新媒体入手，第二章继续展示新媒体广告的出现、发展和现状，第三章是理论篇的重点，对新媒体广告的每一种呈现形式都进行了详细的阐述，第四章则主要介绍新媒体广告的用户分析和运营规则，最后第五章对新媒体广告的未来进行了展望，并分析未来行业人才需求。

第六章到第八章是本书的设计篇，从第六章的新媒体广告视觉设计基础入手，分别在第七章的电脑端网络购物平台的视觉设计和第八章的移动新媒体广告界面设计中更加详细地阐述了视觉呈现元素的设计规则。

本书的特点之一是理论和设计相结合，此类新媒体广告教材在市面上非常罕见。偏理论的教材不能满足设计类课程的部分要求，而纯设计的书籍则在理论积淀上有所欠缺，所以本书的设计特点能够满足读者多种需求。还要强调的是，本书对新媒体广告的未来做了详细的分析和展望，并罗列新媒体广告人才的需求现状，可以帮助读者更加明确自己的目标。

本书既可以作为广告学专业、新闻传播专业、视觉传达等专业的教材和参考书使用，为新媒体时代广告专业人才的培养提供可以借鉴的理论应用基础，也可以为新媒体广告从业人员提供相应的知识帮助。希望本书能够鼓励更多的年轻学子为广告业的明天不断奋斗，也希望给业界的广告人带来更多的启发与思考。

本书的完成过程中，很多内容借鉴了他人的理念和阐述。在这里，我们衷心地感谢那些在广告学术界不断探索的学者们，以及活跃在广告一线的业界精英们，他们的研究成果和项目经验为本书的完成奠定了基础，也欢迎各位同仁和读者为本书提供宝贵的意见。

东华大学人文学院研究生柳媛媛同学、山东建筑大学艺术学院广告学专业刘心澄同学，以及北京知微数据的李佳楠女士，书稿的完成离不开他们在资料收集等方面的付出，在这里对他们表示衷心的感谢。同时也感谢所有为本书的出版付出过努力的同志们！

限于笔者水平，书中不足之处恐难避免，欢迎读者不吝指正。

编著者

2022年1月

目 录

理论篇

第一章

新媒体广告
策划与设计
（第二版）

认识新媒体

第一节 什么是新媒体

新媒体是相对于传统媒体而言的媒体，具有媒体的一般属性，即承载信息和传播信息，强调网络传输、内容生产、业务开发、终端推广、广告营销、用户需求等核心要素。但与传统媒体相比，在传播技术进步、传播生态演变的背景下，新媒体能够承载和传播更海量的信息，更方便快捷地实现信息在传播过程中的互动分享；新媒体运营的要素也出现了一些变化，诸如网络融合、内容集成、业务产品设计、智能终端运营、互动营销、用户互动等。

一、传播技术的变革推动新媒体发展

传播技术是指对信息的采集、生产加工、集成和传输、分发、接收等各个传播环节的多种应用技术系统的总称。在信息数字化的大环境下，突破传统传播通路和传播模式的局限，融合最新的有关互联网、无线通信、数字化广播等手段而产生全新的数字传播技术是新媒体产生和发展的巨大推动力。

在媒体发展史上，技术与媒体息息相关，多伦多学派早有媒介科技是生产力的论述。从传播的角度来看，媒介形态的发展是一个渐进过程，有着时间的递进性，更和当时的技术、政治、经济、文化环境有着密切关系。传播技术的发展在媒介形态完善过程中扮演着不可或缺的角色，正是传播技术的发展推动了媒介产业外部大环境的发展，正是在数字传播技术的推动下，传媒产业站在信息时代的前沿，正在迎接一个新的历史起点。

二、新媒体的界定

新媒体（new media）是一个相对概念，早在20世纪70年代就被用于指称电子录像。1998年，联合国新闻委员会在其召开的年会上首次使用"新媒体"指称继报刊、广播和电视三大传统媒体之后迅速崛起和发展的互联网媒体，并且将其称为"第四媒体"。

新媒体有着与传统媒体不同的内涵、外延和特征，其中有两个定义非常有意义。

第一个是美国《连线》杂志给"新媒体"的定义：由所有人面向所有人进行的传播（communications for all，by all）。这个定义阐释了新媒体仍然是信息传播的重要载体，在数字传播技术的支持下，新媒体突破了人与人信息传播的限制。

第二个是中国传媒大学黄升民提出的。他认为新媒体是信息传播者和接收者双方平等的新传播方式的构建，是媒体旧格局的解构与重聚，是信息内容生产流程再造与管理创新，是信息传输网络的融合与博弈的产物，更是以个人、家庭、行业和政府的信息需求为动力，所构建的崭新的信息生产、消费与交流平台。黄升民对新媒体的阐释让我们关注到传输网络不断融合和发展、传输内容海量喷发、传输终端多元化，以及人们的信息消费需求平台化。

根据上述两个定义，本书对新媒体的界定是：新媒体指的是在数字传播技术的支持下，人们为了达到所有人对所有人沟通信息的目的，发明和创造出来的承载信息的各种载体的总称。❶

其他学者也从各自角度对新媒体的特征、定义和外延做出了论断，有代表性的如：

清华大学熊澄宇指出，对新媒体的理解要重视两个概念：一个是以前没有出现过的媒体，一个是受数字信息技术影响而产生变化的媒体形态。信息、数字、交互、宽频、移动、人性等是当今新媒体的重要特征。❷他强调，新媒体是一个相对的概念，"新"相对"旧"而言，新媒体是伴随着媒体的发展而不断变化的，今天我们所说的新媒体通常是指在计算机信息处理等数字传播技术的推动下而出现的媒体形态，但新媒体不会止步于此。随着科学技术的发展，媒体形态也在不断变迁，关注在数字媒体之后的新媒体形态将成为学术热点。在《信息社会4.0》一书中，熊澄宇正式提出了中国信息社会发展的4个阶段，其中在信息社会阶段，信息作为生产资料和商品，在经济生活中处于重要地位，将成为效率最高的生产力，而技术则退一步成为获取、加工和传播信息应用的工具。

中国传媒大学廖祥忠认为，相对于旧媒体，新媒体的第一个特点是她的消解力量：消解传统媒体之间的边界，消解国家之间、社群之间、产业之间的边界，消解信息发送者与接收者之间的边界。

北京大学陈刚认为，新媒体是对传统媒体的时间和空间的扩展，是传统媒体的延伸和变化，是通过渠道创新而进行的市场定位的细分和传播范围的扩大化。他还提出了数字生活空间的理念，认为"以互联网为基础的新的传播形态，是依托数字技术，对人类日常生活中的各种信息传播和交流活动进行的虚拟的还原和放大，这种传播形态创造了一种新型的数字生活空间"。

中国人民大学匡文波认为，新媒体是利用数字技术、网络技术，通过互联网、宽带局域网、无线通信网、卫星等渠道，以及电脑、手机、数字电视机等终端，向用户提供信息和娱乐服务的传播形态。❸

新华社传媒研究专家陆小华认为，新媒体的核心运作模式是分享平台，仅仅依

❶ 周艳，吴殿义，吴凤颖.新媒体概论.[M].北京：高等教育出版社，2020.
❷ 熊澄宇.新媒体与创新思维［M］.北京：清华大学出版社，2001.
❸ 匡文波.2006新媒体发展回顾［J］.中国记者，2007（1）：76-77.

靠自我力量采集制作传播内容已经不能适应今天多样化的需求，通过一定的机制和物质载体，整合各类内容资源，聚合具有共同指向的需求，才能适应新媒体的竞争。❶

中国传媒大学宫承波认为，新媒体在内涵上就是指"依托数字技术、互联网络技术、移动通信技术等新技术向受众提供信息服务的新兴媒体"，在具体的外延种类上则包括了网络电视（Web TV）、网络协议电视（IPTV）、手机电视、数字电视、楼宇视屏、虚拟社区、博客、播客等。❷

2005年底，由我国863计划计算机软硬件技术主题专家组编撰的《2005中国数字媒体技术发展白皮书》，将数字媒体定义为："数字媒体是数字化的作品，以现代网络为主要传播载体，通过完善的服务体系，分发到终端和用户进行消费的全过程。"这一定义强调数字媒体的传播方式是通过网络，而将光盘媒介形式排除在数字媒体的范畴之外。

北京师范大学喻国明对新媒体的特征进行了如下概括：

首先，由科学技术进步带来的数字化传播方式是新媒体最重要的特征。与以往的传播技术相比，数字传播具有双向互动的特点，信息接收的主动权越来越多地向受众方面转移。

其次，数字传播技术改变了以往受众收听收看广播、电视必须同步的特点，而实现了异步性，即受众在任意选定的时间进行收听收看，如有兴趣、有必要则可以反复收听收看。

再次，数字传播技术改变了以往媒体信息受控严格的局面，使信息的传播流通更为自由，尤其是互联网通过其各种强大的功能，形成了海量信息源。

最后，数字传播技术改变了以往众多媒体地域性传播的特点，使传播的范围扩大至全球，它是推动全球化的强有力因素，它使任何人在任何地点、任何时间都可以与其他任何人进行任何形态信息的沟通交流。

三、理解新媒体的几个关键词

1.信息

新媒体跟传统媒体一样，仍然是信息的载体，信息也仍然是新媒体运营的核心要素。只是在信息社会中，信息成为继物质和能源之后非常重要的社会要素。而新媒体对信息的贡献体现在两个方面：第一是促使海量信息产生；第二是使得信息的传播方式发生改变，不再是单一的一对多的广播式传播，而出现了一对多的广播式

---

❶ 陆小华.新媒体观——信息化生存时代的思维方式［M］.北京：清华大学出版社，2008.
❷ 宫承波.新媒体概论［M］.北京：中国广播影视出版社，2020.

和一对一的互动式信息传播方式的融合发展。

2.新

新媒体指的是区别于传统旧媒体的一种新的承载信息的工具，所以"新"是其重要的特征。这里所谓的"新"是相对于传统的旧媒体形态的旧传播方式而言，但是并不是说有了新媒体，旧媒体就消失了，而是说新媒体是从旧媒体演变而来，新媒体的应用和业务开发也延续了传统旧媒体的核心资源，比如内容等。

3.数字化

数字化是新媒体发展的基础。第四次信息传播革命以1951年数字计算机被用来处理、存储和交换信息为开端。近年来，以互联网为基础的新媒介迅速发展，数字技术推动了卫星、无线、有线等传输网络的数字化变革，由此带动了数字电视、直播电视、移动媒介、手机媒介等新媒介迅速发展和被社会应用。

随着数字技术在传播领域的应用和发展，新媒体得以逐渐成熟。数字技术在信息的生产、传输和使用终端等方面的巨大进步，使得信息内容在集成、分发、跨网络传输和创新的终端应用等各个方面都出现了新的特征。

4.互动性

互动性是新媒体的一个重要特征。传统媒体主要采用一对多的广播式信息传播方式，而新媒体不仅提供信息传受双方的互动交流，使得传者能够即时掌握受者对信息的需求，还提供信息接受方，即用户之间的互动交流，让用户与自己感兴趣的个人或群体进行自由交流。正是这种传受双方的互动，改变了信息产生和流动的方式，扩大了其影响力，也使得新媒体具有了互动性的鲜明特征。

四、新媒体产业平台的构成

基于不同的传输网络及网络之间的交叉应用、丰富的内容和多层次的业务形态，不同产业类型的新媒体平台应运而生。对这些产业平台可以从媒体类型角度进行如下划分：

广播电视新媒体主要是传统广播电视和电影数字化延展出的新媒体形态，主要包括数字电视、网络协议电视（internet protocol television，IPTV或称IP电视）、高清电视、移动电视、移动多媒体广播、数字电影和数字广播等。

平面新媒体是平面媒体数字化延展出的新媒体形态，主要指报纸、杂志、图书等平面媒体的内容以光盘、有声读物、网页、App等数字化载体进行展现的新型媒体形式，主要包括数字报纸、数字杂志、数字出版物（含电子书）等。

通信领域的移动新媒体主要是构建在3G、4G及5G、Wi-Fi或WIMAX基础上的新媒体形态，包括手机报、手机电视、手机门户、手机即时通信、博客、播客、网络视频和电子商务等。

互联网新媒体是以互联网流媒体传播为主所构建的新媒体形态，主要包括即时通信、微博、博客、播客、网络视频、网络社交媒体等。

五、新媒体的特征

1.构建在数字传播技术基础上的媒体

所谓媒体，就是能够把信息从一个地方传递到另一个地方的介质、载体。其实，媒体不管新旧，从传播的角度来讲，都是人类在社会生产和生活实践中发明出来的用以传播信息的工具，实现人类彼此之间的信息传播才是媒体功能的根本所在。

何谓"新媒体"？是Web1.0还是Web2.0？是数字电视还是IP电视？是手机报、手机电视、手机网游等手机媒体，还是车载或其他移动多媒体广播？其实对于新媒体的理解不能狭义地从某种媒体形态出发，也不能单纯从技术分类出发，而是要考虑到，新媒体是数字技术、信息传播的新应用形态和媒体三者融合发展的产物，我们在思考新媒体的时候，不能把这三者割裂开来：如果单纯从技术角度来界定新媒体，会导致我们过于关注技术的发展而忽略了媒体的属性；如果单纯从新旧角度来区分，又容易忽略新旧媒体之间千丝万缕的联系。

数字传播技术促使媒体从内容生产、集成、传输、分发、接收方式，乃至接收终端等都发生着变化，一方面推动传统媒体发展新的信息传播应用方式，另一方面也裂变产生了崭新的媒体形态。

新媒体是随着数字技术的不断进步，在媒介领域出现的创新性信息传播应用形态。数字传播技术在媒体领域的应用和发展，是一个不断演进的过程。比如在媒体内容形态方面，传统的图片、音乐、声音、视频等在数字传播技术的支持下，可以自由随意使用等，再逐渐发展出数字电影、数字视频、数字音乐等新形态；再比如随着接收终端的智能化发展，过去只能被动地、按照播出时间接收信号的旧终端，现在演变成可以供人们主动、自由地使用和消费信息的新终端，可以点播、回看、支付、打游戏等。

2.新传播形态的构建者

如前文所述，新媒体也是一种媒体，从传播意义上讲，跟传统的旧媒体一样，是人类社会生产实践活动中沟通信息的工具和手段。与之不同的是新媒体在新技术的支持下，解放了信息传受双方，使彼此可以更自由、更方便地交流互动。

新媒体构建了一种全新的传播形态。传统媒体使用两分法把世界划分为生产者和消费者两大阵营，人们不是作者就是读者，不是广播者就是观看者，不是表演者就是欣赏者。传统媒体是一种一对多的传播，而数字新媒体与此不同，它打破了两大阵营泾渭分明的界限，在数字传播技术的支持下，实现了一对一、多对多的传播。它使每个人不仅有"听"的机会，而且有"说"的条件，在传播模式中都双重地扮演传者和受者两个角色。●

3.一个用户群体离散和重聚的动态过程

新媒体不是一个纸面的定义，不是一个静态的过程，而是用户群体不断离散和重聚的过程，是在满足用户群体个性化的信息需求中不断去中心化的过程，也是在挖掘用户群体新的信息共性化需求中再中心化的过程。●这个过程既是新媒体及其产业不断发展的背景，也是今后发展的趋势。

从用户群体层面而言，新媒体包含"分与聚"的辩证统一。传统营销学派习惯使用"分"的视点来看待消费者和解决市场中发生的问题，然而无限制和无休止的细分也碰到难以解决的问题，市场上的消费者在消费行为上也出现了分化和重聚的辩证统一。一方面终端不断分化，用户群体的信息需求不断呈现出分众化形态，内容和业务分发呈现出碎片化状态，另一方面由于多重传输网络的融合，新传播形态和方式出现，新媒体又可以对碎片化的用户群体进行重新聚合，不断把已经或曾经细分的用户聚合起来，形成新的群体概念，这又是一个重聚的过程。

思考题

1.媒体的变革经历了哪几个阶段？
2.新媒体的几个关键词是什么？

第二节　新媒体终端是什么

在媒体环境下，终端是新媒体广告内容、业务和集成分发的重要一环，更是其背后的使用者——用户和新媒体机构之间、企业和品牌之间以及用户和用户之间沟通分享信息的工具，是用户参与内容制作（UGC）、选择新媒体业务和产品（点播、直播、社交、电商等）的重要手段。在网络技术飞速发展的今天，数字终端功能更智能、形态更新颖、范围更广大，比如智能电视机、车载终端系统、平板电脑、智能音箱、智能手机等。

---

❶ 黄升民.数字传播技术与传媒产业发展研究［M］.北京：经济科学出版社，2012.
❷ 杨雪睿.分化与重聚：对城市居民消费行为的重新解构［M］.北京：中国广播影视出版社，2009.

一、新媒体终端的概念

1. 终端的概念

（1）电子科技领域的终端

《现代汉语词典》中对"终端设备"的解释："计算机中通过通信线路或数据传输线路与计算机相连的输入输出设备。由显示适配器、监视器和键盘组成。也泛指链接在网络上的、供用户直接使用的设备，如电信网中的电话机、传真机等是电信终端设备，简称终端。"电子科技领域的终端是终端设备的简称，指的是各种类型的电子的输入、输出设备，是用来发送指令和接收信息的装置。

（2）营销领域的终端

在市场营销领域，人们经常说的终端营销，指的是产品或服务与消费者见面的实体卖场或虚拟卖场，是具体的售点，包括实体售点的服务人员和虚拟售点的虚拟客服人员。

黄升民认为，市场销售领域的终端是指与消费者直接接触的最后一环，是产品或者服务的最终对象，也是产业或服务转成消费品的最终实现的地方；线下的终端，实现了设备与营销的融合，不仅可以让用户利用这些终端产品收发指令，也可以让用户通过终端掌控需求。❶

李传江则认为终端是指产品销售渠道的末端，是产品到达消费者，完成交易的最终端口，是商品与消费者面对面展示和交易的场所。❷

赵龙认为，商品与消费者直接接触的地方就是终端，如商场、人员推销、促销活动等等。❸

而张海良给终端所下的定义为：终端是购买者实现购物的场所，是直接接触消费者的最后一环，是销售渠道中最关键的神经末梢。❹

虽然以上几种代表性的定义不尽相同，但是仍有相同的认识，即"终端"是产品到达消费者的关口和必经之路。终端是企业或机构的产品或服务在市场上完成销售的最后一环，是企业或机构营销渠道的最后一环，是产品之间竞争最激烈的"最后关口"。可以说企业或机构通过终端这一端口和场所，将产品或服务卖给消费者，完成最终的交易；消费者通过终端购买自己喜欢的产品，完成实质性的消费。

（3）传播学领域的终端

传播学领域的终端更多是从"介质"的视角来理解的。从传播的环节和流程来

❶ 黄升民. 终端者，终极也［J］. 媒介，2012（6）.

❷ 李传江. 终端营销［M］. 北京：中国经济出版社，2006.

❸ 赵龙. 情景终端［M］. 北京：中国发展出版社，2005.

❹ 张海良. 终端不竞争［M］. 北京：北京工业大学出版社，2008.

看，传者、受者、管道、终端和信息反馈是五个基本要素。终端是媒体向受众传播信息的介质或者载体。比如报纸、电视分别是报纸媒介、广播电视媒体的终端。

2.新媒体广告领域的终端

在广告媒体环境下，终端已经成为广告传播流程的重要一环。在过去，我们提到终端就想到收音机、电视机、电脑这些具体的接收信息的设备。现在已经扩展到智能电视机、阅读器、车载终端系统、平板电脑、智能手机、可穿戴设备等。

在新媒体广告领域，终端是新媒体广告内容、业务和集成分发的重要一环，更是其背后的使用者——用户和新媒体机构之间、企业和品牌之间以及用户和用户之间沟通分享信息的工具，是用户参与内容制作（UGC），选择新媒体多种产品与应用（App）的重要手段，如图1-1。

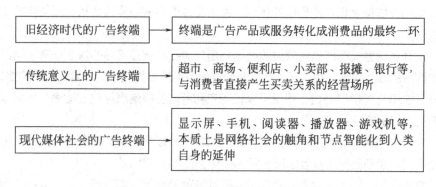

图1-1　不同领域对广告终端的不同理解

新媒体广告终端有什么特点呢？

首先，新媒体广告终端实现了跨界的融合，现在的终端已经跨越了电子信息产业、市场营销和传播学的界限，实现了融合发展。原本的电子信息产品更加智能化，用户利用这些电子信息产品接收和发送各种信息指令，而且广告终端背后的传播和营销产业链中的其他角色力量可以通过广告终端掌控终端使用者的需求，从而实现精准的信息传播和品牌或服务的营销。

其次，工具没有思想，但是"智能"的工具加上背后有"思想的人"，成就了广告终端在新媒体时代的崛起。通过广告终端，用户能够"享受自如转换现实与网络之间多重身份的快感，享受不同终端的产品体验，享受物质美学和人工智能，享受必然会到来的随时、随地、随意永远在线的个人购物新时代"。新媒体广告终端已经成为承载多种功能的在线广告媒体，正是这种新型终端将所有用户链接在一个巨大的网络中，并且让其在任何时间、任何地点都能够保持在线状态。

二、新媒体传播过程中的六种终端

新媒体时代有六种代表性的终端产品，正是它们的发展演变，改变了媒体内容的产品形态，改变了消费者使用媒体信息的方式，也推动了媒体广告营销服务的发展。

1.电子阅读器终端——图书报刊媒体领域

电子阅读器是专门用于显示以书籍、杂志、报纸和其他印刷品为来源的书面材料数字版本的便携式、低能耗、高分辨率的电子终端设备，采用LCD、电子纸为显示屏幕，可用来阅读网上绝大部分格式（比如PDF、CHM、TXT等）的电子书。大多数电子阅读器允许用户在单个设备上存储图书、做批注，或在文本上画重点和设置书签等。

电子阅读器终端萌发并广泛应用于图书出版领域。现如今由于其他终端比如上网本和手机也提供阅读的替代产品服务，也可作为电子阅读器使用，所以这几年电子阅读器市场处于一个平稳发展期，其终端性能和应用本身并无重大创新。但是凭借其庞大的书籍资源、方便的阅读体验和快捷的购书体验，电子阅读器依然被看作新媒体时代的重要终端产品。

电子阅读器重新定义了传统纸媒传播产业链的角色和规则，对于读者和出版商而言都预示着阅读的全新未来。全球市场上，电子阅读器品牌的领导者和持续发展的代表者是亚马逊Kindle系列产品，该产品受益于互联网巨头亚马逊在电子商务领域的优势资源，从图书跨界到其他信息产品如视频、音乐等的商务交易，一枝独秀。

2.平板电脑终端——互联网媒体领域

平板电脑英文为tablet personal computer，tablet在英文中有便签簿、小块的意思，指一个轻薄小巧的PC机（个人计算机）。它无需翻盖、没有键盘，以触摸屏作为基本的输入设备，支持手写或语音输入，可以为使用者提供上网和其他一些应用。虽然功能不如完整的PC机，但它以轻便易携带、可移动性、无线化以及能提供广泛的App应用服务等优势，迅速成为终端市场的佼佼者，是下一代移动商务PC的代表。

现在市场上最流行的平板电脑是由苹果公司推出的iPad系列产品，它让这种终端走进大众用户市场，迅速崛起成为移动互联网时代的重要智能终端。但事实上，"平板电脑"这一概念最早是由微软公司的比尔·盖茨提出的，早在2000年，微软就推出了全球第一款平板电脑Tablet原型机。2001年，康柏公司也展示了一款带Windows系统的Table PC原型。而直至2010年1月27日，在移动网络、用户、技术、互联网产品应用等都已经铺垫成熟的良好时机，苹果公司发布的平板电脑iPad才真正奠定了这种终端的市场地位。

除了苹果以外，三星、索尼、摩托罗拉、亚马逊、联想、华硕、宏碁等都纷纷推出其平板电脑产品，其中的代表产品有三星Galaxy Tab、联想乐Pad、亚马逊Kindle Fire等。

3. 智能手机终端——通信新媒体领域

智能手机即smartphone，单从字面解释就是指聪明的手机产品。智能手机是相对于之前的非智能手机而言的，从掌上电脑（pocket PC）演变而来，是指能够为消费者提供通话、上网等服务，使得消费者能够自主浏览各种信息和使用各种应用服务的手持终端。智能手机像个人电脑一样，具有独立的操作系统，可以由用户自行安装各类由第三方服务商提供的程序，通过此类程序可以不断扩充手机功能，并可以通过移动通信网络实现无线网络接入。

4. 智能电视机终端——广播电视新媒体领域

智能电视机的英文是smart TV，指的是智能化的新型电视机终端。这种智能电视机不仅在显示原来频道化的电视节目时具有更好的音画品质，还具有上网浏览、社交、娱乐、电子商务、信息处理等功能，可以提供网络搜索、IP电视、视频点播（VOD）、数字音乐、网络新闻、网络视频电话等应用服务，还能提供电视机终端与手机、平板电脑等其他终端的跨终端应用，具有硬件、软件可扩展的特性及人机交互的便捷，可成为家庭的智能信息平台。

其实早在1998年，美国微软公司就启动了声势浩大的"维纳斯"计划，使用智能的小盒子+用户原有的家庭电视机，就能智能化地搜索电视频道、录制电视节目、播放卫星和有线电视节目，但是该计划由于产品本身不成熟，市场相关支撑服务不完善，最后无疾而终。

2004年我国的盛大集团也推出过"盛大盒子"战略，试图从盛大已经进入家庭的游戏机盒子切入家庭电视的收视和使用；2006年英特尔公司也推出过"欢悦"计划。这些都是对"电视机上网"的尝试。2010年4月，谷歌、英特尔、索尼、罗技等联合推出"Google TV"平台。除了被内置进电视机外，Google TV也有以机顶盒形式出现的智能化模式，无论是其采用的Android系统，还是其内容的来源，都基于开放平台。

5. 智能音箱——家居场景下的新媒体终端

智能音箱是音箱升级的产物，也是终端智能化的一个升级产品，它以音箱作为载体，以语音作为信息沟通方式。通过语音助手，智能音箱一方面可以联网，提供信息内容的服务，比如点播歌曲、上网购物、天气预报等；另一方面也可以和其他家居智能终端设备关联起来，实现可控可用，如打开窗帘、设置冰箱温度、让热水器升温等。目前市场上智能音箱的主要代表产品有亚马逊的Echo、谷歌的Google

Home等。

6.智能车载系统——移动场景下的新媒体终端

智能车载系统由旧有的车载通信系统结合联网汽车技术演进而来。车载通信系统从原先提供CD播放及车辆状态，一直到近年随着3G、4G、5G网络技术的蓬勃发展，正在朝着M2M（Machine to Machine）的方向前进，并成为移动场景下的重要发力方向。智能车载系统的功能主要有智能语音控制、社交、影音、实时地图导航、车辆管控、紧急救援等。

目前中国互联网公司三巨头——阿里、百度、腾讯都开发了自己的车载互联网系统。阿里的车载系统叫作"斑马智行"，主打支付功能；百度车载系统有两种，一种是Carlife，利用手机链接车载屏幕，而另一种更先进的是阿波罗（Apollo），它的最终目的是实现自动驾驶；腾讯的车载互联系统叫作"AI in car"，重在娱乐通信。国内传统车企也在积极布局自己的智能网联汽车战略，纷纷抱团取暖。如上汽联合阿里集团共同打造YunOS for Car车载系统，奇瑞和科大讯飞共同打造的Cloudrive 2.0系统等。

思考题

1.以你个人而言，现阶段使用的新媒体有哪些？

2.新媒体传播过程中的终端都有哪些？你认为在不久的未来，这些终端会融合发展吗？

第三节　现阶段新媒体营销环境

新媒体营销是指由广告主、营销服务商和新媒体平台等为主要产业链构成而共同支撑运作的，在新媒体平台上所开展的营销活动。

一、广告主的关注点和营销预算持续向新媒体倾斜

就艾瑞于2020年6月对广告主的调研数据（图1-2）来看，广告主在未来一年间将增加营销预算的广告类型主要有内容营销（KOL推广等）、电商广告和信息流广告。同时，主要依靠直播营销、短视频营销、社交媒体营销等新媒体营销模式则是当前广告主们最关注的方向，其中，直播营销和短视频营销分别以52.8%和51.7%的选择率成为半数以上广告主最关注的核心营销模式，如图1-3。在未来，媒体营销也将成为广告主越来越重要的营销预算投入对象。

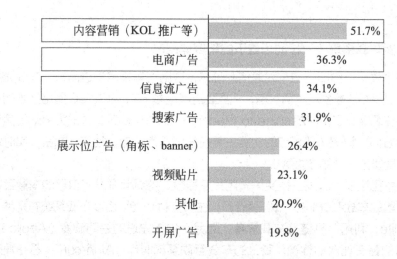

图1-2　2020年广告主将增加营销预算的主要广告形式

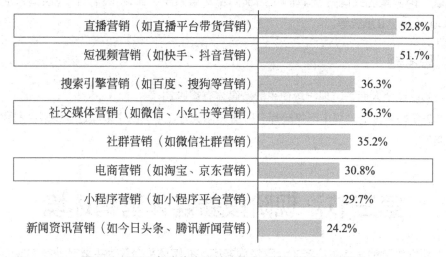

图1-3　2020年广告主最关注的主要线上媒体营销模式

二、新媒体营销投入的行业集中度较高

根据艾瑞数据显示（图1-4），在2019年第一季度至2020年第一季度间，每个季度中约70%选择新媒体平台开展营销投放的广告主，其所属行业主要集中在快速消费品（简称快消品）、美妆、3C/IT/电子、网络服务、零售等领域，行业投放集中度高。而欧莱雅集团、雅诗兰黛等美妆领域企业，阿里、京东等网络服务领域企业，以及华为、美的等3C/IT/电子领域企业，对新媒体营销有着较高的投入，从需求端推动新媒体营销的发展。

第二章

新媒体广告
策划与设计
（第二版）

初步了解
新媒体广告

新媒体广告有着展现性丰富、互动性强等特征。双向传播、一对一传播、画中画多视角信息展现、延时传播、推送传播和多媒体信息形态同时展现等丰富的传播手段和技巧，为新媒体广告注入了多样的元素。新媒体有着丰富多样的广告形态和创新性的广告服务。在新媒体广告市场，构建在大数据挖掘基础上的精准广告成为发展趋势，为了使复杂多样的新媒体广告能够即时、准确地完成交易而推出的线上广告管理平台也在不断成熟和发展。

第一节　什么是新媒体广告

一、新媒体广告的界定

对于新媒体广告的界定，并没有一个确定的定义，不同的学者、不同的广告经营者可能对新媒体广告带有不同的理解，而且他们理解新媒体广告出发的角度可能也不一样，所以这就造成了现在对于新媒体广告这个概念的定义不同，说法很多。

华中科技大学新闻与信息传播学院副院长舒咏平在文章《新媒体广告及其融合服务初探》中对其定义是"体现在以数字传输为基础、可实现信息即时互动、终端显现为网络链接的多媒体视频上，有利于广告主与目标受众信息沟通的品牌传播行为与形态"。

广而告之即为广告，其字面意思就是推广开来告诉大家。

现代汉语词典对于广告的解释为：通过各种媒体向公众介绍商品、服务内容、文体节目等的宣传形式。

《中华人民共和国广告法》（1994年版）将广告定义为"商品经营者或者服务提供者承担费用，通过一定媒介和形式直接或者间接地介绍自己所推销的商品或者所提供的服务的商业广告"。

而陈培爱在其《广告学概论》中对广告的定义为：现代广告是一种由广告主付出某种代价的，通过传播媒介将经过科学提炼和艺术加工的特定信息传达给目标受众，以达到改变或强化人们观念和行为的目的的、公开的、非面对面的信息传播活动。

罗子明、高丽华等在《现代广告概论》中对广告的定义是：广告主通过各种媒体传播商品信息的活动过程。

通过以上几种对于广告的界定可以看出，广告主要是广告主通过某些手段和形式传播某种信息，以此来达到某种目的的行为。而新媒体属于一种媒体形式，新媒体广告也属于广告中的一种。由以上定义即可以得出新媒体广告的概念，即新媒体广告是广告主通过新媒体形式传播信息的活动。此处对于广告定义的界定既包含了商业广告，也囊括了非商业广告。

二、新媒体广告"新"在哪里

1.消费者呈现的"新"特点

（1）碎片化是消费者的基本特征

当今社会，人们的生活方式、思想观念都趋于多元化，大众逐渐碎片化而成为分众乃至微众。从物质消费的角度看，就是消费者碎片化；从信息消费的角度看，则是受众的碎片化。

从横向来看，我国消费者由于地域不同、收入差距等因素被划分成割裂的碎片。近两年麦肯锡发布的《中国消费者年度调查报告》中，提出了我国地区差异日趋明显、高收入者对高端产品的偏好加强、市场的品牌数量增多、消费者品牌忠诚度下降等消费趋势。

从纵向来看，即使是地域、年龄、教育、收入等基本相同的消费阶层，内部也可能由于态度、观念的不同而"破碎"为不同的消费群体，产生不同的消费行为。城市消费正处在一个裂变的过程，发达国家所经历的"集中—分化—断裂"的数十年漫长过程，在中国浓缩为短短十余年。

（2）消费者信息接触的多元化

与消费者日趋破碎相对应的是消费者的信息接触习惯也发生了深刻的变化。

一方面，媒体种类形态极大丰富，消费者信息接触更加多元，消费者更青睐于细分的、专业化的媒体，诸如汽车、财经、时尚等，同时广泛接触数字电视、互联网、手机、新型户外等媒体。由于技术和网络的发展，消费者接触信息的状态也处于固定、移动、固定和移动转换等多元状态。

另一方面，由于互动化、个性化的传播模式不断发展，受众对信息形成自主选择、参与分享等新的接触和使用习惯，因此受众已经不再是单纯被动的信息接收者，而成为兼传受于一身的传播节点，成为信息的主动消费者、创建者、分享者。

（3）从受众（audience）到用户（user）的转变

在这样的背景下，传统的AIDMA广告信息传播模式已经不能适应形势发展的需求，为此日本电通集团提出了新的AISAS广告信息传播模式，对传统模型做了修正，并提出要适当调整思路：广告营销应适应信息来源多渠道的现实，以及面对从"受众"到"用户"，从AIDMA到AISAS的转变等核心观点。

2.广告主的升级"新"策略

（1）新组合的产生：广告＋公关＋活动推广

在传统广告策略时代，广告主非常重视广告的作用，甚至一些广告主的营销部门就是广告部，主要负责广告业务，但是面对日益多元化的传播渠道、日趋复杂化的传播环境和销售终端，单一依赖广告已经无法与消费者进行有效的沟通，广告主开始将广告、公关和活动推广等多种手段相结合，打造新的组合策略。

在这个新的三角策略中，广告的核心功能主要指品牌建设和信息告知，传播信息是广告的主要目标；公关成为日常维护品牌形象、处理危机事件的重要手段；渠道和终端等活动推广成为广告主与消费者沟通的"最后一公里"，负责将广告主的策略落到售点。

近年来，公关活动进入广告主传播战略管理范畴。随着新媒体技术的迅猛发展，消费者主动传播的热情空前高涨，广告主的行为、产品的疏漏都可能被消费者注意到，也可能被竞争对手作为策略攻击方向，所以广告主更加注重通过公关手段，利用各种渠道（短信、即时聊天工具、论坛、社区等）维系品牌和企业口碑，应对危机事件。

从2009年的某凉茶品牌"添加门"、某饮料"砒霜门"和某奶粉品牌"策划公关攻击竞争对手"等危机事件中，都可以看到普通消费者通过人际传播对事件扩散的推动，也可以看到某些竞争对手对口碑营销的强化应用。这种口碑传播堪称双刃剑，虽然可能造成企业危机，但是利用得当也会有效地促进销售，提升品牌形象。因此，广告主开始通过日常公关活动维护并进一步提升营销传播的效果，而危机公关则为广告主有效的营销传播保驾护航。

活动营销分流传统硬广告费用的趋势也越来越明显。广告主不仅应用传统的硬广告进行产品或服务的信息传播，也大量开展针对渠道、终端等环节的活动营销，这个部分的费用开始逐年增加。

终端和渠道不仅可以推动销售实现，也是广告主展示形象、与消费者直接沟通的节点。终端和渠道营销并不是跑跑市场、发发宣传品这样简单的工作，而需要有针对性地提升用户体验。对于快消品，消费者的购买决策时间短，会受到终端较大的影响；对于耐用品，在终端得到的体验是否良好，会直接影响消费者对品牌和产品的感受。苹果公司遍布全球的200余家体验店，堪称体验营销的典范。

（2）新理念出现：规模＋精准

规模和精准是新媒体营销传播硬币的两面。

当下，广告主的广告策略更加理性和成熟。广告主根据市场发展状况，针对产品品类、自身品牌的市场生存状况和竞争态势，制定更加灵活、理性的广告策略。广告主所开展的广告活动，也改变以往粗放型的模式，不再盲目追求媒体宣传，而更加注重对媒体价值的评估，以及有效的媒体策略组合。

即便是面对新媒体的互动性，广告主也开始反思其效率如何。

一方面，现在互联网营销陷入了流量造假风波，影响了其精准性。一些互联网媒体垄断数据、自说自话，加上广告主绩效考核的要求、代理公司左右受制的压力等，导致数据造假盛行，最终广告主、媒体和代理公司都成为受害者。

2017年，Google曾因虚假流量问题严重，向部分广告主退还了费用。随后Google宣布新工具DoubleClick Bid Manager可让广告主监测广告投放效果。

另一方面，从营销传播本身来讲，广告主跟消费者的沟通，除了互动和精准之外，规模化也是一个方向。

精准以规模化的覆盖为前提，一对多广而告之的诉求，构建起了品牌形象和认知，在这个基础上，消费者可能在有需求时对品牌进行搜索，这种主动的互动行为推动了重复诉求引发的散点化、偶发性的消费行为。而且，就算是精准互动中产生的一些口碑好的有价值的信息内容，也需要继续规模化地放大和扩散，才能引发后续的更多消费行为。

所以规模和精准是营销传播一个硬币的两面。规模化的覆盖、传播、告知是基础，放弃规模去追求精准，是一种错误的策略行为。而精准作为一个目标，也要通过可行性策略的推进和落实来保障其实现。媒体是互动的并不意味着广告信息就是互动的，产品要想跟消费者精准互动，需要基于数据的画像、基于市场的洞察，还需要各种执行方案的配合和落地。

3.广告公司功能的"新"变化

广告主形成了升级、理性的营销传播需求，作为广告主的直接服务者，广告公司也相应地进行了全业务结构的布局，研发和使用新的广告和营销工具。

（1）打造全业务格局

新媒体环境下，为适应广告主整合营销传播的趋势，全球一些大的广告集团纷纷将其核心业务定位于营销传播，通过各种手段将过去局限在单纯广告服务的业务范畴拓展到更大的营销传播范畴，不仅能向广告主提供广告定位、策划、设计、制作、媒介购买和执行等服务，也为广告主提供公共关系、品牌设计、战略咨询等服务，通过全业务链条黏着广告主。

广告公司正在将全业务作为公司构建的又一个调整方向，提供四种服务（图2-1）。一是广告服务，包括竞争分析、找准产品或服务的定位、广告策划、设计制作等；二是调研服务，对产品、消费者和媒体等进行多样性的调查，为广告主的新品研发、营销乃至战略布局提供多维的调研咨询；三是媒介服务，实施媒介价值研究和评估，制定媒介策略、执行媒介购买、提供媒介刊播分析等；四是公关服务，通过新闻发布会、新闻稿件、软文❶等方式助力企业产品和品牌的成长，在企业新品研发上市、披露季报和年报、遭遇公关危机时为企业提供解决方案等。

---

❶ 软文，相对于硬性广告而言，强调一个"软"字，不是强迫用户接受广告信息，而指广告文字、文章内容与产品或品牌的完美结合，从而达到广告宣传效果。

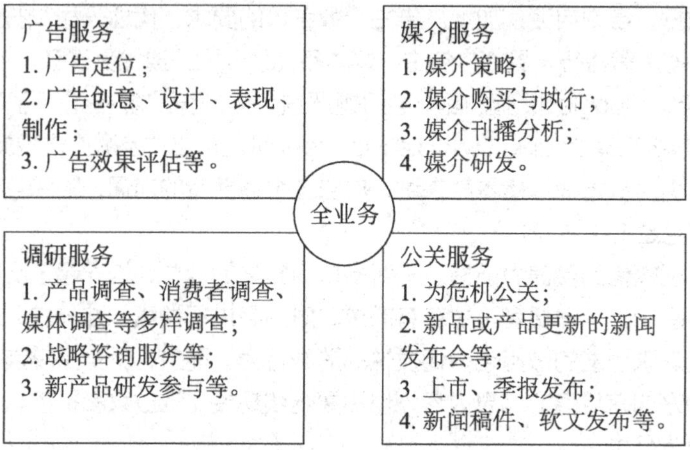

广告服务 1. 广告定位； 2. 广告创意、设计、表现、制作； 3. 广告效果评估等。	媒介服务 1. 媒介策略； 2. 媒介购买与执行； 3. 媒介刊播分析； 4. 媒介研发。
调研服务 1. 产品调查、消费者调查、媒体调查等多样调查； 2. 战略咨询服务等； 3. 新产品研发参与等。	公关服务 1. 为危机公关； 2. 新品或产品更新的新闻发布会等； 3. 上市、季报发布； 4. 新闻稿件、软文发布等。

图2-1　广告公司的全业务构建

（2）新业务不断拓展

除了打造全业务格局外，广告公司也在操作流程上进行系统升级，不断研发和使用新的工具，开创新的业务，为广告主提供更有效的服务。

电通公司非常重视数据挖掘，建设了从1级城市到4级城市共计97个城市的都市数据、媒体数据、品牌数据、消费者数据，启用独有的品牌解析数据库"Brandex"等，通过与品牌经营参与者直接对话，强有力地支援品牌建设。此外，电通自主研发了以网络为聚合中心的跨媒体全传播体系，根据电通接触点管理理念，把消费者对产品或品牌的识别与信息沟通的触点结合。北京电通和分众传媒合作成立了电众数码公司，专门负责基于互联网、手机等新兴媒体的购买和策划，以增强公司在网络媒体上的创造力、执行力及购买力。

传统广告公司奥美也积极开发新的服务，旗下的奥美中国、奥美公共、奥美互动行销和奥美世纪分别负责广告、公关和整合营销，满足广告主的各种需求；奥美行动营销、奥华奥美、劲迈奥美和达生这些广告公司则凸显了奥美对线下营销的重视。

4.媒体"新"变化：打破类型限制，提供全营销服务

（1）互动化信息服务成主流

用户既需要优秀的内容，也需要良好的互动体验。在过去，人们通过电视、报刊等获取内容，在互联网上进行互动，而今这样的信息使用习惯正逐渐改变，在同一终端上进行内容消费和互动的新习惯逐渐形成。与此相适应，传统媒体和新媒体的界限日趋模糊。

一方面，为满足用户双向互动的需求，广电、报刊等传统媒体的基础内容渠道从单向转为双向，在此基础上，依托内容，出现了跨屏幕、互动的新业务类型。

另一方面，互联网等新媒体依托其业务本身具有的互动特征，逐渐向移动化、社交化等方向转变。

同时，媒体的营销服务也有了新的变化，电视广告出现了新形态，互联网营销学手段更加丰富，为广告主的全媒体营销提供了良好的基础。

（2）媒体新业务孕育营销传播新机会

传统媒体线性、单向的生产传播模式正在向开放合作的集成模式转变，用户自主定义时间单元成为主流。

在电视端，数字电视继续成长。各地广电运营商提供的数字电视业务中，直播节目只是一部分，用户不再只收看直播电视节目，而传统的插播广告、片头片尾广告等的影响力也被削弱。但是点播、回看、电视游戏、电视购物等新业务的出现带来了新的广告机会，比如EPG首页广告、搜台列表广告、换台角标广告、电视杂志广告、在电视游戏或卡拉OK中植入广告等。

在手机和电脑屏，随着终端的智能化，各种网站端、App端等都是新的广告投放点，诸如搜索营销、位置营销、游戏广告、折扣券链接赠送、二维码链接商品、社群营销、App应用内广告、信息流广告等等，各种广告形态不断成长。电子商务、电子支付业务等迅速崛起，广告主可以借助告知示范、口碑、交易等对用户进行销售、与用户交流和沟通。总之，新媒体业务蓬勃发展孕育了众多营销传播新机会，互动广告是必然的发展趋势。

思考题

1. 新媒体广告的"新"都体现在哪几个方面？
2. 你认为随着技术的发展，新媒体广告还会出现哪些"新元素"？

第二节　新媒体广告的"现在"和"未来"

我们习惯将大众看作广告客体，将广告主、广告公司和媒体称为广告主体。随着我国社会经济的发展，广告业的主体和客体都发生了现实的变化，这些变化及主客体关系的调整，引发了广告业操作流程的改变，而且变化的环境也对所有广告从业人员提出了新的挑战。

一、我国新媒体广告市场规模

iiMedia Research（艾媒咨询）数据显示，2019年中国新媒体广告市场规模超过4000亿元，继续稳步增长。2019年，快消品行业、网服电商、文化娱乐是中国新媒体广告投放量前三位。在细分领域，市场份额继续发生着变化。传统搜索广告整体发展低于行业水平，份额持续降低；由于消费者线上商品选择的增多，电商广告成增长趋势；46%的用户对信息流广告持正面态度，信息流广告用户体验有所上升；微信和短视频平台营销广告用户接受度最高，短视频用户黏性增强、数量迅速增长，以视频形式投放广告的占比呈上升趋势。

iiMedia Research数据还显示，新媒体用户中中青年为用户主流，年龄在26岁至40岁的比例超过七成。同时，认为娱乐、社交、资讯获取为新媒体平台最主要用途的占比分别达到57.8%、53.1%和51.8%，近四成受访用户表示最常接触的新媒体广告形式为图片广告，同时近三成受访用户偏好以图片为主的广告形式。

二、现阶段新媒体广告存在的问题

1.可信度方面仍需继续改善

iiMedia Research调查显示，在新媒体广告传达信息的有效性方面，受访用户多持较为中立的态度，认为新媒体广告可信度一般，59.6%的受访用户认为新媒体广告信息的真实性有待提高。新媒体准入门槛低，用户从过去被动接受的角色，转为可自主创作的信息发布者身份，媒介素养良莠不齐，存在夸大、虚假宣传情况，加之新媒体平台把关缺失，难以形成良性的广告媒体运作市场，导致新媒体广告的可信度降低，不容易得到消费者的认可。

舒咏平在《新媒体广告的"原生之困"与管理创新》一文中指出，新媒体广告在新媒体之上的原生性，使得其与新媒体内容形成高度同构。新媒体广告以其内容富有价值、呈现形态新颖，且往往淡化广告的商业功能而呈正向的接受效应。但同时新媒体广告以其原生性让受众防不胜防地接受虚假信息的侵害。某安全浏览器曾在一个季度拦截微博虚假广告100万次，发现8万余个微博大号从事过虚假广告营销。某互联网平台曾在打击网络黑色产业链的雷霆行动中累计封停3万个假货公众账号。因此，我国新媒体广告需要在坚持真实性的基础上，精耕广告内容，增强趣味性与创新性。

2.部分新媒体广告存在低俗化倾向

新媒体具有开放性、匿名性的特征，在盲目追求利益的驱动下，容易滋生过于迎合部分受众低俗爱好、兴趣的新媒体广告。虽然我国早在2016年就颁布了《互联网广告管理暂行办法》，但是由于处罚力度轻，约束力远远不够。在网游、影视剧中的新媒体广告，血腥、暴力场景运用比较多，对青少年心理健康造成不良影响。部分新媒体广告长时间无间歇滚动播放，造成信息泛滥，使用户产生视觉、心理疲劳，尤其是一些弹窗广告，令用户不堪其扰。在iiMedia Research研究中，41.5%的受访用户认为新媒体广告存在过于泛滥的问题。

为扩大影响群体，诱导分享、诱导关注，甚至强制分享是新媒体广告常用策略，但这些并未关心用户内心感受、注重用户体验，违背用户意愿的行为非常令用户反感。例如，某品牌在品牌周年庆新媒体营销活动中，在朋友圈中投放广告，虽然标题、创意非常新颖、有吸引力，但是因其需要强制用户分享至微信群、朋友圈等，被用户举报，在朋友圈中停留不足一天，未能"刷爆"朋友圈，营销活动也无疾而终。

3.精准广告投放，带来了消费者隐私问题

"无数据，不广告"是人工智能时代新媒体广告传播的特征。结合大数据，对消费者性格特征、消费行为等进行洞察，从而进行精准传播，向消费者推荐个性的、有价值的广告信息。但是，技术是把双刃剑，大数据在帮助新媒体广告精准投放的同时，也使得用户对其隐私受到侵犯感到恐惧与担心。在iiMedia Research研究中，38.3%的受访用户担心用户的信息安全，提出新媒体广告投放过程中用户信息安全应该得到进一步保障。

目前，数据泄露事件时有报道，使得人们重新审视技术进步所带来的伦理道德问题。企业推崇算法，消费者存在"被操控"危险。例如，2018年3月，多家旅行、出游平台企业被爆出利用用户日常消费行为进行数据分析，建立个人标签画像，从而对"熟用户"提升价格，给新用户更多优惠，引发公众不满。另一方面，依据大数据分析所推送的广告信息容易引起消费者的厌烦。只要是消费者搜索过的关键词，无论是否购买，下次再打开浏览器时都会收到系统推送的产品信息，有时推荐的产品会令消费者感到尴尬，严重影响消费者消费体验。

三、新媒体广告未来发展趋势

满足、发现并管理需求是广告存在的意义。"人民对美好生活的向往"是我们党的奋斗目标，而对于广告行业而言，满足消费者对美好生活的需求，帮助消费者做正确的决策，则是广告的价值所在。技术创新引领下的广告新业态将优化满足需求的方式，使消费者需求得到最大满足。未来，新媒体广告将更加拥抱新技术，以技术为驱动，在坚持真实性的基础上，变得更加智能化、服务化、透明化，形成更加健康的新媒体广告业态。

1.智能化，快速帮助消费者做出决策

2008年，雅虎研究院资深研究员Andrei Broder首次提出"计算广告"这一概

念，认为其核心任务和挑战是"在特定语境下为特定用户和相应的广告之间找到最佳匹配"。即依托云计算、大数据等技术分析用户个性需求、行为特征，为用户展示定制广告，满足用户个性化需求。伴随着人工智能、大数据与新媒体广告结合愈来愈紧密，计算广告或将成为未来广告业运作的常态。

人工智能技术将普遍和深度应用于广告业。用户需求能否得到最大化满足，一个重要表现是首条满足率，即能否快速直接帮助用户做出正确选择。比如，用户在搜索珠穆朗玛峰的高度时，搜索引擎能够给予正确答案；但当用户想知道"这轮牛市我该买进哪只股票"时，显然用户无法得到最佳的答案。而这正是未来新媒体广告努力改善的方向。未来，当用户对准智能设备说出"最佳休闲零食有哪些"时，企业品牌名称能够被首先说出来，为用户提供正确决策。正如百度董事长兼CEO李彦宏在第六届世界互联网大会全体会议上所表示的那样，在人工智能时代，搜索将不限于搜索框、不限于设备、不限于屏幕，搜索会变得无时不在、无处不在。人工智能语音技术，使得人们搜索变得更加方便。

2.服务化，更高效满足消费者需求

伴随着智能芯片和物联网的快速发展，用户拥有更多的融合了多种内容要素和信息服务功能的智能设备，如智能手机、智能手表、智能冰箱、智能机器人等。融合化的屏幕构成了用户与用户、用户与设备、设备与设备之间相互交流的基础设施。新媒体广告将针对不同屏幕设置个性化内容，精准、多频次、跨屏无缝切换到达目标消费者，实现用户需求从起点到终点的满足。

现代技术使人们可以更加简单快捷地获取信息，消费者正处于数字化生存中，开启全新的消费旅程。消费者在购物过程中，将更加依赖于这些数字化的智能设备，可以设想这样的场景：当消费者走入商场时，智能手机中独特的ID芯片会将该消费者过去在该商场的消费记录及个人信息同步显示在各柜台电脑中，同时消费者的手机中会收到商品的电子优惠券信息；当用户在使用语音搜索功能查询某款产品时，该产品的网络搜索排名及付费广告会展现出来，同时会有用户使用评论，方便消费者决策；当用户将某款产品放入购物车时，"智能购物车"通过包装上的电子（射频识别）标签识别出此款产品，于是评分最高、销量最多的配套产品信息及同时购买两件产品的优惠券信息出现在消费者的手机上；最后，消费者通过智能手机快速一刷完成结账过程。这些场景，某些已经实现，而某些未来或将实现。未来，新媒体广告将更加方便用户购买商品。

3.透明化，促进广告更加健康发展

数据、流量是未来新媒体广告发展的基础。当下还存在一些买粉、买赞、刷评论等扰乱新媒体广告效果评估的数据掺水行为。技术的进步，将推动数据透明化，营造一个健康的市场环境。另一方面，新媒体越来越普及，新媒体用户对新媒体广

告态度更加宽容，接受度、可信度逐渐提升。智能化广告时代已全面到来，在未来，新媒体广告表现形式将更加丰富多样，广告从业者应坚守伦理和法律底线，转变理念和思维方式，拥抱技术发展，最大程度地满足消费者需求。

四、我国新媒体广告人才需求现状

目前关于新媒体广告人才，学界并无一致的概念，但是有不同角度的界定。以新媒体背景下对广告人才的能力要求划分，广告人才分为"跨界型"和"复合型"。"跨界型"人才是既能够适应各类数字媒体的传播特点和运作方式，又掌握新媒体相应的技术和运行规律的人才；"复合型"人才是具备对各种新媒体和新的营销传播手段进行整合传播能力，既懂得网络与新媒体技术，同时又具备新闻传播专业能力的人才。

本节依据陈培爱教授2020年7月发表在《新闻与传播评论》上的《中国新媒体广告人才需求的调查研究》一文的调查结果，从专业能力出发，根据中国传媒大学、厦门大学等高校对于广告专业人才培养目标的设定，同时结合广告业态全流程中与新媒体相关的工作类型及岗位分布，从行业对新媒体人才的需求情况入手，阐述新媒体广告人才需要具备的专业技能。新媒体广告人才的界定为在广告业大的生态环境下，各领域包括甲方公司、广告代理公司、整合传播集团、数字营销公司、媒介公司等从事新媒体业务或相关工作的广告从业人员。

1. 行业对新媒体广告人才的需求情况

陈培爱教授的《中国新媒体广告人才需求的调查研究》调查结果显示，91%的单位对新媒体广告人才都有需求，这一数据结果符合当前新媒体行业发展的趋势及对相关人才的需求。通过分析发现，数字营销公司、整合传播集团、创意传播公司及媒介公司对新媒体广告人才的需求更大一些，对新媒体广告人才有大量需求的比例在40%左右，甲方公司、广告代理公司及咨询公司则低一些，比例在20%左右。

企业最需要的新媒体广告营销人才类型中，新媒体运营需求最大，其次为市场营销类人才（如推广和执行）。另外，整合营销策划和创意类（设计和创新）也有一定量的需求，如图2-2，新媒体运营类需求多为内容运营、活动运营、用户运营等比较细分的内容人才。

还有一些单位需要特别招收整合营销型人才。在新媒体背景下，信息传播很难通过一个平台进行，而是需要各种媒体整合起来进行跨平台、跨媒体的传播，这是行业发展的现状所需，也是媒体发展趋势所需。

最需要的人才岗位类型，如图2-3。通过分析可以发现，策划创意类岗位需求最大，占比过半。另有约40%和32%的企业单位需要新媒体、自媒体运营和新闻采编人才，有些企业对策划要求比较全能，要懂市场、逻辑好、会分析、能创意、想象力与写方案能力都要出色。

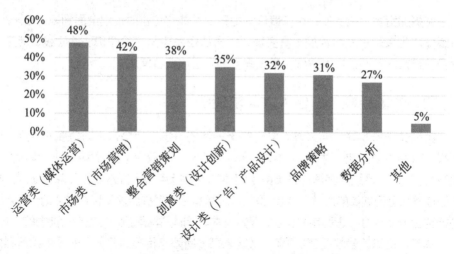

图2-2 企业最需要的广告营销人才类型分布图

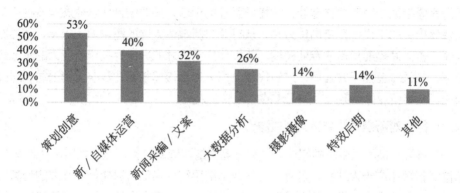

图2-3 受访企业最需要的广告人才岗位类型分布图

不同类型单位对新媒体广告人才的需求存在差异。涉及新媒体广告业务的单位主要有甲方代理公司、广告代理公司、整合传播集团、媒介公司、数字营销公司等。在所有和新媒体相关的企业单位中，"策划创意类"人才是最受欢迎的，其次是新闻采编和文案。广告代理公司、咨询公司更需要大数据分析类岗位，甲方企业、数字营销公司、媒介公司更侧重需要新、自媒体运营类岗位。

新媒体编辑、新媒体运营、大数据分析位居新媒体广告人才需要前三位。新媒体编辑是最被需要的新媒体广告人才，无论是文本编辑与制作还是视频编辑与制作；其次是新媒体运营类人才，很多类型企业都重视新媒体活动推广型人才；大数据分析类人才需求占第三，这类人才不但要会数据的分析，还需要能通过数据分析来反馈并推进优化现实的工作。此外，新媒体环境中整合营销型人才需求也较大，整合营销型人才能够综合运用各种新媒体平台和传统媒体平台进行创意传播和营销，在广告代理公司和数字营销公司中，此类型人才需求都较大。

2.新媒体广告人才需要具备的专业技能

如图2-4，新媒体广告人才所需具备的能力集中在文本和视频制作编辑上，新媒体编辑能力、大数据分析能力对于新媒体广告人才也非常重要。活动推广也是新媒体广告人才能力中值得重视的一个能力。另外，洞察能力特别是发现热点、追随热点、制造热点的洞察力也是新媒体广告人才所需要具备的。

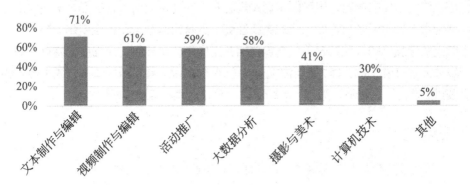

图2-4　新媒体广告人才所需具备技能

对于新媒体广告人才最需要的素养问题，陈培爱教授项目调查结果显示自主学习能力和抗压能力最重要，如图2-5。新媒体领域变化很快，没有经验可以借鉴，需要从业者从已有的事物中不断学习，自己总结出方法论和规律，运用到新事物当中。新媒体平台的变化大、机会多，从业者需要具备快速高效的信息处理能力，能够快速学习，把新的信息、机会跟商业化变现、营收结合起来，因此自我学习能力的重要性凸显。

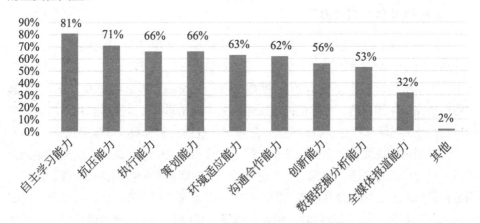

图2-5　新媒体广告人才所需要具备的素养

新媒体广告人员同时也要具备一定的抗压能力。新媒体领域的业务很多是难以具体量化的，所以要求新媒体广告人员在高强度工作压力下还保有较强的上进心、责任心。另外选择环境适应能力、执行能力、策划能力、沟通合作能力等也同样值得重视。

现有研究成果强调新媒体广告人才的专业能力、各种新媒体技能等，对于新媒体广告人才个人素养方面的问题较少提及。从长远来看，该问题对人才质量及从业者个人职业生涯影响较大，值得关注。对于快速发展的广告行业来讲，新媒体既可以搭载传统媒体的内容，也可以实现跨界融合，因此企业对人才的要求更高，从业者要能跟上硬件设备与软件功能的更新速度，具有快速学习和适应变化的能力。在互联网快速发展的行业背景下，新媒体相关工作具有快节奏、高强度的特点，对于新媒体人才来说，抗压能力也至关重要。仍有很多企业看重新媒体广告人才传统的专业核心能力，如创意、策划、市场营销、设计、消费者洞察等能力。

思考题

1.现阶段广告行业对新媒体广告人都有哪些素质和技能的要求？
2.新媒体广告人的核心素养是什么？

第三节　新媒体广告的特点与分类

一、新媒体广告的特点

1.创新速度快，形式多样

在广播电视、报纸杂志等传统媒体上，广告形态非常稳定，很少变化。而受技术创新的推动，新媒体的形态、业务产品和服务模式也在不断创新，由此带来了广告形式的不断创新。互联网的广告从横幅广告（Banner）发展到搜索广告，再扩展到各种社交媒体的广告；手机广告从短信、文字链到图片，再发展到App广告；户外广告也依靠数字化产生了数码刷屏、触摸屏、在线投票等新的广告形式。

普通网站的页面数量多达上千个，仅页面展示广告一项，每个页面上就可能有数条，且每一条的规格、价格等都不尽相同。数字电视广告类型也很丰富，目前常用的有开机广告、操作换台广告、页面广告、视频贴片广告等，比如视频贴片还细分为VOD点播贴片、回看贴片、暂停广告等。微信的广告也分为底部广告、视频贴片广告、互选广告、朋友圈广告、朋友圈图文广告、朋友圈视频广告等多种形态。即便是微信公众号的底部广告，功能上也可以分为公众号推广、移动应用推广、品牌活动推广、微信卡券推广、电商推广等类型。可以预见，随着新媒体自身的快速发展，新媒体广告的创新也将不断推进。

2.重视互动参与，销售方式灵活

与传统媒体"你播我看"的单向传播模式不同，新媒体是多对多的传播，每个人都既是信息的传播者，又是信息的使用者或消费者。消费者、媒体与广告主之间的互动成为新媒体的常态，由此也给新媒体广告带来了互动的可能。新媒体都非常重视广告传播过程中消费者的互动参与，甚至有些广告只有在消费者的主动参与下才能够完成，消费者成为一次广告活动中的主角，如参与广告视频的转发、评论以及用户的原创广告等。

互动参与拉近了消费者与广告主品牌之间的距离，消减了与广告主之间的信息屏障，有利于提升广告信息传播的广度与深度。

3.大数据成为新媒体广告运营的重要基础

新媒体在技术的帮助下，通过实时追踪记录，实现了便捷的数据挖掘与数据分析，借助每时每刻都在产生的海量数据，可以对用户的媒体接触行为、消费习惯进行监测，从而更加精准地找到目标消费者，由此也使得数据成为新媒体广告运营的重要基础。

新媒体广告类型丰富，资源数量急剧增加，而且交易灵活，这就使得不论是广告资源的拥有方，还是广告资源的需求方，都需要借助以数据为基础的在线广告管理系统进行广告运营。在广告投放环节，要想实现精准的、自助式的投放，就离不开计算软件系统的帮助。在效果分析环节，广告主需要根据即时的效果分析来调整其广告计划，并且越来越频繁地使用数据来评估内容和媒介的价值。与此同时，媒介也学会了用数据来为自己的资源服务，进行资源推广时，数据佐证已经成为标配。

以上种种变化，都要求大规模的、快速的计算和科学有效的管理方式，如此一来，广告管理系统就显得至关重要了。相关统计数据也显示，在全球互联网广告领域，利用广告管理系统进行投放已经占到展示类广告总投放额的70%以上，而在我国，广告管理系统也得到越来越多的应用。

二、新媒体广告的分类

新媒体广告的分类是以其最终呈现出的广告表现形态为依据的。而由于新媒体本身形态丰富多样，附着其上的广告在播放时间、投放位置、展现方式等方面也呈现出多样的形态。本书根据新媒体本身的这些特性、新媒体与传统媒体相结合的延展性等因素，以技术实现方式、推送手段和传播范围为依据对新媒体广告进行了种类划分，如图2-6。

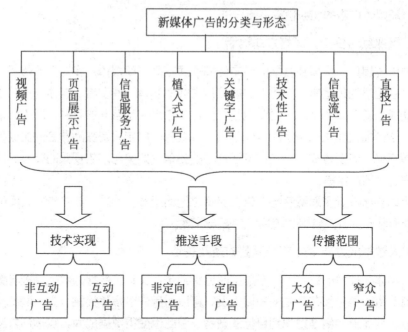

图2-6　新媒体广告的分类依据和广告形态

1.依据技术实现方式分类

新媒体的传输网络有单向网络和双向网络，这两种不同的网络，决定了信息传输能否呈现出互动的形态。基于网络和传输手段的不同，可以从技术实现方式上将新媒体的广告分为非互动广告和互动广告。

（1）非互动广告

非互动广告与传统媒体上的广告很相似，以展示品牌、产品或传达某种生活和消费观念为目的。但与传统的广播、电视等媒体广告占用用户收视时间、具有强制收看的特点不同，新媒体上的非互动广告只占用一定的空间，不会强制用户接受或浏览，也就达不到强制收看的效果，广告效果只能用曝光率等指标来进行衡量。

非互动广告主要是单向网络上的广告形式，因为单向网络只支持信息由新媒体运营机构下行到用户的终端，而不能支持用户的信息回传，遥控器或鼠标点击不会形成任何响应，故用户只能被动接受信息，而不能发送信息，没有形成互动。

（2）互动广告

互动广告即用户可以通过点击、转发、评论、参与活动、完成交易等主动行为进行交互的广告传播形态，强调用户对广告的参与程度、控制程度。区别于非互动传统广告形式，互动广告较好地利用了新媒体的互动性特征，采用视觉形象、有声语言、互动的形式实现广告信息的传递。互动广告发生的前提是互动技术的发展，通过用户自主点击，广告内容会以下载、超链接、弹出、App界面跳转等形式呈现在用户面前。

同时，由于互动广告的传播模式改变了传统的"推"模式，变为用户主动寻求信息的"拉"模式，广告的传播能更加精确地到达目标消费者，传播效果较好，而且便于准确测量。另外，互动广告可选择性的交互特点，使得这种广告形式拥有更加丰富的传达手段、更加广泛的应用范围。

根据用户产生的互动行为的深浅不同，互动广告可以分为多种层次：

第一，点击，通过点击行为，收看更多的广告信息。这是最简单的一种互动形式，存在点击率偏低、误点击等不足。

第二，对信息进行扩散，如转发、评论、回帖、顶、赞、踩、挖等。这种方式体现了用户对广告信息的主动关注与传播，在社交类媒体中普遍存在。

第三，参与广告活动，如下载使用促销优惠券、为广告活动投票、用户自制广告（UGA）等。此时，用户不仅仅是扩散信息，而且还会产生实际的宣传行为。

第四，直接购买。广告将用户引导到产品的电子商务网站，进而实现在线购买或线下购买，直接拉动销售。

2.依据推送手段分类

新媒体作为广告发布的平台，具有自己独特的传播特性，不仅和传统媒体一样能够随着内容或业务的直播把广告信息告知所有的用户，也能够利用自身的技术支持把信息按照一定的层次和需求推送给特定用户。

（1）非定向广告

非定向广告是指没有指定人群类型的广告，所有人群看到的广告内容相同，广告主无法准确判断受众信息。非定向广告是一种大众传播的广告信息活动，到达的人群特征和大众传播的受众特征一样，具有受众多、成分杂、分布散、隐匿性强的特点。

（2）定向广告

定向广告则是建立在新媒体一对一、多对多等传播特征基础上的广告形式，广告信息的发布者能够通过新的媒体传播手段把信息发送给特定的群体。可实现的定向功能有：通过地理区域定向、通过接触频次定向、通过广告顺序定向、通过竞争分割定向等几种。定向广告以其精准性为广告主降低了广告成本，减少了干扰，增强了广告效果，体现了数字新媒体的特征，如图2-7。

一些新媒体机构或者互动广告服务商利用网络追踪技术整理用户信息，并将用户按年龄、性别、职业、爱好、收入、地域等不同标准进行分类，记录储存用户的地址、电话等联系信息。而后利用定向的信息推送技术，根据广告主的要求及商品、服务的性质，向不同类别的用户发送广告信息。

内容定向
　根据受众浏览内容定向
　　例如：汽车子网络、金融子网络

行为定向
　基于时间、频次、互动类别等维度建模，为每个用户打上标签

手机型号定向
　精准定向不同的手机品牌、操作系统和手机型号，全面覆盖不同层次手机用户
　　例如：智能机、品牌机、价值5000元以上手机

回头客定向
　抓取点击过、浏览过品牌网站的人群进行定向投放

地域定向
　精准定向城市以及特定的上网地点
　　例如：校园、网吧、家庭、办公楼

时段定向
　根据受众上网时间定向
　　例如：周一至周五，早8点至晚6点

关键字定向
　用户曾经搜索过的关键字及浏览页面的关键字组合
　　例如：基金、睫毛膏等

Look-alike 定向
　分析一群人在网络轨迹上的共同点，找到相似的受众定向投放广告

人群构成定向
　收集海量的人群样本，根据用户的注册信息定向
　　例如：定向男性、18～35岁

系统定向
　根据受众使用的操作系统或浏览器定向
　　例如：iOS 系统、安卓系统等

图2-7　用户定向的指标体系

　　需要注意的是，在对消费者进行精准定向的同时，也需要同时关注"规模"。如果一次广告活动所覆盖的人数非常少，即使精准程度提高，也很难达到提升品牌影响力的效果。

3.依据传播范围分类

（1）大众广告

　　新媒体跟大众媒体一样，可以以一对多的传播方式将广告传送给媒体所接触到的所有用户，起到广而告之的目的，但是这种形态的广告对目标消费者的针对性较弱。

（2）窄众广告

　　窄众广告是基于支持即时消息自动接收、播发并显示的消息系统而出现的一种

广告形式。新媒体基于庞大的人群数据库资料，利用各种数字追踪手段对用户的媒体接触行为进行实时监测，进而获得用户的接触习惯和相对应的消费行为模式。在此基础上，将用户按照不同的指标进行划分，根据目标消费群的不同推送不同的广告内容，真正做到将广告信息准确地传达给目标用户。

三、新媒体广告互动的三个层次

新媒体广告互动营销形式可依据特点和目的大致划分为三个层次：用户与用户的互动、企业与用户的互动以及直接达成销售的互动。每一个层次中，企业与广告公司都利用多种媒体和手段，开拓出极具创意的营销形式，让受众从普遍的"躲广告"逐渐变成主动"玩广告"。

1.用户与用户的互动

社会化网络营销是基于人和人之间的真实关系展开的互动，消费者在分享、交流的过程中形成口碑效应，受普遍的从众心理影响，用户与用户之间相互效仿从而主动、积极传播广告信息。利用社交媒体促成消费者之间的互动似乎已经成为广告主开展营销活动的"标准范式"。

例如YSL口红在2018年七夕推出限量定制款的营销就是以情感传递为出发点，利用朋友圈进行传播裂变。YSL借助朋友圈广告在线上独家推出"定制你的专属YSL"活动，针对不同人群，开启定制体验入口，提供专属刻字、卡片等定制化服务，引发了用户间的互动热情与口碑传播。广告形式与产品的高度契合，最终使该产品朋友圈广告的点赞互动超过行业均值280%，评论超过行业均值800%。

2.企业与用户的互动

除了促成用户之间的互动之外，企业还渴望达成自身与用户的互动，通过游戏、活动等方式拉近与消费者的距离。企业无论是建立互动性的官方网站、发起优惠活动，还是线上传播结合线下活动，都使消费者更多地了解企业和产品信息，在互动方式上也亮点倍增。

比如杜蕾斯官方微博就是企业与用户互动很好的例子：微博账号拟人化，文风内容幽默有趣，与用户心理距离无限接近。在中国传统的文化环境下，本是很难与用户进行良好互动的品牌找到了自己的沟通方式，能够与用户无障碍交流。

3.直接达成销售的互动

除了与用户建立健康良好的关系之外，许多企业还看重互动营销与终端销售结合，把营销过程直接转化为销售的能力。在营销传播过程中直接达成销售的互动随着支付手段的便捷变得越来越常态化。

2017年经典的天猫直播平台卖车堪称史上第一直播案例，发起方是神州买买车，主角是在2017年1月9日过生日的代言人王祖蓝。播放页面下方可跳转至天猫旗舰店下订单，90分钟狂卖科鲁兹经典单品2717台，总订单金额突破2.18亿元。"微博＋神州买买车天猫店＋天猫直播＋一直播"这样的组合既有购物转化，又兼具娱乐化传播，微博话题、微博大V、热门明星、电商平台、直播平台等多方参与，共同实现营销效果。

思考题

1.新媒体互动广告的三个"互动"层次分别是什么？
2.你认为非互动广告未来的发展前景在哪里？

第二章

新媒体广告
策划与设计
（第二版）

新媒体广告类别

第一节 门户网站广告

一、什么是门户网站

互联网投入商业运营已二十余年，尽管以万物感知、智慧控制和网络社会为特征的Web3.0是当下的热门概念，但作为Web1.0时代典型代表的门户网站，至今仍占据着重要位置，是广大网民日常获取信息的重要平台。

1.门户网站的含义

门户（portal）网站是网民获取互联网信息和服务的入口，通过门户网站，网民可以直达各类互联网信息资源，享用多样化的信息服务。最初的门户网站以提供搜索引擎和网络接入服务为主要业务，后来逐渐转变了自身定位，开始提供新闻、搜索引擎、聊天室、邮箱、影音等功能，门即主页，户是主页上的各个板块。常见的门户网站有网易、新浪、雅虎等，以及一些企业、政府机构的网站等。

无论门户网站的功能如何变化，我们仍然可以按照以下三个标准对它做出界定：一是足够大的人群浏览量；二是盈利模式包括广告、付费搜索、电子商务等几方面（游戏的收费可视为电子商务的一种）；三是所提供的功能性应用需尽量全面。

2.我国门户网站的发展

1998年，受美国雅虎"门户"概念的启发，国内的一些商业网络媒体开始致力于提升自身的网络信息操作和整合能力，用内容和搜索服务吸引网民，以增加网页的点击率，吸引资本的注意。我国的几大门户网站如搜狐、网易、新浪亦于此时形成，这三个网站于2000年先后在纳斯达克上市，而当年的广告收入分别达到了580万美元、3010万元人民币及2094万美元。

2001年，全球互联网泡沫破灭，各大股市网络股股价狂跌。受其影响，中国互联网企业进入了艰难的时期，面临着巨大的生存压力。以新浪、网易、搜狐三大门户网站为例，尽管它们都在2000年先后登陆纳斯达克，但随后股价便一路下滑，最低时仅为每股几十美分。而与此同时，我国国内信息化程度不断加深、互联网行业环境日渐改善、基础设施建设持续进行、移动互联网崭露头角，这又为网络媒体提供了发展机遇。在此种情况下，各门户网站将关注焦点从"融资"转移到"赢利"上，重点针对自身市场和用户特征，重新定位并打造差异化的竞争策略，推出、优化其网络广告、手机短信、网络游戏等业务，从而实现了不同程度的转型并获得盈利。比如，此时已拥有亿级用户量的腾讯借着移动梦网、手机短信的兴起，开设了收费会员业务，并开展了移动QQ业务。2001年7月，腾讯实现了正现金流，当年年底便有了1022万元的纯利润。随后，2002年底，腾讯开始大规模发行120元一年的Q卡，后来又开发了付费服务QQ秀和棋牌游戏，从而在虚拟增值业务上也颇有斩获。

针对移动互联网给自身营销模式所带来的挑战，门户网站纷纷做出调整，在应对策略上有不少相同之处：重视原生广告，提升移动新闻的广告库存和转化率；走个性化道路，新闻客户端首页实现了因人而异，能根据用户大数据提供个性化的信息流；投资或上马直播、视频业务，迎合多元化的内容消费需求；上线内容开放平台，例如"网易号""企鹅号"等，狙击"今日头条"等新崛起的媒体平台。不过，各家在内容和营销上，也有着不同的侧重。四大门户网站的营销思路如下❶。

（1）网易：品牌化思路，有态度营销

网易一直坚持比较个性化的发展路线。基于网易跟帖衍生出来的"有态度"已成为网易的特色标签。相对于个性化资讯客户端，网易更强调专业编辑生产的有态度和有温度的内容，同时通过跟帖标签等产品去了解用户的态度，形成"态度画像"，基于此开展"态度营销"。与传统展示广告相比，基于标签的精准广告效果更好。而"态度营销"与其他标签（例如兴趣）最大的不同是，它与情感直接挂钩。一个用户在不同时间、不同地方、不同场合，会有不同的态度，态度是情感层面的表达，体现的是一个用户的价值观和生活理念。如果平台有能力洞察到用户的态度，就可以帮助广告主更精准地找到与用户沟通的"链接点"，从而与用户产生情感上的共鸣，同时也利于增加用户黏性。网易要将"态度营销"打入国际市场，通过"有态度"和年轻化、国际化的品牌形象塑造，并拥有其他门户网站不具备的海量态度数据，"态度营销"成为网易的鲜明特征。

2016年，在戛纳国际创意节上，网易开设了专场论坛，并联合北京大学发布首部《移动时代下的中国态度族群》报告，表明网易要将"态度营销"打入国际。

（2）腾讯：多元化内容，社交化营销

腾讯门户业务走垂直精品路线，拥有不少精品内容栏目。为了打造精品，腾讯还确定了内容扶持计划，走开放路线，通过天天快报等产品矩阵与相关新媒体平台展开竞争。

在营销上，腾讯门户的战略是发挥社交优势，并重点运营视频广告。2016年5月，腾讯发布了"AD+"理念，在其看来，社交广告具有"不干扰""价值相关性""层层递进"三大优势，借助于移动支付、LBS（基于位置的服务）、账号体系等手段能够同时做好品牌与效果营销，轻易实现转化。腾讯还明确今后会在社交视频广告上发力，现在浏览腾讯网不同页面均会有视频自动播放，其中一些就是视频广告。

❶ 赵思远.四大门户的移动营销套路［J］.计算机与网络，2016（6）：42.

目前最能体现腾讯社交广告优势的是微信和QQ上的广告，例如朋友圈广告、微信公众账号图文。腾讯新闻客户端等门户产品需要有更多动作去吸引用户登录和互动才能实现真正的社交化。

（3）搜狐：视频是未来，娱乐化营销

2016年一季度搜狐品牌广告营收为1.26亿美元，同比减少6%，环比减少11%。其中，搜狐网（不计搜狐视频）的营收为4500万美元，同比持平。搜狐视频营收为4100万美元，同比下滑16%，视频已占据搜狐营收的半壁江山。

搜狐新闻客户端有三个菜单：新闻、视频和"我的"。如此重视视频，在四大门户网站中是绝无仅有的，这表明搜狐将其门户业务的未来放在视频上。

在应对自媒体潮流方面，搜狐是最早尝试做"媒体开放平台"的门户网站，较早实现了个性化，在2015年还上线了自己的公众账号，2016年大力推广明星频道，回到搜狐擅长的娱乐上。

搜狐还有一个战略是本地化内容，2016年初上线了365个本地频道。在营销上，搜狐一直有较强的"娱乐"基因，不论是加强视频还是力推明星品牌均表明了这一点。而娱乐背后是女人经济、粉丝经济、年轻用户，这些标签都意味着搜狐最擅长的是品牌营销而不是效果营销。搜狐2016年还大力推广"红包"营销，用户可以边看新闻边刷红包，也体现了营销的娱乐化。由于加强了本地频道的运作，O2O营销也已被搜狐提上日程。

（4）新浪：精品化内容，稳健型营销

新浪门户网站与微博是独立的两个公司运营，而微博在很大程度上承载了新浪系业务在移动端的价值，尤其是微博在大力转型"内容化"后，承担了个性化资讯客户端、短视频和直播品牌等角色，与新浪移动端的业务形成了重合。

在内容端，新浪基于其在传统门户时代的积累，强化专业内容优势，例如"精读"品牌就是将新闻客户端杂志化，主打"深度阅读"。除此之外，新浪在汽车、女人、体育等频道上依然很强势。新浪在内容端重视精品化，反而弱化了"自媒体内容"和"开放式内容"，其开放内容平台的推出在几大门户网站中最晚。在营销上，新浪更重视品牌营销，尤其是汽车、金融等传统品牌大户，如果走杂志化、精品化的内容路线，品牌广告显然更加适合。不过，相对于网易做态度营销、腾讯做社交营销、搜狐做娱乐营销而言，新浪还缺少类似的鲜明标签。

以上述这些营销思路为指引，各门户网站不断加强广告资源的开发和推广、广告部门的调整和优化，积极应对市场竞争。

二、门户网站广告的类型

下面以门户网站广告呈现的终端为划分依据，分别介绍PC端和移动端的门户网站广告类型。

1. PC端门户网站广告

在广告形式上，传统的PC端门户网站广告主要是品牌展示类广告，包括图片类、文字链接类、视频类和富媒体类等多种形态。此外，各门户网站也结合自身的网站业务特征和媒体资源特色，分别运营一些其他类别的广告。例如搜狐在开发搜索引擎"搜狗"后，即开始运营搜索引擎广告；网易结合自身的电子邮箱、网络游戏两大优势服务，进入邮箱营销、游戏植入式营销等领域。下面主要介绍各门户网站最为依赖的展示类广告。

（1）旗帜广告

旗帜广告（横幅广告）又叫Banner，因其形状为长方形而得名，是互联网广告中最早出现的、最基本的广告形式，尺寸一般为468×60像素或233×30像素，一般使用GIF格式的图像文件，可以使用静态图形，也可用多帧图像拼接为动画图像。

旗帜广告制作简单，投放方便。门户网站中的旗帜广告一般会滚动播出多个广告主的广告，按天计费。旗帜广告可链接到广告主着陆页（落地页），其创意空间较大，就算用户不点击也能接触广告信息，因此较受品牌广告主的欢迎，如图3-1。

图3-1 旗帜广告

（2）按钮广告

按钮广告（图标广告）又名Button，因其体积较小、形似按钮而得名。主要尺寸为120×60、100×50、88×31、120×90像素的小型GIF或Flash等格式。

按钮广告可以是一个企业的标志，一个形象、图标，或一个按钮的形状。因为图形尺寸较小，它可以被灵活地放置在首页、频道、详情页等各级页面的任何位置。

按钮广告通过超链接与有关信息相连，当网民用鼠标点击它时，也可链接到广告主的登录页。按钮广告的广告效果主要在于能否吸引目标消费者的主动点击，其创意需具有简洁、直接、富有冲击力等特点，如图3-2。

（3）通栏广告

通栏广告以横贯页面的形式出现，按尺寸分有大通栏（860×125像素）、半通栏（425×125像素）、特殊通栏（1200×50像素）、小通栏（600×50像素）等；按位置则分有顶部通栏、底部通栏、中间页面通栏等；按互动方式还可分为静态通

图3-2　按钮广告

栏和触发通栏等。通栏的格式为GIF、JPG或Flash，它一般位于整个页面中最焦点的区域，广告面积大，客户关注率高，适合于有实力的大、中型企业进行品牌宣传。

（4）全屏广告

用户打开浏览页面时，广告以全屏方式出现数秒，可以是静态的页面，也可以是动态的Flash效果，然后逐渐缩成普通的Banner尺寸或消失，进入正常阅读页面。网民一般可以选择关闭广告，因此全屏广告的优点是能够在对用户体验影响较小的情形下，仍具有较强的视觉冲击效果，如图3-3。

图3-3　全屏广告

（5）信息流广告

与微博和微信等社交媒体的信息流广告类似，门户网站的信息流广告随具体的内容"流"而呈现，形式可以是小图、组图、通栏及文字链。搜狐财经频道、科技频道和时尚频道的首页中，每五条信息就会出现一条信息流广告，其广告位为"第五条信息流""第十条信息流"到"第五十条信息流"，共10条。

（6）文字链广告

文字链广告是以一行文字作为一个广告，点击可进入相应的广告页面。文字链广告对用户干扰较小，位置较灵活，价格相对低廉，广告效果比较依赖文案的吸引力，如图3-4。

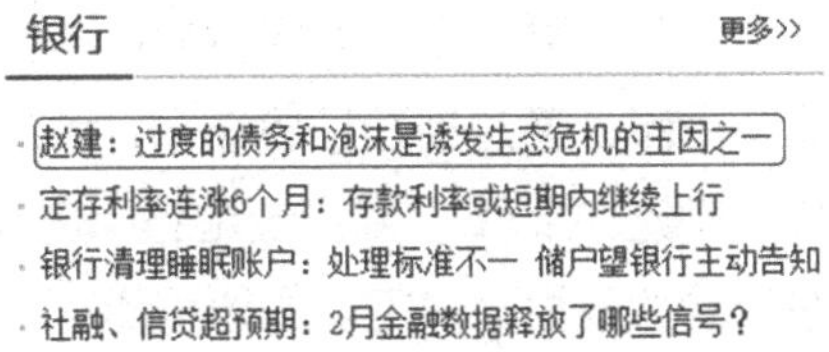

银行
更多>>
赵建：过度的债务和泡沫是诱发生态危机的主因之一
定存利率连涨6个月：存款利率或短期内继续上行
银行清理睡眠账户：处理标准不一 储户望银行主动告知
社融、信贷超预期：2月金融数据释放了哪些信号？

图3-4　文字链广告

（7）焦点图广告

焦点图是门户网站用图片组合播放的信息表现形式，一般都置于网站的首页或频道首页非常明显的位置。焦点图广告占用焦点图的某一帧，当切换到该帧时，广告自动展示或播放（视频格式），内容展示一定时间或播放完毕后，才会轮换到下一帧内容。焦点图广告有利于创造较好的曝光度和较高的点击率。只要用户停留在该页面，广告就不断重复播放，见图3-5。由于效果突出，所以焦点图广告的价格也较高。以搜狐为例，其首页的焦点图广告为三轮换，价格高达100万元/（天·轮换）。

探房？侃房？抖音搜索「焦房殿」
搜狐焦点
「焦房殿」
JNFcous
318 好房严选季
拼房帝
严选好房×用心生活
关注济南「楼市」看房就看「焦点」
XUEPIN
血拼济南楼市
JIAODIAN
济南搜狐焦点

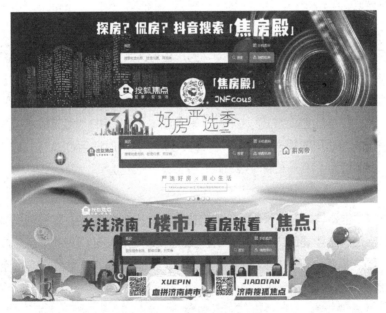

图3-5　焦点图广告

（8）弹窗广告

弹窗广告是从屏幕的右下角浮出，固定在右下角位置。播放器带有明显的功能按钮，能够关闭、调节音量。用户可以自主选择关闭弹窗广告或最大化，查看其中详细信息。

魔图广告属于弹窗广告，它在网站主页面提供的广告位上完成魔图的植入，对页面的加载和布局几乎没有影响。通过精准投放技术，魔图广告能够"把正确的信息传达给正确的人"。它的呈现方式如下：第一步是利用定位技术自动定位页面中的图片，第二步是在图片中自动加载为客户定制的浮层标签元素，第三步是当浮层被触发后相应的展示层自动弹出。通过扩展浮层的创意和动效设计，魔图广告可实现在原本的PC页面图片上多种形态（比如异形、联动等）的富媒体广告展示，增加用户对广告的接受程度和参与交互的意愿，引起目标受众点击广告、进入广告主网站注册、下单等一系列后续行为。

2. 移动端门户网站广告

门户网站顺应移动互联网发展的潮流，近年也针对WAP门户网站、门户网站的移动客户端开发出不少广告形式。关于移动客户端广告的更多详情，可参考第八章。大体来说，移动端门户网站广告可分为展示类广告、信息流广告和落地页广告，随着新技术的不断应用，全景合成、H5专题、VR功能等广告形式也开始被一些门户网站所尝试。

（1）展示类广告

展示类广告的形式与PC端门户网站的广告形式大同小异，主要有WAP顶部通栏、WAP焦点图广告、WAP全屏广告、WAP图片广告、WAP文字链广告、App启动页面广告、App下拉刷新广告、App焦点图广告、开机报头广告、新闻正文页广告等。这些广告的售卖方式以CPM（千人成本）和CPD（每天成本）为主，例如搜狐移动端启动页的静态加载页广告每天8轮播，同时适用CPM和CPD两种售卖方式，刊例价为110元/CPM或30万元/（天·轮换）。

（2）信息流广告

信息流广告是与内容混排在一起的广告，前文已有介绍。在门户网站的移动端，信息流广告是非常重要的广告形式。以呈现形式观之，移动门户的信息流广告有文字模式、图文模式、三图模式、大图模式、视频模式等多个类型。信息流广告以CPM计费。

（3）落地页广告

落地页又叫着陆页，是用户点击各类形式的广告后打开的第一个页面。作为广告主与受众深度交流的重要窗口，它也常被视为用户转化的关键节点。因此，落地页广告的创意和设计，对于最终的广告效果而言至关重要。

为了让广告主更加方便地制作落地页，很多移动平台都推出了自助制作系统。如财经软件中的小额借贷公司广告，右图为落地页，如图3-6。

图3-6　移动端的落地页广告

三、门户网站广告策划

　　广告策划是以广告主的营销策略和广告目标为出发点，经过市场调查和综合分析，制定出一个与宏观环境、市场情况、产品状态、目标消费者特征和需求相适应的经济有效的广告行动方案。

　　广告策划重在使合适的信息与合适的目标受众相匹配，并通过合适的媒介将信息传递给目标受众。经过分析之后，其最需明确的三个问题是：你想要接触什么人群？你想向他们说什么？何时何地接触目标受众？

　　上述三个层级的分析都可以运用SWOT矩阵。SWOT矩阵也被称为态势分析法或优势分析法，借助这一工具，企业便于确定自身的竞争优势（strengths）、竞争劣势（weaknesses）、机会（opportunities）和威胁（threats），并将这些因素加以匹配，以选择最适合企业发展的战略——SO战略、WO战略、ST战略或WT战略。

1.形势分析

制订广告计划需要首先对与广告相关的各类背景资料进行回顾、分析和研究。这部分要分析影响市场、竞争、消费者行为、公司、产品或品牌的重要信息与趋势，从而对广告问题和广告机会进行提炼和阐释。形势分析的具体内容包括环境分析、消费者分析、产品分析和竞争分析。

2.关键策略决定

这一部分对广告活动的开展具有决定性意义，它包括设定广告目标、确定目标受众、创造竞争性优势、树立品牌形象与个性、产品定位。

首先，设定广告目标。每个广告都必须受到具体清晰的大目标的指引。广告目标的陈述是基于营销和广告的SWOT分析所得出的营销目标而制定。威廉·维尔斯等人将广告目标分解为三个层次[1]：第一个是知觉层次，即广告需要被受众注意到并被记住；第二个是学习和说服层次，学习即受众理解广告信息并做出正确联想，说服即改变受众态度及触及受众的情感；第三个是行为层次，即促使受众使用或购买企业产品或采取其他行为。广告策划人员还可以根据一些经典的模型或方法将广告目标变得明确而具体，如接下来的章节会提到的AIDA模型、AIDMA模型、AISAS模型、SIPS模型。

其次，确定目标受众。目标受众是那些企业希望给其传递广告信息的消费者。值得一提的是，这些消费者不一定就是实际的使用者或购买者，但他们影响人们的购买决策。企业必须为目标受众清晰、准确地画像，勾勒其人口特点、个性和生活方式，据此方能设计出真正触及、吸引、打动他们的创意表现策略和媒体沟通策略。

再次，创造竞争性优势。企业需要将自身的产品特征（如价格、质量、款式、有效性、耐用性等）与竞争对手加以比较，接着评估每个特征对于目标受众的重要性并排序，继而对产品在每个相关特征的表现进行评估以发现优势。

然后，树立品牌形象与个性。根据已有的信息，广告策划人员就可以塑造品牌个性。品牌个性是品牌所具有的人格化的特征，如真诚、教养、称职、刺激、平和、激情。广告信息应当很好地彰显品牌。

最后，产品定位。定位是企业要在目标受众的心智空间中形成独特的位置。比如凉茶品牌"王老吉"预防上火的定位——"怕上火，喝王老吉"，另一凉茶品牌"加多宝"市场领先者的定位——"全国销量遥遥领先"；又如艾维斯租车公司的"我们是第二"这一市场追随者的定位。

3.创作计划

无论是一个阶段性的、系统的广告活动，还是单个的广告创作，都需要创意的

---

[1] 维尔斯，伯奈特，莫里亚提.广告学原理与实务［M］.张红霞，主译.北京：北京大学出版社，2007：8-9.

统贯及指引。比如日本集英社的漫画杂志 *Jump SQ.* 的广告运作即是以"请不要搜索"为核心创意来设计面向目标受众的沟通信息和沟通导线，依云矿泉水的"依云宝宝"创意则贯穿其近年几乎所有的广告作品。对广告主及广告公司而言，概括关键策略决策、评述关键执行因素的创意大纲必不可少，它既是助力广告团队进行系统性思考的方法，又是广告开发的指南，使每个人都能在对信息策略相同理解的基础上展开工作。创意大纲一般会整合基本的广告策略决策（如要解决的问题、目的、目标市场、定位策略），信息决策的关键（如销售主张、创意策略、广告演示细节）。

例如，扬罗必凯（Young & Rubicam）的创意大纲包括：关键事实（宣传中会用到的关键信息，比如产品的差异性、顾客的需求等）、广告能解决的消费者问题、广告目标、创意策略（定义潜在顾客、竞争、消费者利益、理由）。又如，奥美（Ogilvy & Mather）的创意大纲包括：产品、关键议题/问题、承诺、支持、竞争对手、目标客户、期望的行为（我们期望得到什么？）、目标客户的印象、基调与手法。

4.媒体计划

这一部分需详细叙述所有关于计划、购买和评估选择的广告媒体的因素。媒体是可用于传递企业讯息的所有载体，它包括报纸、杂志、广播、电视等传统媒体，互联网、手机等新兴媒体，以及户外媒体、直邮广告、礼品广告、电影等诸多其他媒体。值得关注的是，AR（增强现实）、VR（虚拟现实）等智能设备的出现也为广告媒体的策划提供了全新的思路。

广告主要确定具体的媒体发布目标：向谁发布、在哪里发布、发布多少等问题。这个目标的制定，建立在广告运作环节中已经明确的市场目标和广告目标，以及此前对目标群体媒体接触习惯分析所得到的信息基础之上。媒体策略将反映广告的这些目标，相应地，这些策略可分为目标受众策略、地理分布策略、广告排期策略、持续时间策略和广告规模策略等。在媒体融合时代，广告主对媒体的使用通常不是"单兵作战"，而是在创意传播管理思路的统摄下，根据消费者的行为及对应的场景综合运用多种媒体形式。

媒体的购买通常由广告主的广告代理公司负责，当然广告主直接与媒体接洽的情形也越来越多见，而基于广告交易平台，广告主的自助投放也成为常态。媒体购买人员的职能主要是：为媒体策划人员提供信息，选择媒体，商议成本，监督媒体计划的绩效，广告运作后评估媒体选择，处理账单和支付事宜。在具体的形式上，技术越来越成熟的媒体购买系统逐渐取代媒体购买人员之间的商洽，日益兴起的实时竞价和程序广告使海量的广告投放需求和媒体资源得以迅速对接，广告购买与投放可瞬间达成。

5.广告预算

广告预算指企业从事广告活动支出的费用，编制预算就是判断企业年度广告的预算额、在不同方面分割广告预算，以及确保围绕预算开展有效的广告活动。企业有很多方法决定广告预算，如历史法、销售百分比法、任务与目标法、量力而行法、竞争对抗法。

6.实施与评估

广告计划的最后部分是描述那些确保广告活动落地实施的细节，例如各项工作的责任敲定和资源配置、行动步骤和时间节点、广告活动与企业其他营销策略的配合等等。

评估是考查广告计划在多大程度上实现了预设目标。这不仅是对广告计划的实施情况进行检查和评价，更重要的是可以随时对广告活动的情况加以掌握与控制，从而保证整个广告活动能够按照预定的计划与目标进行。此外，评估还可以总结经验，为下一次的广告活动提供参考依据。

在移动互联网时代，企业在策划营销活动时，往往不会只是选择某一种媒体进行孤立的广告投放，而是会打通线上与线下、打破媒体边界、整合多样营销手段。对此，业务越来越多元的门户网站也开始凭借自身独特的营销理念及丰富的营销资源，协助企业进行综合式的营销或广告策划。

思考题

1.现阶段还有哪些权威的门户网站？
2.门户网站广告的策划都有哪些过程、步骤？

第二节　移动App广告

一、移动App

移动App（application的缩写）是指通过预装、下载等方式获取并运行在移动智能终端（如智能手机、平板电脑）上，向用户提供信息服务的应用软件。[1]用户通过应用商店下载或更新App就能使用开发商提供的产品或服务，主要的应用商店包括苹果的App Store，谷歌的Google Play Store，黑莓的BlackBerry App World，微软的Marketplace等，国内则有安卓市场、应用汇、豌豆荚以及小米应用商店等。

---

[1] 国家互联网信息办公室.移动互联网应用程序信息服务管理规定 [EB/OL].（2016-06-28）[2018-04-15].http://www.cac.gov.cn/2016-06/28/c_1119122192.htm.

根据移动App的开发模式，可以将其分为Native App（原生开发模式）、Web App（网页开发模式）及Hybrid App（混合开发模式）三类。[1]Native App也称为原生App，它是基于智能手机操作系统编写运行的第三方应用，不同的操作系统要求采用不同的语言和框架进行开发，其发布审核流程较为严格。Native App的处理速度快，设备调用能力强，部分功能可以支持离线使用，节省用户流量。它的发布入口统一，用户能够在应用商店中依据不同的分类快速查找、下载和更新应用。苹果iOS下的"iMovie"等都是这类App，如图3-7。

图3-7　苹果操作系统里的iMovie

　　Web App是基于浏览器运行的第三方应用，它的入口也以浏览器为主。由于使用了HTML5技术进行开发，该类App能够以同一版本在不同的操作系统中运行，大大降低了开发和维护的成本；灵活的审核流程也缩短了App的更新周期。用户无须下载安装，也无须更新应用，只要打开浏览器就可以使用需要的应用。Web App具备一部分Native App的功能，比如LBS、本地数据存储、音视频播放等。Web App的运行效率受限于移动设备的浏览器性能，部分功能不支持离线使用，而且只能调用一部分硬件设备功能，其交互体验稍逊于Native App。此外，由于Web App的发布审核不够严格，在安全上也存在一定隐患。

　　顾名思义，Hybrid App是介于Native App和Web App间的第三方应用，它的原理是在Native App中内置浏览器，将相应的功能页面以网页的形式呈现。Hybrid App兼具用户体验良好、跨平台及低成本优势，目前主流使用的App都以

❶ 王鑫.Native App 与 Web App 移动应用发展 [J]. 计算机系统应用，2016（09）：250-253.
　　顾春来.App 应用程序开发模式探究 [J]. 硅谷，2014（5）：35-36.
　　刘春华.基于 HTML5 的移动互联网应用发展趋势 [J]. 移动通信，2013（9）：64-68.

Hybrid App为基础框架进行开发，如Facebook、百度搜索、携程、支付宝、美团、淘宝等。

除上述分类方式，还可按照用户对App功能的需求将移动App分为不同的大类，如App Store有报纸杂志、财务、参考、导航、儿童、工具、健康健美、教育、旅游、美食、商务、社交、摄影与录像、生活、体育、天气、图书、效率、新闻、医疗、音乐、娱乐等类别。

二、移动App的发展

移动App的出现和发展得益于智能终端和移动操作系统的演进。虽然自二十世纪八九十年代起就有移动应用问世，但移动应用发展的真正转折却出现于2008年。2008年7月，苹果公司为匹配其新的智能手机产品——iPhone，推出了应用商店App Store。在上市两个月后，App Store的应用下载次数就超过1亿；2009年底，这一数字又被改写为25亿。这种成功的商业模式吸引了移动运营商、手机生产商、技术开发商等加入移动应用开发和应用商店建设的队伍，国内如中国移动、中国联通、中国电信等运营商以及百度、腾讯、360等互联网企业都相继展开了各自移动商店的运作。之后，移动通信技术的进步、智能设备的升级换代为移动App的发展创造了更加良好的环境，即时通信、移动社交、音视频、游戏、移动电商、生活服务等企业纷纷在此领域布局以争夺用户资源。

移动App的发展呈现以下几个特征。

（1）开发主体多元，覆盖领域广泛。

首先，门户网站、新闻网站、垂直网站、搜索引擎、网络视频、电子商务、移动社交等互联网公司推出了基于智能手机的App入口；其次，新兴的创业公司和个体开发者不断挖掘细分市场，各类个性化和本土化的App应运而生，如O2O、直播、短视频、出行、本地生活、共享单车等垂直类App迅速成长。此外，在移动互联网的冲击下，为了获得竞争优势，大量的传统行业也纷纷推出App产品，希望借此实现与移动媒体的融合。

（2）市场格局基本稳定，马太效应明显。

移动App的不断推陈出新使得其市场规模持续扩大，截至2019年12月，我国国内市场上监测到的App数量为367万款。目前，北京、上海等一线城市及杭州、成都等二线城市的市场成熟度已达到很高的水平，为App开发者带来了可观的收入；而三线及以下城市和农村地区的互联网用户也持续向移动端转化，随着市场的成熟，App下载量也急剧增长，创造出巨大的收入潜力。从市场整体来看，强者更强的马太效应也愈发明显。几个头部的互联网企业把持着下载率和浏览量巨大的主流App，但近几年，随着用户刚需基本得到满足，细分行业的渗透以及创新技术的结合，会成为市场的热点。

（3）超级App向平台化迈进，新兴领域兼并扩大。

发展至今，以微信、手机淘宝、京东等为代表的一批在移动互联网发展早期就积累了大量用户的"头部App"，在获取流量的同时，也在加强用户的"停留时间"、提升用户体验、打造一站式应用平台。App间信息逐渐打通，功能相互渗透，用户可以在一个App中获取多种服务。这种"超级App"能够扩大单个App的服务范围，如用户能在微信中获取新闻资讯、购物、打车等，2017年上线的小程序更增强了微信"链接一切"的平台能力；支付宝除提供转账、理财等基本金融服务，还能让用户享受生活缴费、外卖预订、票务预订等服务；手机淘宝除基本网购功能外，还接入了到家服务、旅行服务、外卖服务等。这些成熟领域的App通过线上线下资源整合、跨界功能整合、关联更多生活场景等方式向平台化迈进。而以滴滴出行、去哪儿、美团等为代表的新兴领域App则通过并购坐稳行业领先地位。

（4）移动App在发展过程中对社会产生双重影响。

一方面，种类繁多的移动App给用户带来了便利的生活和多样的娱乐手段。手机社交场景、消费场景与现实场景之间不断融合，加速了日常生活的在网化，人们通过App就能满足衣食住行等大部分日常需求，相关产业也随之搭上了移动互联网的快车，迎来了新的发展契机。另一方面，App的快速发展也带来了一系列无法回避的问题：其一，冲击传统的知识产权保护体系，如有的信息推荐平台未经允许便抓取并推送其他媒体独家所属版权作品，侵害了相关媒体的信息网络传播权；其二，对网络用户的隐私保护形成威胁，如2018年3月18日国外某互联网公司被爆出滥用用户信息，国内目前仍有许多App没有添加用户隐私保护的相关条款，使得用户承担了个人隐私被泄露的风险；其三，App内容良莠不齐，不利于移动互联网健康有序的发展，更冲击了社会道德底线。

三、移动App广告的类型

移动App广告是指将广告主的商品或服务信息投放到移动App上的广告方式，是移动广告的重要组成部分。

在移动广告发展的早期，短信、彩信等是主要的广告发布形式，之后移动端的WAP网站有了较多的用户流量，WAP广告应运而生。2011年以后，移动互联网进一步升级，智能手机得到普及，移动App越来越被用户所青睐，移动App的广告位从无到有，其运作人员通过将移动App广告与传统媒体类比（如把开屏广告比喻为杂志封面，将信息流广告比作报纸的头版、第二版、第三版等）的方式让广告主迅速熟悉。如今，广告主不断增加在移动端的广告投放，行业广告主需求旺盛，品牌广告主预算增加。同时，原生广告、移动视频广告等更加丰富的广告形式出现，为移动端提供了更广阔的广告空间。

1.移动App展示类广告

（1）开屏广告

开屏广告通常在用户打开移动App时自动以全屏方式呈现3～5秒，具体表现形式有静态图片、GIF图片和Flash动画等，视觉冲击力强，不过，一般来说用户可以选择跳过广告。以今日头条为例，其开屏广告每天为7轮播（用户未关闭App后台进程时，展示间隔为两小时；关闭App后台进程后再启动可再次进行随机展示），其中6条广告面向全国用户，1条广告定向投向区域市场（如北京区域），广告可选择是否链接落地页，按天售卖，静态3秒广告位的价格在2016年为128万元/（天·轮）。

对于专业性很强的垂直移动App，广告主除了关注流量数据，也特别重视App的使用场景、用户等与自身的契合度，例如某空气净化器品牌会选择天气信息App"天气通"，某专车品牌会选择航班数据App"飞常准"。

图3-8　App中的旗帜广告

（2）插屏广告

插屏广告在游戏类或视频类App中较为常见，分静态图片和GIF动画，具有尺寸大、视觉冲击力强、容易被用户点击等特点，但也比较影响用户体验；多用CPC和CPM计费。

（3）旗帜广告

旗帜广告又称横幅广告或Banner广告，是App广告的主要形式，一般出现在App界面的顶部或底部。它从形式上分为静态横幅、动画横幅、互动式横幅，内容可以是纯图或纯文字，也可以是图文结合。它尺寸较小，对用户干扰程度低，广告信息重点突出，主要以CPC方式计费，如图3-8。

（4）信息流广告

信息流广告一般出现在信息流固定位置中。其展示样式和信息流常见样式一致，目的是不让用户产生阅读的阻碍感，同时提升广告的点击率。这类广告常见于

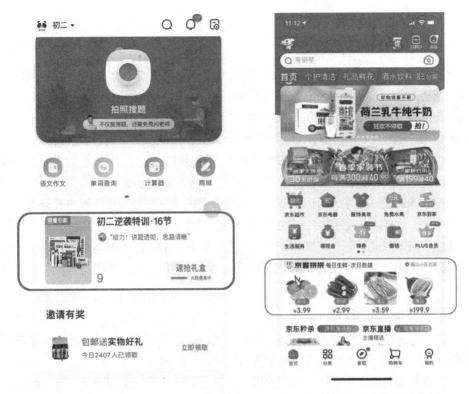

图3-9　信息流广告　　　　　　图3-10　京东的推荐墙广告

社交类App（如微信朋友圈、微博）及资讯类App（如今日头条、腾讯新闻）。今日头条将信息流广告置于推荐频道、热点频道、视频频道的第4条信息，类型有信息流小图、信息流大图、信息流组图、信息流视频等（见图3-9）。

此外，如网易有道词典等垂直领域的App中的信息流广告则更加贴合产品特征，这类信息流广告在推荐产品或服务的同时也较好地满足了用户在外语方面的学习需求。

（5）公告广告

公告广告也叫App活动广告，常发布于电商类或社区类App的首页，如图3-10中的"京喜拼拼"（或"京东秒杀"），它按次购买，能够不断滚动播放广告信息。

（6）移动短视频广告

2015年，微博开始兴起以"秒拍"为代表的短视频，随后，抖音、快手、火山小视频等短视频App凭借全新的设计风格、操作方法，以及便捷有趣的使用体验（"直接拍、直接上传到社交媒体"的模式简化了视频的制作和上传过程，同时还可以使用多样特效），迅速受到年轻人的喜爱。此种受用户追捧的现象也使得短视频App迅速吸引了广告主的关注。后面有专门的章节介绍视频广告。

2. 移动App植入类广告

（1）品牌定制App

品牌定制App也称作自建App，即企业自己设计制作App，然后将产品和服务信息植入App里。目前一些企业已经意识到，与其不断优化其网站在移动设备上的用户体验，不如推出企业的专属App。相对于WAP网站而言，定制App不仅能够带给用户视觉上的愉悦感，还可为用户提供更多样的服务。此外，App Store和Google上的App索引功能有了很大的进步，不同种类的App都更容易进入相应的目标群体的视线，这客观上也加快了企业推出专属App的步伐。

在具体建设过程中，可以采取企业自建或委托第三方公司建设等方式推出企业专属App。这类App必须结合企业自身特征，符合目标消费群体的偏好，真正为用户提供价值，如此才利于品牌和产品认知度的提升，搭建起品牌与消费者之间沟通的桥梁。例如，许多航空公司都有自己的App，方便用户通过手机订购机票，规划出行。

（2）移动App植入

将广告信息植入移动App中是一种软广告方式，有助于让品牌或产品被用户潜移默化地记住并接受。常见的App植入方式有以下几种：

视觉替换类植入。它适合快消品牌、汽车品牌等在新品上市阶段，植入娱乐游戏类、社交类、工具类移动App中。比如伊利金领冠奶粉就通过在综艺节目同名手游《爸爸去哪儿》的登录页、服装商店的植入，以及将奶粉罐置换游戏道具方式实现了深度营销。

栏目植入冠名。这类广告植入看重品牌产品特点与所选移动App功能特点的匹配度，通过品牌推荐、品牌提示等植入手段提升用户对品牌的好感度。比如大众点评冠名不同类型的餐厅排行，墨迹天气中"58同城"对找工作栏目的冠名等。

意向拦截。这类广告植入通常以工具类App为主，通过广告内容满足用户的需求以提升品牌好感度或引导行为。比如高德地图等导航类应用的POI拦截广告。POI是point of interest的首字母缩写，意为"兴趣点"，它可以是飞机场、火车站、学校、购物中心等。基于对用户在这些地理位置的行为数据分析，可以更深刻地理解用户的行踪习惯，实现基于POI数据标签的投放。

行动顺应。以新闻资讯类App的汽车频道为例，用户在频道查阅信息时，除了向其提供资讯，还可植入"一键驾驶"等互动入口，一旦用户产生想要询价或试驾等意愿，就能及时链接最近的经销商，实现用户行为有效顺应的品牌营销服务植入形式。

专项活动策划。广告主可以依据某一类型App的特征，借助社会热点话题，针对品牌营销目标开展专题活动策划，从而体现品牌理念，甚至是改变人们的观念和生活方式。比如网易考拉海购借助综艺节目《爸爸去哪儿》所展开的一系列营销活动。

3. LBS广告

LBS（location-based service），即基于地理位置的服务。最早起源于美国的911紧急呼叫服务，也起源于以军事应用为目的而部署的GPS全球定位系统，是一种利用网络通信技术、空间定位技术、地理信息系统GIS平台等，利用移动通信运营商的GSM、CDMA等网络或GPS等定位方式，获取用户移动终端的地理位置信息，并通过电子地图等的呈现，为用户提供与其即时位置相关的移动信息服务。该业务包括两个主要环节：一是确定移动设备或用户所在的地理位置；二是提供与位置相关的各类信息服务。

（1）位置签到

LBS从2010年开始受到广泛关注，在中国，美团、大众点评，以及近年来探探、陌陌等社交软件也都是基于位置来提供服务的。在移动互联网时代，用户位置不断变化，掌握用户位置信息对营销来说具有巨大的价值，LBS成为移动互联网的标配，蕴藏着巨大的商业价值。

最近一两年，朋友间流行着"签到""定位"来记录自己的生活，比如旅行、聚餐、归乡等等。许多产品都是基于地理信息签到来提供服务的，人们日常生活中的智能手机地理信息签到服务产品，广义上指所有具有签到功能的智能手机地理信息产品，如美团、大众点评等也属于签到产品的一种。

地理位置签到服务以用户签到为基础，整合线上线下资源，发布好友签到及附近位置信息，打造基于真实位置信息的社交平台，为用户提供交流互动服务。用户可以向好友分享自己当前所在的地理位置信息，可在任意一家饭店、好友家庭居住地或商场等地点签到。完成签到后，App会根据用户签到时所处的位置，发送该地点附近的其他信息，并通过各种流行的社交网络平台把自己的位置发布出去。

地理信息游戏服务提供基于真实地理位置信息的游戏服务。一般用户可以实时地签到来赚取游戏中的道具、经验等服务，以及其他的一些收入。典型的应用就是Pokemon Go，用户会在游戏里面扮演成一个训练师，通过游戏与现实世界互通，训练师在游戏中的位置变化与在现实当中的位置变化是相通的，如图3-11。

地理信息资讯服务主流模式是以用户签到为基础，向其提供周边生活信息，将位置服务与用户外出消费以及生活休闲紧密结合。通过签到获取商家信息是地理信息资讯服务的主流商业模式。典型的应用有美团、大众点评、Google Place等等，包括生活服务、休闲娱乐、活动优惠、购物等城市消费领域，用户可以很快地在附近找到餐馆、酒吧、KTV、电影院等场所。

图 3-11　Pokemon Go

位置签到不仅仅是一种打卡行为，更是一种社交。通过拍摄照片，分享心情以及定位功能，用户在社交平台上晒出自己的近况，与好友实时沟通，与周边志趣相投的人成为好友。创新的服务模式给用户提供了不同以往的社交体验，并很好地整合了线上和线下资源，使人们的社交不仅局限于网络或真实世界，而是形成网上和真实世界结合的社交模式。

（2）即时推送

即时推送（push）指的是运营人员利用自己的产品或第三方工具对用户移动设备进行的主动消息推送。主要分为IM类（即时通信，例如微信消息）和非IM类（即大家平时看到的各种App推送信息）。IM类推送，除了是一种运营的方法和手段外，更是实现通信功能的必要条件。比如有人发送一条微信消息，而你没有设置推送，又没有听到声音，将会导致无法及时回复等情况。而非IM类推送，主要分为新闻资讯类、活动推送类、产品推荐类、系统功能类这四大类。

在移动互联网时代，要真正打动消费者，最好的方法莫过于即时互动。在一个贴近消费者的实际消费场景中，让他们在轻松自然的状态下被触发打动，随心地接受商家推送的信息，所以说最好的市场行为都是在消费者最需要时准确出现的。因此，根据位置信息即时推送消息，产生的效果比任一时刻推送都要高，能够直接影响到消费者的情绪、心态，从而促成交易。

基于位置的场景营销消息推送能够实现主要依赖于LBS技术，其中新兴的iBeacon（如图3-12）尤为突出，可以说是LBS技术的一大突破。iBeacon技术通过在购物中心等室内场所铺设的iBeacon蓝牙硬件基站设备，形成许多小型网络。每当使用者携带支持iBeacon的移动设备接近某个基站的时候，该设备就会接收到iBeacon信号，立刻能得到跟该地有关的推送信息。iBeacon最高的精度可以精确到1米以内。英国伦敦一家名为"The Bar Kick"的小酒吧就利用这一技术提高了消费者体验，所有进入该酒吧的顾客都可以免费在手机内的报刊应用中看到两期最新版的流行杂志。结合iBeacon技术，可以轻松精确地寻找车辆位置，并且省去了下载App的步骤。除了寻找车辆以外，还可以在图书馆精确找到书籍所在位置，在大型商场中找到店家位置，等等。当iBeacon应用于微信摇一摇后，还会出现"周边"，如图3-13。对于用户来说，比如一位用户走进一家餐厅，打开摇一摇周边，就能接收到商家的各种优惠信息或者红包，或者是在屏幕上显示出该商户的微信公众号，点击进入该页面后可以看到具体打折等信息，当然也可能实现支付、评价等环节。

图3-12　LBS即时推送：iBeacon

图3-13　摇一摇周边

4.二维码广告

二维码广告是在手机与移动互联网的基础上推出的一种新型营销方式。二维码广告主要指的是将广告主或商品及服务的相关信息以二维码的形式进行编码，移动互联网用户只要使用手机拍下或扫描任何载体上的此二维码，经过手机识别后即可自动上网获取该商家或商品及服务的详细信息，或者变为移动App程序中的一个环节。虽然在App出现之前就已经有利用二维码开展移动营销的先例，但由于当时移动互联网络的信息传输速度、智能手机的普及程度等的限制，二维码广告一直没有发展起来。移动App成为移动用户的常用软件之后，二维码广告通过与App结合才有了较快的发展，其信息的形式更加多元，使用方法更为有趣，与用户的沟通更为深入。

5.AR广告

AR（augmented reality，增强现实或混合现实）是利用计算机生成一种逼真的视、听、力、触和动等感觉的虚拟环境，通过各种传感设备使用户"沉浸"到该环境中，使用户和环境直接进行自然交互。其优越性体现在实现虚拟事物和真实环境的结合，让真实世界和虚拟物体共存。

2008年AR技术第一次运用于App中，人们可以通过智能手机的摄像头去找寻真实环境中的触发点，而AR技术特有的"虚实结合、实时互动、三维定位"功能也都可以通过智能手机这一轻便的终端和移动互联网的快速数据传输来实现。AR技术提供的高度虚拟增强现实效果、交互体验以及定位功能，能为用户创造全新的使用体验，依托于其上的"广告"不仅不会引起用户的反感，反而会引起用户的兴趣并吸引他们参与。

四、以程序化购买为核心的移动App广告运作

1.程序化购买的概念与特征

无论何时，广告主的目标都是在合适的时间、地点，对合适的人传递合适的品牌和产品信息，最终促使用户能在需求出现的瞬间第一个想到该品牌和产品，并进而产生购买意愿。在信息飞速增长的移动互联网时代，传统的媒体排期采买方式在精准营销和运作效率等方面都难以满足广告主的需求，加之媒体流量卖方也迫切期望将"剩余流量"变现，在技术等多重因素的助推下，程序化购买应运而生。

程序化购买是数字营销的重要趋势，也是移动App广告主要的交易方式。所谓的程序化购买是与传统人力购买方式相对的广告购买方式，指通过数字平台代表广告主自动地执行广告媒体购买流程。❶基于海量数据、信息和知识，程序化购买可以

---

❶ 吴俊.程序化广告实战 [M].北京：机械工业出版社，2017：18.

帮助广告主从媒体购买（media buy）转化为受众人群购买（audiences buy），从关注流量到深挖数据，通过不断提高技术水平，企业能够智能快速地完成广告的策划、管理、定位、投放、优化和报告全流程；程序化购买首要解决的不是精准问题，而是碎片化覆盖的问题。

2012年是中国广告程序化购买发展的元年，经过几年的发展，我国的程序化广告，无论是媒体方、广告交易市场、程序化买家、检测方、广告代理公司、广告主等商业角色，还是流量规模、质量、基础技术设施、交易模式、各方意识及认识等都已日趋成熟。据不完全统计，目前数字营销预算中"程序化购买"基本已经占到了20%～30%的份额，各广告交易市场每年的交易额都在成倍增长。

对广告主而言，程序化购买的优势体现在如下几方面：

其一，程序化购买能通过技术手段对整个数字媒体广告投放过程中的各个环节进行信息化，如广告采买、投放以及后续的数据回收、报表追踪、持续优化投放等环节均可通过程序化的方式来自动完成，从而提高效率。

其二，程序化购买能够管理和分析各方数据，在广告投放及营销活动中，将数据激活到所有需要用到数据的广告及营销工具中，并通过控制频次、定向等方式来减少预算浪费、提升投放效果。

其三，与传统媒体购买方式相比，程序化购买能够使广告主和代理商拥有更多对于营销技术、数据以及媒体资源选择的控制权。

2.程序化购买的运作方式

程序化购买主要依靠六个部分来完成：

① 广告主：想为自己的品牌或产品做宣传的企业，例如小米、华为、蒙牛等。

② DSP（demand-side platform）：需求方平台，即广告主的需求代理平台，主要是为广告主提供跨媒介、跨平台的广告投放服务。以腾讯社交广告投放平台为例，它能够为广告主推广移动应用，推广品牌活动，推广本地生活服务，从而获得潜在粉丝的关注、实现广告主的营销目标。下面举例来解释一下什么是需求方平台。

比如魅族想要精准地投放一个新机发布的宣传广告。魅族想在各大网站比如网易、新浪等地方投放这条新机信息，但如果一个一个地去跟这些媒体谈的话，不仅时间成本高，效率也非常低。于是魅族选择了一个需求方平台，把打广告的钱交给这个平台，然后在这个平台里选择想要投放的媒体，比如UC、新浪、网易等，然后就跟人们平时在淘宝购物一样完成结算。这样的平台就是DSP，里面有很多的SSP（供给方平台）所提供的媒体。DSP平台可以实时给广告主提供曝光量、点击量等数据，实时展现广告投放效果。

③ 媒体：提供广告展示位置的载体，例如App、各大网站、电视台、杂志、楼宇等。

④ SSP（sell-side platform）：服务于媒体的"广告位供给方平台"，为拥有广告位的媒体提供推广位管理、信息推广、精准定向、收益优化、内容控制和效果监控等服务。

⑤ Ad Exchange：又称"广告交易平台"，是能够将多家媒体与多家广告主、广告公司链接在一起的在线广告交易市场。其实它本质上就是中介，帮广告主找媒体广告位，帮媒体找广告主。

⑥ DMP（data-management platform）："数据管理平台"，主要通过全面整理各方数据，深度建模和细分人群，为基于用户数据的精准投放提供有效数据支撑。

以上六个角色是实现RTB（实时竞价）广告投放模式的必要条件。

程序化购买主要通过RTB和Non-RTB的方式来进行。RTB（real time bidding）即实时竞价，是一种新的互联网广告投放模式，是一种利用第三方技术在数以百万计的网站上针对每一个用户（这里的用户指的是广告主）的展示行为进行评估以及出价的竞价技术，是需求方平台和广告交易平台在网络广告投放中采用的主要售卖方式。Non-RTB即非实时竞价，采用优先出价或事先约定的价格进行结算。

具体而言，程序化购买可以分为如下四类：

其一，以固定价格购买预定库存，即程序化预定（automated guaranteed，AG），是指供需双方根据之前确定的价格和比例购买广告库存。

程序化预定在市场营销实践中还有另一种说法，即私有程序化购买（programmatic direct buy，PDB）。它指广告主买断高端媒体资源，运用程序化投放的方式进行对接和优化投放。PDB适用于拥有多个子品牌或者多种投放物料的大型广告主，它能在同一广告位针对具有不同特征的目标受众投放不同的广告，有效管理广告主自采的媒体广告资源，更好地提高投放效率，PDB也被称为"保价保量"模式。

其二，以固定价格购买未预定库存，即优先购买（preferred deals，PD），通常是指需求方按照固定价格优先购买供应方未预定的广告库存，如芒果移动为保证开发者的利益，在优先购买的基础上开发出一对一轮询问价的售卖方式，即按照一定顺序向需求方发起询价，需求方反馈的价格（实际的成交价格并不固定）满足条件即购买成功，否则向第二家发起询价。

其三，以受邀竞价购买未预定库存，即私有化交易（private auction，PA），是指仅有供给方指定的需求方才可以购买未预定库存。

其四，以公开竞价购买未预定库存，即开放式交易（open auction，OA），是指所有需求方均可购买供给方的未预定库存。

目前移动端程序化购买的广告形式包含App端和移动手机WAP网页两种，主要有视频类（如视频前贴片）、展示类（如开屏广告、旗帜广告等）、文字类（如文字信息流）等形式。以RTB方式为例，程序化购买的流程如图3-14。

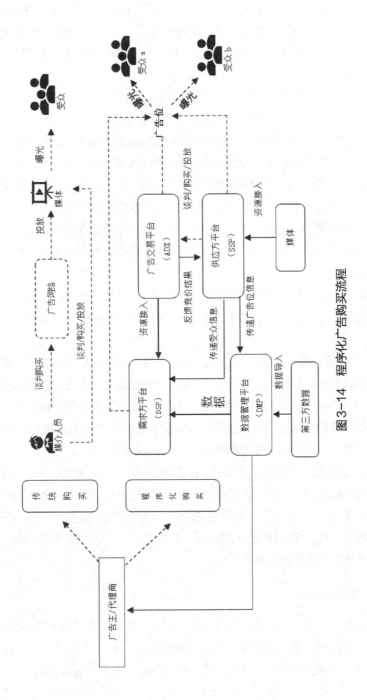

图3-14 程序化广告购买流程

当多个广告主同时把某个媒体的某个广告位买下来时，就需要竞价了。

比如，当魅族把UC头条的某个广告位买下来的同时，有好多其他的广告主也买了这个广告位。刚好华为也有新机发布，也买了这个广告位。那么谁当前给的广告位费用高，UC就会展示谁的产品。这就是实时竞价模式。这个竞价计算是在100ms之内完成。

那么一次精准的RTB广告投放又是如何实现的呢？

在程序化广告的这几个平台之间是这样互相配合的：

当一个用户浏览某一媒体，比如网易新闻首页时，该网页上恰好挂了一个RTB广告位，此时SSP平台会向Ad Exchange平台索要广告，当Ad Exchange收到这个信息后，它会向每一个接入它的DSP发消息说："这里有一个网易新闻的广告位，想买的可以出个价。"然后DSP平台内接入的各家广告主会将DMP为自己分析的目标消费者画像与此浏览网页的用户的画像进行匹配度测验，匹配度越高则越愿意出高价购买此广告位。最后，浏览此网页的用户就看到了竞价成功后的广告主的广告内容。

一方面，这正是广告主想要的目标受众；另一方面，看到广告的用户也恰巧需要此类信息的广告，从而直接提升了广告主所推广的产品或服务的销量，实现了精准化营销。

RTB广告模式可以允许广告主根据活动目标、目标人群以及费用门槛等因素对每一个广告及每次广告展示的费用进行竞价。竞价成功后获得广告展示机会，在展示位置上展示广告。这样的精准用户在"互联网海洋"里可是稀缺资源，这些经过数据分析的精准用户吸引广告主们来竞价，获得在用户面前展现自己的机会，RTB广告放大了网络广告的指向性和精准度。

RTB广告投放模式是整合了多家网站媒体资源、App媒体应用和海量移动设备行为的DMP资源，广告主不需要考虑在哪个渠道投放，因为RTB会选择最优的渠道组合。RTB模式广告在几十毫秒的时间内，程序化自动运作，无论用户处在互联网的哪个地方，RTB都会在合适的时间、准确的地点，面向精准的受众，展示恰当的广告，从而获得更高投资回报率。

满记甜品案例：

营销痛点：甜品行业以大众消费为主，但大众总会下意识认为甜品更适合夏天，影响了冬季的销售；甜品虽然属于高频消费品行业，但由于品类众多，对于单个品牌来说，整体呈现消费频次下降的趋势，需要不断招揽新客进店消费。

营销目标：扭转消费者的认知偏差；精准触达目标消费人群，成功揽客进店；深化品牌形象，实时掌握广告投放效果。

投放方案：

方案一，投放手机QQ浏览器信息流广告，如图3-15。提高品牌曝光频率，全面升级品牌形象。手机QQ浏览器日活跃用户超过1亿，使用用户以平均年龄在23～40岁的年轻群体为主；借助TBS腾讯浏览服务对用户内容消费数量进行全方位分析，覆盖70%的用户；资讯阅读氛围打造沉浸式广告投放环境，具有视觉冲击力的产品图与优惠信息吸引用户点击。

方案二，LBS地理位置定向灵活打点，精准触达以门店为中心的目标客户，轻松揽客进店。满记甜品将广告投放在西安、武汉、广州三座城市，通过LBS地理位置定向，精准锁定门店附近5～10公里范围内，18～40岁具有消费能力的常住人口。

方案三，通过微信卡券，持续建立用户对满记甜品的品牌认知，帮助广告主追踪广告投放效果；通过微信卡券到期提醒，二次刺激用户到店消费，加深品牌形象；腾讯社交广告全程监测转化数据，广告主实时掌握广告投放效果。

投放成效：

综合运用多种社交平台进行立体化投放，其中在手机QQ浏览器这一平台就收获了317万次的免费品牌曝光，刺激更多

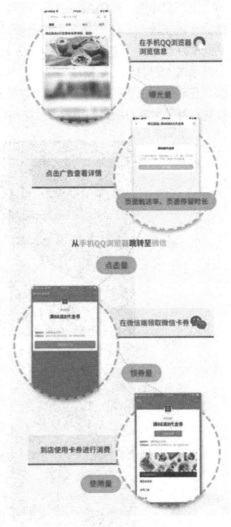

图3-15　QQ浏览器投放方案

潜在客户到店消费。同时，也通过LBS地理位置定向精准触达以门店为中心的目标消费者，页面触达率76%，页面平均停留时长20s，成功传递健康、温馨、休闲的品牌形象，顺利揽客进店。

五、移动App广告的创作策略

移动App更强调实用、定制、互动、趣味等属性，根据这样的特点，广告主在创作移动App广告时可以重点采取以下策略：

第一，原生设计。"原生"概念的核心在于使商业信息与传播环境（包括界面环

境、上下文环境、移动App使用环境等）有机融合。例如，备受零售业关注的德国精品零售品牌ALDI，在宣布入驻天猫国际时，为了吸引中国消费者的关注，和天猫共同举办了一场"以食尚的名义"为主题的时装秀。在前期先是制作了一部色彩炫目且气场强大的TVC（电视广告影片），用模特的高冷和养眼的食物，勾起食欲与好奇心。在时装秀上更是运用了各种食物的素材，赏心悦目，让人食欲大开。这场秀用食材颠覆了大家对服装的想象，食物与服装的跨界，可以说是很抢眼，如图3-16。

图3-16　天猫和ALDI的合作

第二，个性定制。广告主可通过移动App，让用户根据自己的喜好针对广告主的产品或服务进行个性化的搭配、设计，实现线下难以达成的体验，增进其对广告主的了解。比如家具品牌"宜家"专门推出移动App"定制自己的家"，运用这款App，用户不仅能够自定义家具布局、分享自己中意的家具布局，还可以对喜欢的家具布局进行投票，宜家则会对投票产生的优秀创作者进行奖励。借助移动App，宜家既能让用户熟悉产品，还能弥补用户线下体验的不足，为用户提供更有针对性的服务。

第三，极简趣味。移动App广告若能让用户很容易地感到有趣、有用，用户就更容易产生注册、下载、付费、体验、分享、评论等行动，从而达到更佳的传播效果和销售效果。"杜蕾斯"的移动广告往往就是有代表性的趣味性很强的案例。

六、移动App广告的效果评估因子

移动App广告的效果评估数据主要包括展现数据、转化数据、互动数据以及专门针对视频广告的数据，如表3-1。

表3-1　移动App广告评估的主要数据

数据类型	具体项目	项目含义
展现数据	展示数	广告展示数
	点击数	广告点击数
	点击率	（点击数/展示数）×100%
	平均点击单价	总花费/点击数
	平均千次展现费用	点击率×出价×1000
	总花费	广告投放消耗额
转化数据	转化数	下载完成数、表单提交数、电话拨打数、激活数等
	转化成本	广告消耗额/转化数
	转化率	转化数/点击数
互动数据	收藏数	该广告被用户收藏的总次数
	评论数	该广告收到的总评论数
	转发数	该广告被转发的总次数
视频广告数据	位置	广告在App中的位置
	展示数	广告展示次数
	点击数	有转化的点击数+有效播放数
	有转化的点击数	到落地页的点击、点击安装应用及点击拨打电话次数
	有效播放数	播放完成数、用户主动播放中断＞25秒、自动播放中断＞10秒（中断表示该用户没有看完视频）
	主动播放数	用户主动播放视频产生的播放数（包含自动播放和主动播放）
	播放数	广告播放时间＞0秒的总次数（包含自动播放和主动播放）
	平均单次播放时长	视频播放总实际时长/播放总次数（不包含跳跃的时长）
	播完率	播放完成数/播放总次数
	Wi-Fi播放占比	Wi-Fi环境下的播放数、播放总次数

思考题

1.移动App广告的表现类型有哪些？

2.选择你个人经常使用的一款App，分析其承载的广告。

第三节　微信广告

一、微信的使用

1.微信的发展

微信（WeChat）是腾讯公司推出的一款社会化媒体产品，支持用户间进行跨通信运营商、跨手机操作系统平台的文字、图片、语音、视频等形式的信息传收。它既可以实现点对点的交流，也可以在朋友圈进行信息分享，同时支持分组聊天、点对面传播等。微信将人际传播、群体传播、大众传播对等聚合，实现了三者的无缝链接和全面贯通。❶

依托腾讯QQ已有的用户基础，微信自2011年1月上线便呈现出快速发展的态势，2012年3月29日，距首发日仅14个月，用户数即达1亿；在接下来的6个月内，用户数又实现了1个亿的增长；至2013年1月15日，增长1亿用户的时间已缩短至4个月。在公众号方面，2013年微信公众号数为201万个，至2020年微信公众号市场交易额已超一个亿。微信整体关系链已进入稳定期，微信好友中的"泛好友"越来越多，关系链由强关系链条衔接的家人、好友的范围向弱关系联系的泛工作关系网络延伸。

2.微信的功能

类似面对面聊天——即时通信：在信息形式上支持语音短信、视频、图片和文字；既可进行点对点通信，也具有群聊功能。

展现自我生活——朋友圈：用户可以通过朋友圈发表文字和图片，也可以将其他应用上的信息分享至朋友圈，还可以对朋友圈的信息进行"评论"或"点赞"。

为生活提供方便——微信公众平台：最初是面向名人、政府、媒体和企业等机构推出的合作推广业务，2012年8月开始向所有用户开放，包括订阅号、服务号、小程序三类。其中，订阅号重在向用户传达资讯；服务号为企业和组织提供业务服务与用户管理能力，主要偏向服务类交互；小程序是一种不需要下载安装即可使用

---

❶ 彭兰.社会化媒体理论与实践解析［M］.北京：中国人民大学出版社，2015：278.

的应用，非常方便。

便捷的移动支付——微信支付：集成在微信客户端的支付功能，用户可以通过手机完成便捷支付。在绑定银行卡的基础上，微信支持微信公众平台支付、App支付、二维码扫描支付、刷卡支付等方式。

方便的交友——漂流瓶、附近的人、摇一摇：用户可以通过"扔瓶子"和"打捞瓶子"进行匿名交友。基于LBS，用户可以搜索到距离自己一定地理范围内的其他用户。用户通过摇手机或点击按钮模拟摇一摇即可匹配到同一时段触发该功能的微信用户。

互通其他平台——私信助手：用户开启该功能后可接收来自QQ、微博的私信，收到私信后可直接回复。

游戏中心：用户可在此玩游戏（会显示好友游戏成绩排行），如"飞机大战"。

二、微信的营销价值

1.对规模化用户生活方式的重塑

微信拥有极为可观的用户规模，由于微信构建的是基于熟人关系链的"强关系"网络，故而相较于微博等其他新媒体，用户的黏性较高。并且，随着微信功能的不断扩展，微信与人们的日常生活产生了密切联系，甚至重塑了人们的生活方式，这使得作为社交入口的微信还可以是生活服务的入口，乃至融信息传递、需求对接、支付购买、反馈分享等于一体的"一站式"营销平台。

2.信息的富媒体呈现带来的营销创新可能

在微信平台，用户可以用融合了文字、语音、图片、动画、视频、超链接等多种表现元素的富媒体形式进行传播。基于这样的特性，近年来一些广告主和广告公司开发出H5、短视频等多种创新的广告形式，吸引了很多用户的关注、分享，甚至还成为热点话题。

3.基于数据挖掘和LBS技术的精准营销和场景营销

由于现实的生活已与移动互联网日趋融合，因此，如果在法律允许的范围内对这些数据加以一定程度的挖掘，即可为广告主提供精准的用户标签或全景画像，为精准营销提供支持。另外，基于地理位置的服务，微信不仅能确定移动设备或用户所在的地理位置，而且能提供与位置相关的各类信息服务，其"附近的人""摇一摇""漂流瓶"等功能均是以此为基础，利用这一特性，现实的营销场景可复制到微信平台，广告主能更加便捷地识别、捕捉目标消费者，并及时提供定向服务。

4.圈群特征能增强营销的针对性和可信度

相互连通的微信公众号、朋友圈、微信群使微信具备了很强的媒体属性，方便广告主面向一个个社群或圈子展开一对多的营销传播。这些由用户根据兴趣、审美、价值、行业属性聚合而成的社群或圈子往往都特征鲜明、受众相似度高、受众对意见领袖比较信任，比如公众号"六神磊磊读金庸"聚集了一大批金庸迷。面向这些社群或圈子进行营销会增强广告主营销信息的针对性和可信度，提高转化率。

三、微信广告的类型

微信自营的广告始于微信运行四周年的2015年1月21日，第一条是署名为"微信团队"的用户发布的六张带字的图片。文案分别为"它无孔不入""你无处可藏""不是它可恶""而是它不懂你""我们试图""做些改变"。这条朋友圈广告的右上角有"推广"两个字，点开左上角的链接后会出现一个图片，上面写着"广告是生活的一部分"。该广告是微信广告的自我宣传，宣告广告成为微信的一种商业模式。

1.微信朋友圈广告

微信朋友圈广告是以类似好友的原创内容形式在朋友圈中展示的广告。用户可以通过点赞、评论等方式进行互动，并依托社交关系链传播。此类广告主要包括图文广告和视频广告两种形态，构成要素如图3-17。

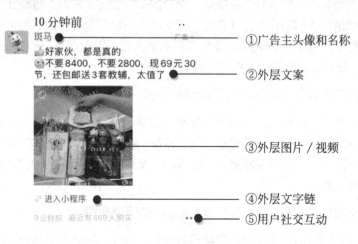

图3-17　微信朋友圈广告

① 广告主头像和名称，用户点击后会跳转至广告主公众号主页。

② 外层文案，用来呈现广告的关键信息，通常不超过40字。

③ 外层图片、视频，用视觉表现广告创意，图片最多支持9幅，小视频长度为6秒或15秒，点击可看时长300秒以内的完整视频。

④ 外层文字链，引导用户访问"链接详情页"以进一步了解广告详情，根据推广目的，如品牌活动推广、公众号推广、移动应用推广、微信卡券推广、本地推广，

文字链可选择"查看详情""了解公众号""下载应用""下载游戏""预约活动""领取优惠"。

⑤ 用户社交互动，允许用户对广告点赞和评论，使其"参与"到广告之中。

朋友圈广告可归类于原生广告中的信息流（feeds）广告，即一种以信息流形式出现在社交网络用户的视野之中，依据社交群体属性针对用户喜好和特点进行智能推广的广告形式，这一形式最早起源于美国社交网站Twitter，随后被Facebook、Instagram等沿用，并进入中国社交平台。朋友圈信息流广告根据性别、年龄、爱好、地理位置等标签对用户进行细分，在此基础上用算法为每位用户个性化定制图片或视频配以文字的广告，用户点击信息流广告"查看详情"的链接即可浏览详细广告信息。另外，朋友圈广告会在右上角标注"广告"字样，以便用户识别这是赞助商提供的广告信息。如果用户对广告内容不点赞、不评论，广告内容会在6小时内消失，用户也可选择"我不感兴趣"以拒绝再次接收其消息。

朋友圈广告以曝光量计费，曝光的单价或竞价购买的出价范围由广告投放地域决定，比如在北京或上海投放，价格为140元/CPM，选择广州、深圳等重点城市，价格为90元/CPM。广告主的投放可选用排期购买或竞价购买两种方式，排期购买的特点是提前锁定曝光量，同时提前冻结账户里所预定排期的账户金额，CPM单价按刊例价执行，单次投放总预算5万元起，向所有城市开放且适用于所有类型的朋友圈广告；竞价购买指的是广告主设置投放时间及预算（每日1000元起），通过实时竞价的方式与其他广告主竞争广告曝光，不过这一方式仅适用于图文广告形态且只向核心城市和重点城市之外的城市开放。

朋友圈信息流广告凭借微信庞大的用户基数以及精准的投放，能够获得一定的广告效果。例如，在首批朋友圈广告中，宝马的广告上线17小时，直接的曝光总量接近4600万，共获用户点赞、评论数量接近700万次，宝马公众号的粉丝增长了20万；vivo的广告曝光量接近1.55亿，用户点赞及评论行为数量多达720万次。

2. 微信公众号广告

微信公众号广告以微信公众号生态体系为基础，以文章内容的形式嵌入微信公众号文章。目前，假如一个公众号的订阅量超过5000，运营者就可以申请成为微信"流量主"，将公众号中的指定位置（如文字页面底部）交给微信平台（以前是腾讯的效果广告投放平台"广点通"）统一管理，供广告主投放广告，而"流量主"则按广告的点击率获得收入。通过广告投放系统，广告主的广告会定向投放到那些标签、受众、文章与其较为匹配的公众号上面。

2016年，微信推出了支持广告主与流量主在线上双向选择的公众号互选广告，这样广告主就能选择与自己的品牌或目标人群更匹配的公众号投放广告，流量主也可选择与自己公众号调性相符的品牌及广告。具体操作时，流量主放出报价，同时承诺头条、二条文章的广告位（比之前微信文章底部的广告面积更大，而且位置在"阅读原文"上方，看起来更像文章的配图而不是广告）完成多少曝光，假如广告主对某流量主有投放意向，且该流量主也选择接单，则交易达成，流量主按约定发布文章，投放数据会及时呈现在交易平台。若是广告主投放的广告7天之后曝光数达到承诺的曝光量，则流量主获得全额广告收入，反之则按照实际曝光量的比例进行结算。

3.微信公众号运营的广告

与成为流量主依托微信广告系统发布广告的微信公众号不同，这类微信公众号自己撰写软文，设计和开发广告位，自行定价，直接与广告主进行线下交易。目前，选择自己运作广告的微信公众号通常都有数十万、数百万甚至千万级别的特征相似的粉丝，其文章的浏览量往往都是"10万＋"，因为读者的深度关注及对公众号的较高信任，此类广告的转化（如App下载、公众号关注）率较高。

若是再细分这些公众号的广告类型，大体可分为病毒广告和植入式广告两类：前者是将广告本身变成大家愿意分享、乐于分享的"病毒"内容，形式有长图广告、H5广告、视频广告；后者则是专门根据品牌或产品特点撰写软文，或者将品牌或产品信息植入公众号的栏目、菜单之中，于是就形成软文广告、栏目冠名广告、菜单广告、金句冠名广告、硬广植入等类别。

（1）病毒广告

病毒广告是在微信公众号上发布"病毒源"，即亲情类的、搞笑类的、励志类的或"鸡汤"类的广告内容，并通过微信用户的转发与分享，实现广告信息的大规模扩散，达到"病毒"式的传播效果。此类广告投入相对较低，借助社会网络传播机制传播，较易吸引人们的关注且广告信息更易被受众接受。

（2）植入式广告

微信公众号的植入广告多为定制式的原生广告。美国互动广告局在2014年发布的《原生广告手册》中这样描述：原生广告是与页面内容紧密关联，融入于整体设计，且与平台行为一致的广告，以至于用户感觉广告属于产品的一部分。它的最大特点是"广告即内容，广告即服务"，广告与内容或服务之间的高度结合使企业能更巧妙灵活地让信息触达用户，并引起用户的兴趣，从而触发用户主动关注、点击、购买、进行二次传播等行为。原生广告的类型可以分为形式原生和内容原生，而内容原生一般是基于形式原生的。

基于上面的界定，原生广告既是一种让广告作为内容的一部分植入实际页面设计中的广告形式，也可被理解为消费者本身以使用该媒体的方式去表达广告内容的广告形式。例如，在微信里面原生广告可以是一条朋友圈信息，也可以是一篇公众号文章；在微博里面原生广告可以是一条微博状态；在知乎里面原生广告可以是一个问题的答案。

微信软文植入广告，内容看起来是和公众号文章的前后文信息有关联的，而不是简单粗暴地切入读者的阅读过程。

四、微信广告的优化

在移动互联网时代，信息的随时随地生产与扩散成为常态，对于微信广告而言，加倍努力的方向并不是加大发布的频率、扩展广告位的面积、以低俗和粗鄙吸引用户的眼球，而应该是更准确地洞察人们的内心，更真诚地讲好故事，更妥帖地融合场景，更专注地提供有价值的内容。

1.洞察人们的内心

广告主在选择微信作为广告信息的发布平台时，往往过于关心平台的影响力（如活跃粉丝数、阅读率、转发率等）和平台与品牌目标受众的匹配程度（例如，如果广告的目标受众是年轻的电影迷，那么选择在电影公众号上投放广告效果较好）。不过，这两个方面只能告诉广告主是否选对了媒体，却不能说明怎样才可以打动目标受众。在信息爆炸的移动互联网时代，假如广告信息没有关照目标受众的内心世界、没有回应目标受众的核心关切，那么即使量再大、密度再高也难以改变"信息飞沫化"的命运。

2016年7月8日，粉丝多为文艺青年的微信公众号"新世相"联合国内旅行类手机应用品牌"航班管家"，策划组织了"4小时后逃离北上广"这一活动。当活动广告在微信发布后，不到10个小时，其阅读量就达到了116万，文章留言有5200条，后台互动留言高达8万条，成为网上热搜话题。之所以这一活动有如此大的影响力，很重要的原因即是"逃离北上广"这一主题关照到了大城市疲惫、焦虑的工作人群的内心：对于在北京、上海、广州等地工作生活的年轻人来说，挤地铁上班、重复无差别的工作、经常加班熬夜等几乎已经成为枯燥生活的常态，他们越来越渴望能够放下这一切，不再只是在朋友圈羡慕他人，而是真正做自己的主，来一次属于自己的说走就走的旅行，做一件想做而没做的事。

2.讲好故事

通常，"故事"可被看作以一定的方式，对按逻辑和时间先后顺序串联起来的一系列由行为者所引起或经历的事件的描述。[●]故事由事件、人物、背景和话语（传播媒介，叙事的视角、方式、时态）等元素构成。与新闻式、论说式等文案不同，故事体文案注重描写经历、强调过程变化、关心个体的戏剧性价值（如成长、蜕变、坚持信仰、克服困难等），能将抽象的观点形象化，更易激发受众的情感共鸣和行

---

❶ 高杉尚孝.麦肯锡教我的写作武器［M］.北京：北京联合出版公司，2013.

动，同时也更易于传播。

通过微信公众号发布的软文广告因为不受篇幅的局限，所以相比于其他新媒体广告形式来说更适合讲故事。至于如何将品牌融入广告，则可以借助SCQOR（思扩）模型进行设计：situation（设定情景）、complication（发现问题）、question（设定课题）、obstacle（克服障碍）、resolution（解决、收尾），如图3-18。

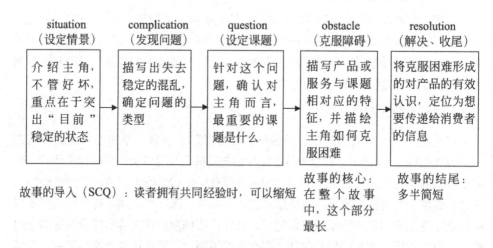

图3-18 SCQOR模型

目前，许多微信公众号都在尝试用讲故事的方法创作广告文案，首先讲述与品牌看似无关的故事吸引读者的注意力，调动其情绪，最后出其不意地引出广告内容、提示他们采取行动，让读者在情绪的起落和内容的转变中对产品和品牌留下深刻的印象。

3. 场景融合

对于广告主而言，必须基于消费者的心理和行为特征，认真思考他们在什么时间、什么地点、做什么事、遇到什么情况、产生什么心理、希望什么支持或变化，然后再设定或创造场景，将自身的广告信息、产品或服务的功能及优势与这些场景紧密结合在一起。从传统广告时代开始，这种策略已在许多广告中出现。如王老吉的"怕上火喝王老吉"，将"王老吉"凉茶与吃火锅和怕上火两种场景进行深度捆绑；功能饮料品牌红牛则把产品与"熬夜"场景关联，提出了著名的广告语"困了累了喝红牛"。而对于微信广告而言，场景广告已不单是通过设计一条"场景+产品"的口号来打造其与特定场景的关联。基于微信的场景广告的最佳目标是在特定场景下为用户提供适配的信息或服务。这一方面要求广告主全面、精准地理解特定场景中的用户，包括对其个性的洞察以及对其既往习惯、当下状态的把握；另一方面还要迅速地找到并推送出与目标广告受众需求相适应的内容或服务。

4.提供价值

作为融入社交媒体环境和依托多元场景的原生广告，微信广告只有多为用户提供与其生活、利益、需求、情感等有关联的、有价值的内容，真正把自己变成人们生活的一部分，才能避免被信息的汪洋淹没或损害用户的体验。对此，广告主应尽可能地使微信广告具有以下价值：

娱乐价值，即微信广告的内容或形式有趣味，能带给用户乐趣，比如酷炫的H5广告和别出心裁的长图广告往往都具有一定的娱乐价值。

资讯价值，即微信广告可满足用户生活和工作方面的资讯需求，比如根据用户的地理位置推送的商家信息就可能对用户形成帮助。

知识价值，即微信广告利于增加用户对事物的认识，知识可以是"知道是什么"，也可以是"知道为什么"，还可以是"知道怎么做"和"知道是谁"，比如茶叶品牌在微信中介绍茶文化和茶艺。

情感价值，即微信广告能让用户感知到爱、情义、美好、欢喜等积极、正面的情感，比如白酒品牌江小白的朋友圈广告文案"这个冬天，不要让兄弟的情义慢慢变冷"，就让很多用户觉得心里"暖暖的"。

例如，星巴克合作微信打造社交礼品体验。用户购买星巴克的卡片后，可以通过微信赠送给朋友，同时附带祝福语、图片、视频等传达心意的素材，这种一对一的体验有点类似微信红包，但形式更多样，可以说是咖啡版的"微信红包"。这种线上送礼、线下使用的礼品体验，能够加强用户与用户之间的互动，实现用户和品牌的链接，也能缩短用户和门店的距离，可以看出社交礼品体验设计者的良苦用心。借助微信，星巴克不仅能够传递其想要表达的"情感链接"的价值观，也能够直接推进其商业方面的步伐，如图3-19。

星巴克门店接入微信支付的合作效果十分明显。据了解，导入微信支付后星巴克门店单人次结账时间平均节省了10 ~ 20秒。接入用户熟悉、高频使用的微信支付，对星巴克的意义是进一步提升消费者的好感，也提升了星巴克的效率。

五、微信广告效果监测

对于微信公众号广告，广告主可以通过登录微信公众号系统，依据广告位位置（图文消息底部、腾讯新闻底部）、推广商品类型（公众号、品牌活动、iOS应用、Android应用、免费卡券）、广告信息（广告名称、自定义时间）三种方式自助查询广告的监测数据，形成数据报表。数据主要包含如下6个关键指标：

① 曝光量：指定筛选条件下广告的总曝光量，反映广告展示的数量。

② 点击量：指定筛选条件下广告的总点击量，反映广告被点击的数量。

图3-19　微信"用星说"内容界面

③ 点击率：指定筛选条件下广告的总点击率，反映广告被查看及点击的关系，点击率越高则广告转化情况越好。

④ 点击均价：指定筛选条件下广告平均点击均价，反映一个投放广告产生一个点击的消耗费用，控制合适的点击耗费可以合理控制广告成本。

⑤ 商品指标：指定筛选条件下广告转化的商品量。对公众号投放而言，商品指标为关注量，对Android应用投放而言为下载量，iOS应用投放和品牌投放无商品指标。

⑥ 总消耗：满足指定筛选条件的广告的总消耗，反映广告账号的总消耗情况。

对于微信朋友圈广告，广告主也可以通过系统进行查询。数据报表会呈现核心数据和互动数据，以及关键指标明细，每小时更新。其中，核心数据包括总曝光、总花费和下载完成量；互动数据则有详情查看量、图片点击量、点赞评论量、关注量、转发量等五项指标；关键指标明细表会列出广告投放人群、地区、每日预算、出价、花费、详情查看量、详情查看率等具体数据。

除上述的预算消耗、曝光类数据外，广告主还能根据使用场景，选择查看费用类、点击类、互动类、转化类、传播类、负反馈等共40项数据指标，实现对"品牌触达—用户互动—效果转化"路径的覆盖。

在排期广告投放完成后，广告主也可以通过系统查询单次投放的结案报告，报告由广告触达（广告曝光与触达用户效果）、用户停留、点击互动、视频播放、用户分享、用户洞察及明细数据（微信提供的明细excel）七部分组成，广告主通过这些信息对广告投放效果进行全面评估。

对于由微信公众号自主运营的软文广告，则通常关注其阅读量、点赞量、转发量、评论量、收藏量、文内广告视频的播放量、"阅读原文"链接的点击量等传播效果指标，以及关注量、下载量、注册量及购买量等转化效果指标。对于转化效果一般还会考虑CPA（cost per action，每行动成本），CPA越低也说明广告效果越好。

思考题

1.你经常接收到微信推送的广告吗？你会关注吗？如果会，什么样的广告形式会吸引你？

2.在微信广告投放的效果测评过程中，有哪些关键观测要素？

第四节　微博广告

微博在中国的发展已经超过十年时间，其间既经历了"井喷"，也滑入过低谷。如今，以新浪微博为代表的微博运营商基于规模化的用户和流量，积极对微博进行商业化运作。作为商业化运作的重要组成部分，微博广告也越来越成熟。

一、微博的兴起与发展

微博是微型博客（MicroBlog）的简称，因其与传统博客相比发布字数受到限制而得名，是一个基于用户关注关系的信息分享、传播及获取平台。最早的微博只支持140字以内的文字发布，现在可支持长文字、多图片、短视频以及长图文发布。纵观微博在世界范围内的发展，其诞生背景可以追溯到信息全球化浪潮中Web 2.0概念的兴起。随着Web 2.0产品的升温，微博作为一种"迷你博客"应运而生。2006年，Obvious公司推出了Twitter，它允许用户将自己的最新动态、所见所闻、观点意见以短信息的形式发送到手机和个性化网站群。随后，微博的传播价值开始显现。

Twitter的迅速发展也带动了国内微博的兴起，从2007年中国国内第一个微博产品"饭否（fanfou.com）"上线到现阶段新浪微博一家独大，国内微博的发展大致经历了四个阶段。❶

---

❶ 谢耘耕，徐颖. 微博的历史、现状与发展趋势 [J]. 现代传播，2011（4）：75-80.

1. 引入探索阶段（2007—2008年）

2007年问世的"饭否"和"叽歪"是国内最早的微博产品。2008年8月，腾讯推出了微博"滔滔"，成为中国首家尝试微博产品的门户网站。之后，做啥网、嘀咕网等也相继上线。这一阶段，初生的微博数量较少、规模较小，从服务和功能来看，这些微博产品模仿Twitter的运作，用户可通过网页、WAP、手机短信/彩信、即时通信软件（如QQ、MSN）等在微博上发布消息，还可通过互相关注、私信或者@对话进行互动，不过，由于自身管理等方面的原因，饭否、叽歪等早期微博产品试水不久便相继停止运营。

2. 快速发展阶段（2009—2012年）

自2009年起，随着大型门户网站的介入，微博市场明显升温，9911微博客、同学网、Follow5、新浪微博、搜狐微博、百度贴吧、人民网微博、腾讯微博等相继入市，竞争也激烈起来。2010年，微博出现了井喷式的发展，因此这年也被视为"中国微博元年"。"人人皆可发声"的微博掀起了中国社会信息传播的"微博热"。一种传播媒体普及到5000万人，收音机用了38年，电视用了13年，互联网用了4年，而微博（特指新浪微博）只用了15个月。

在诸多微博平台中，新浪微博和腾讯微博是推动微博发展的主导力；网易微博、搜狐微博、人民微博等平台的用户规模相较前两个平台有一些差距，但能结合自己的特点、优势资源形成差异化的定位；用户规模更小一些的天翼V博、移动微博（原139说客）等则专注服务于一定范围的垂直用户。

3. 市场整合阶段（2013—2014年）

发展至2013年，随着互联网其他新应用的出现和普及，微博的用户规模和使用率开始呈现下降趋势。截至2013年12月，中国手机微博用户数为1.96亿，较2012年底减少了596万，同期手机微博使用率为39.3%，较2012年底降低了8.9%。在此市场背景下，大部分微博运营机构调整了战略，腾讯、搜狐、网易、和讯等相继撤离。例如，2014年7月腾讯官方宣布腾讯网络媒体事业群（OMG）进行架构调整，腾讯微博将与门户融合；同年11月，网易微博宣布与网影LOFTER合并，不再单独运营。自身的不断拓展及多家微博的相继退出，客观上形成了新浪微博"一家独大"的局面。

4. 加速商业化运作阶段（2015年至今）

在经历整合期之后，其他微博平台的用户逐渐向新浪微博迁移，微博的使用率有所回升，2015年微博市场整体出现回暖迹象。在此阶段，微博一方面深挖平台价值，不断完善内容资源体系，并在垂直领域深入发展，传播方式更加多元化，长文、短视频逐渐成为微博平台新的热点，带动了其他新兴垂直直播与短视频平台的发展。另一方面，微博加快了平台的商业化运作。2015年9月，新浪微博推出商业开放平台战略，推出商业数据API（application programming interface，应用程序编程接口）、管理类API、广告类API和通用API四大类商业接口（以广告API为例，通过该商业接口，合作伙伴可获取推广微博的阅读数、点击数、触达数等广告效果分析数据，得以更好地衡量在微博平台投放广告的效果）。此外，新浪微博还将第三方合作伙伴分为微博营销、舆情管理、应用开发、广告优化与投放、社交管理五类，不同类型的合作伙伴配置不同的接口和服务。

二、微博传播功能

1. 用户身份认证

为便于管理，微博平台会对用户身份进行认证。新浪微博的认证微博分为个人微博和机构微博两类。后者包括政府、媒体、企业、校园、网站、应用等类别。对于通过认证的用户，平台会给予便于识别的标记，橙色V为个人认证，蓝色V为机构认证。这些加V用户可以获得一定的好处和权限，主要包括：认证后易被网民识别、信任和关注，有利于营销传播活动的开展；认证用户会在相关的搜索结果中排列靠前，容易被网民检索到、关注到，还能得到平台的推荐服务。

2. 私信功能

私信功能指微博用户之间可一对一发送受到加密保护的"私密信息"。此种一对一的沟通功能，在营销中能够方便企业更有针对性地了解和服务用户。2013年，新浪微博私信功能升级，用户可以直接订阅其他账号的信息，订阅后会定期收到该账号通过私信推送的信息。

3. 话题

微博提供话题关注功能，即发布微博时，在两个"#"号中加入所要发起的话题（#某某话题#）。这不仅可以展示用户关注的话题，还可以在搜索功能中进行相同话题的搜索。微博首页的"热门话题榜"会显示并及时更新微博用户正在大量关注和讨论的话题。话题功能在一定程度上能够实时显示出用户对公共事件、精神文化以及生活体验等不同话题的重视度。比如，春节期间，话题榜前几位为"#春晚村#""#初五迎财神#"等，在选秀比赛期间参赛的热门选手也是热门话题榜的常客。话题功能有助于微博用户发现感兴趣的内容，而微博话题的共享、交流又能推动网民形成互有关联的话题圈子，并进一步引发话题的扩散乃至形成舆论。

4. 微群

微博群简称微群，是新浪微博推出的社交类群组产品。微群能够聚合有相同爱好或者相同标签的微博用户，给他们提供一个相对封闭、主题更聚焦的交流空间。企业可通过分类信息搜索主动参加目标受众聚集的微群互动交流，借此研究用户的需求和行为，找到微博营销契机。❶

5.基于开放平台的服务功能

微博开放平台是以微博规模化的用户和较强的传播能力为基础，通过接入第三方合作伙伴服务，向用户提供应用和服务的开放平台。对于接入的第三方，微博一方面提供包含微博内容、评论、用户、关系、话题等信息的数据接口资源，另一方面也提供应用卡片（以图文结合的名片形式展示应用的概要信息）、消息通道（让用户有效接收到消息的渠道，如应用通知、私信）、页面推荐位（在微博首页和应用频道页面设置的应用曝光的展示位）等推广渠道以及数据分析、广告优化投放、社交管理、主页定制等商业服务。

三、微博广告平台分类

依据发布平台的差异，微博广告主要可分为三类：一是企业自主账号广告，即企业在自建的微博账号发布产品信息；二是意见领袖的个人微博平台投放的广告；三是在微博提供的广告位置投放的广告。

1.企业自主账号广告

以内容作为划分标准，此类广告主要包括产品广告、促销广告、品牌广告和活动广告四类。

① 产品广告，即通过介绍产品的功能、使用方法、特点、价格等，尤其是对新上市产品的卖点及独特的销售主张进行强调和阐述，以达到吸引消费者和解释产品目的的微博广告。如魅族手机、小米手机经常通过官方微博发布广告对新产品加以推广介绍。

② 促销广告。促销广告以促销信息为主要的广告内容，形式上包括优惠券、折扣码、赠品券、礼品券等。

③ 品牌广告，通过制造微博传播的话题，传播消费者的购买或使用心得，或品牌的文化、历史等，以此提高品牌的知名度、认知度、美誉度和忠诚度。比如，在VANCL（凡客诚品）的微博上，用户可以看到VANCL畅销服装设计师讲述产品设计的背后故事，或员工抒发的情怀。

④ 活动广告，通过微博传播活动信息，包括具体的活动内容、活动方式、奖项设置、地点范围、时间限制等。活动广告有助于广告主迅速提高产品和品牌的知名度，吸引更多目标消费者的注意。

---

❶ 郭靓，徐辉，苏欣，等 . 微营销［M］. 北京：电子工业出版社，2014：15-25.

大品牌的调侃互动在微博上已是屡见不鲜，就在宝马97周年这天，发生在宝马和可口可乐这两个经典品牌之间的互动，却让人们看到品牌之间互动的另一种可能性：

早晨：宝马在官方微博上发出自己97岁的创意海报，引来大家的祝福。下午：可口可乐官方微博发出生日祝福海报（图3-20）。晚上：宝马官方微博发出回应，以"乐=悦"为主题，点出两大品牌的共同愿景，以快速的回应和上乘的创意作品，完成了一次经典品牌间的完美对话。此番堪称经典的微博"调情"并非事先策划。在可口可乐送出微博祝福之后，宝马携手它的创意代理公司Interone（北京天一国际广告有限公司）迅速行动，以快速和高质量的创意作品给出了有力的答复。

图3-20　宝马和可口可乐的完美对话

2.个人微博账号广告

这是个网络时代，这也是个人人都是主角的时代。有些个人网红就是借助网络的力量通过现代人易于接受的吐槽方式，通过夸张和搞笑的手法把一些人们经常遇到的奇葩事和一些时事热点讲出来，让观众在娱乐自己的同时，也会做一些深入的思考。

很多个人的微博营销是由个人本身的知名度来得到别人的关注和了解的，以明星、成功商人或者是社会中比较成功的人士为例，他们运用微博往往是通过这样一个媒介来让自己的粉丝更进一步地去了解自己和喜欢自己，他们的宣传工作一般是由粉丝们跟踪转帖来达到广告效果的。

2016年中国第一网红是papi酱。据微博平台统计，papi酱的视频总播放量超

图3-21　话题#花YOUNG百出#

图3-22　新浪微博的展示广告

过2.9亿次，每集平均播放量753万。其中，点击数最高的一集视频《有些人一谈恋爱就招人讨厌》，全网播放量达2093万次。这还只是papi酱个人账号的数据，不包括其他账号转发的情况。

每一个品牌都有自己的主流消费群体，也就是他们的最终购买者。只有精准定位，才能对症下药，找到这类人的共性和习性，才能做出令他们满意的品牌。"百雀羚"与擅长科普教育的"@博物杂志"合作，创造出了"#花YOUNG百出#"话题，推出了一系列生物科普的海报。海报风格清新淡雅，展示了自然生物的美丽，也体现了百雀羚"自然""草本"的护肤理念以及"天然好草本"的品牌调性。这次的话题得到了很好的传播，获得了很大的关注，如图3-21。

3.微博平台广告

（1）展示广告

展示广告是微博最早的广告形式。新浪财报数据显示，2016年第二季度，展示广告收入占全部广告收入的三分之一。根据广告位置的差异，微博展示广告又可分为开机广告、顶部广告、底部广告等类型，如图3-22。目前，新浪开机报头采用轮播方式售卖，支持广告客户全天四轮购买，计费采用CPD方式。

（2）微博关键词搜索广告

人人皆可实时发声的状况使微博上的信息规模庞大、日趋复杂，因此微博内的搜索平台就成为用户搜寻与获取所需信息的必要手段。基于这一特点，关键词搜索广告的价值也得到客户的认可。关键词搜索广告即广告主根据自己的营销需求，确定相关的搜索关键词，并对这一关键词的搜索结果进行购买，从而当用户搜索这一关键词时，广告主的账号和广告博文便会置顶第一位呈现。这类广告能够实现广告关键词与用户信息的即时匹配，使其在合适的时间、合适的节点呈现给用户，实现精准化的广告信息传播。例如，"Kindle中国"在国庆期间购买了"旅行"这一关键词搜索词条，微博用户搜索"旅行"时，"Kindle中国"的微博账号和广告便会出现在检索结果页面的首位，凸显"带着Kindle去旅行"的生活方式。

（3）微博信息流广告

自2013年新浪微博推出信息流广告后，这一广告形式便迅速发展成为微博最重要的广告形式。新浪微博财报数据显示，2017年第二季度信息流广告对广告收入贡献巨大，占比约51%。新浪微博针对广告主对信息流广告的不同需求，设计出粉丝通（现升级为"超级粉丝通"）、品牌速递和微博精选等广告产品，其展示的内容包括图文视频、链接、App推送等。

① 粉丝通，是新浪微博现阶段主打的信息流广告产品，它会根据用户属性和社交关系将信息精准地投放给目标人群。广告主在粉丝通的后台提交需要推广的微博广告，设置广告受众的粉丝关系（选项有"不限""我的粉丝""指定账户粉丝"）、人群属性（选项有"年龄""性别""地区"）、兴趣、标签以及广告投放的平台、投放计划，微博粉丝通就把以九宫格、视频按钮、多图博文、图文按钮和应用大图等形式呈现的广告信息插入目标用户浏览的信息流中。为了降低对用户体验造成的损害，同一条推广信息只会对同一用户展现一次，但同一广告主的不同推广信息可以对同一用户进行展示。粉丝通的推广信息会随着信息流刷新而正常滚动，微博广告投放引擎会控制用户每天看到微博粉丝通的次数和频率。

粉丝通信息流广告采用CPM、CPE和oCPM三种计费模式。CPM即按照微博在用户信息流中的曝光量进行计费，每千次曝光最低收费5元，如果不同广告主选择的目标用户维度相同，则可以竞价，最小加价单位为0.1元，出价高者可投放广告。CPE即按照微博在用户信息流中发生的有效互动（互动包括转发、点击链接、加关注、收藏、点赞）进行计费。每一次有效互动的底价为0.5元，广告主按照0.01元的最小加价进行竞价。第三种方式oCPM是"超级粉丝通"新推出的计费模式。广告主设定可接受的最大出价，系统智能出价。这一计费模式具有智能投放和实时反馈两个优势，即基于营销目的和走向自动挑选优质目标人群，并自动调整价格。

② 粉丝头条。微博粉丝头条是一款可以将指定微博展现在广告客户粉丝首页的微博列表第一条的广告产品。任何一则使用粉丝头条的微博在24小时内只会刷新一次，只要粉丝看过，就不会第二次出现在该粉丝微博的列表第一条。粉丝头条的价格由系统根据客户的粉丝、微博认证身份、推广内容等综合因素计算得出。

③ 品牌速递。品牌速递是为了满足品牌客户的推广需求而借助好友关系传播的微博信息流广告。品牌速递广告在移动端或PC端置顶展示视频、图片或者活动等。如果广告主与用户有关注关系，则置顶第一位展示；若是与用户没有关注关系，则置顶第三位展示。当目标用户收到客户的信息流并互动（转发、评论、点赞、关注）后，该信息会展示给关注用户的粉丝，例如在该用户粉丝的微博界面显示"你的好友某某等10人赞了此条微博"。该类广告采用CPM计费方式。

④ 微博精选，是一款基于微博用户筛选的定向信息流广告，可在PC端和移动端信息流同步置顶推广。其运作流程是，广告主先基于微博的营销洞察服务，借助用户筛选引擎和关键词搜索筛选，寻找目标用户并创建用户分组；接着创建包括计划名称、结束时间、投放平台、目标受众、每日预算上限在内的投放计划并加以投放。目前，微博精选按照CPTA计费。

⑤ 功能植入式广告，是将文字、图片、视频与趣味话题等广告信息植入微博平台的应用功能中。搜索、聊天、交友、音乐、美图、购物与游戏在内的应用功能在不影响用户体验的情况下，都可以植入相应的广告，比如新浪微博中的游戏《世界杯竞猜》植入了优益C品牌，《暴击赢大奖》则植入了OPPO、腾讯视频、知乎等品牌。

四、微博广告的运作

企业自建的微博账号、微信公众号和官方网站如今是许多企业进行营销推广时必不可少的传播平台或传播渠道。这些自建平台或渠道由企业自主掌控，若能善加利用，就有可能对企业的营销形成良好的助推作用。下面即针对企业自建微博账号的广告运作技巧进行总结介绍。

1.创建微博账号

企业通过自建的官方微博账号发布广告、发起活动，其效果一方面取决于广告本身的质量，另一方面也取决于微博账号在目标受众中的公信力、传播力和影响力。因此，在展开营销活动之前，需要首先精心打造微博账号。

（1）进行形象和内容定位

想在数量众多的"自媒体"中脱颖而出，得到广大用户的青睐，企业的微博账号需要有鲜明的特征，还必须契合微博平台的社交属性，使自身变得更加人性化、更有亲和力，这就涉及微博账号的形象定位和内容定位。形象定位是指微博账号以何种人格化的形象示人，内容定位则是围绕形象定位进一步明确平台的发言风格、主题和类型。比如知名牛仔品牌李维斯，在刚刚开通Twitter（类似于国内的微博）时，招募了一些在校的大学生作为品牌大使，主要工作就是在Twitter上回复和参与与品牌有关的对话，并将其命名为"李维斯女孩"和"李维斯男孩"。这些普通年轻人的形象出现在微博中，明确了产品的定位，同时拉近了品牌和消费者之间的距离，能够在网络上快速获客。

另一个典型的例子是"@故宫淘宝"，其围绕爱卖萌的"帝王形象"进行运作，也取得了良好的效果，如图3-23。

图3-23　故宫淘宝微博

（2）创建微博矩阵

不同于企业建立单一的微博账号，微博矩阵是企业基于地域、品牌、产品、服务或目标受众的差异所开设的定位不同的数个微博账号的集合，微博矩阵能通过账号间的协同运作强化传输效果。与单一的微博账号相比，微博矩阵在营销传播的广度、深度、力度等方面具有一定的优势：其一，微博矩阵能通过多个账号，具体地、精确地触及不同的目标受众，扩展覆盖面；其二，以细分市场为基础的多个账号有助于形成差异化的圈子，加深传播、讨论的深度；其三，各账号间的协同合作能产生共振效应，强化传播力度和声势。企业微博矩阵在运作过程中形成了三种主要模式❶，分别为蒲公英式、放射式以及双子星式。

蒲公英式矩阵适用于拥有多个子品牌的集团，如阿迪达斯（adidas），其微博账号由多个品牌类别的子账号构成。包括"@阿迪达斯训练""@阿迪达斯足球""@阿迪达斯跑步""@阿迪达斯篮球"和"@adidas_NEO_LABEL"等。不同的账号覆盖各自的目标受众，承担着差异化的职责，同时也相互协作，如图3-24。

---

❶ 阳翼.数字营销[M].北京：中国人民大学出版社，2015：14-20.

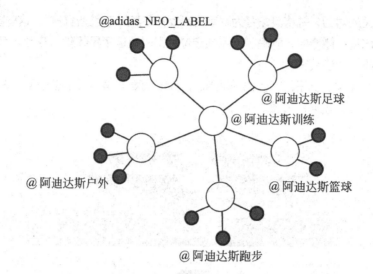

图3-24　蒲公英式微博矩阵

放射式矩阵由一个核心账号统领各分属账号，分属账号之间是平等的关系，信息由核心账号放射向分属账号，分属账号之间信息并不进行交互。这种模式比较适合地方分公司比较多并且为当地服务的业务模式，典型的如万达集团的微博矩阵，如图3-25。

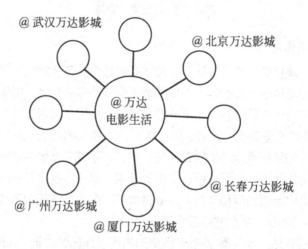

图3-25　放射式微博矩阵

双子星式矩阵既可以由一组品牌账号和一组活动账号组成，也可以由企业负责人的账号和企业官方账号组成，例如易观咨询的官方微博"@易观"与易观国际集团创始人于杨组成的微博矩阵，如图3-26。

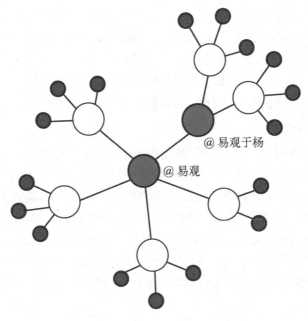

图3-26　双子星式微博矩阵

2.选择合适的传播策略

（1）借势传播

微博具有较强的时效性和话题性，经常会因为某个话题或某个事件在短时间形成很高的讨论热度，此时，企业微博就可以视情况进行借势传播。目前常见的微博借势广告主要有两类。一是在某个热点话题或事件出现后，企业微博及时发布博文，将自己的产品、服务与这个话题或事件关联起来，典型的例子如"@杜蕾斯官方微博"，经常将各种热点事件和自己的产品结合起来，如图3-27。二是某个热点话题或事件中的一些元素，如话语表达方式、图形、图片、人物，可被企业微博用来进行加工创作；又如"@北京联通"在索契冬奥会开幕式发生"奥运五环变四环"事件后，将自己的品牌标识"PS"到现场缺少一环的奥运会五环标识中，并

图3-27　杜蕾斯借势营销案例

配发文字"#五环变四环#你没做到的，沃来帮你！"；再如，当2015年4月一位老师的辞职信"世界那么大，我想去看看"爆红网络后，众多品牌纷纷借势营销，如"@怡宝"文案"同意！祝你心纯净，行至美！"，而"心纯净，行至美！"正是此品牌的广告语。企业微博的借势营销需要具体问题具体分析，重点考量话题、事件和自身品牌、产品的关联程度，以及判断有没有可能带来负面效果。

（2）打造热点

随着社会化媒体用户对话题关注度的提升，企业也可以自己打造和扩散热点话题，同时联手社会化媒体平台，不断催化相关产品或品牌的营销信息发酵氛围，发起相关活动，形成几何式扩散。热点话题或活动的打造，一是需要企业洞察受众的心理，比如同情、猎奇、恐惧、担忧等，并以此为基础设计有冲突的、悬疑式的、幽默搞笑的、反差明显的或故事性强的话题；二是尽可能地调动合适的意见领袖、媒体和微博用户的积极性，增强传播的力度，创造互动的可能，整合了多个品牌的官方微博进行话题讨论；三是设计话题传播的步骤和执行细节，尽可能将话题推上微博热门话题榜。

（3）人本传播

在微博这样的社交平台上，进行交互和构建关系是企业微博的主要任务。如果还以冷冰冰的机构形象示人，以单向灌输的方式传播，以枯燥、刻板的内容交流，企业微博的营销传播作用就难以真正体现。

在产品和服务同质化越来越严重的背景下，一个品牌能不能得到消费者的喜欢，很多时候并不在于产品和服务的质量如何，而是要看品牌有没有借助各类媒体平台与消费者展开平等、互相尊重、互信的对话，并在此基础上构建关系，使消费者对于品牌在形象方面有良好的认知、在声誉方面有广泛的认同、在信任方面有持续的认可。基于这样的认识，企业微博在与用户或粉丝交流时，就应一直秉持人本传播的原则，一方面进行形象定位塑造自身的"人格"，另一方面在传播、交互的过程中做到了解人、尊重人、关心人，让自己变得有人情、有人味儿。

这方面成功的例子已有很多。如前文提到的"@故宫淘宝""@杜蕾斯官方微博"等。

（4）影响有影响力的人

关于意见领袖比较经典的定义是"在将媒介信息传给社会群体的过程中，那些扮演某种有影响力的中介角色者"[1]。在微博平台，意见领袖常被各企业的营销人员称为（key opinion leader）或"大V"，他们往往是那些经常为他人提供信息和观点、能对他人施加影响的微博用户。这些意见领袖既可以是个人，也可以是组织；

---

❶ 费斯克.关键概念 [M]. 李彬，译.北京：新华出版社，2004：192.

既可以是现实生活中的名人，也可以是在虚拟空间有影响力的微博用户；既可以是粉丝多元的明星、网红、写手，也可以是在垂直领域有话语权的专家、评论者、行业达人。一般来讲他们都有加V认证，有数量可观的粉丝，在某一领域有很多追随者，会频频发声、与粉丝互动。

随着社交媒体广泛地渗透至人们生活、工作的方方面面，越来越多的人选择微博、微信等渠道作为信息和观点的主要来源，社交平台上个体的主体地位被前所未有地提升，由此催生的诸多意见领袖成为无论是线上还是线下都具有影响力的人。与SNS、微信等平台相比，意见领袖在微博平台发挥的作用尤为突出，他们"是网络舆论的重要发起者、网络信息的传播者和网络事件的推动者，并可以将个人网络影响力辐射至现实生活中"。

例如，麦当劳和新浪微博的蓝V发起的"#1分钱吃垮麦爸爸#"微博话题营销（图3-28）。传播对象：对活动优惠感知

图3-28 "1分钱吃垮麦爸爸"活动页面

更明显的90后。传播重点：1分钱喝阳光橙。传播渠道：以微博作为传播阵地，联合微博蓝V一起将福利券发放给用户。

这次麦当劳活动优惠力度很大，一顿免费午餐本身对目标用户便很有吸引力，传播的时候着重突出"麦当劳"和"1分钱"这两个关键词。卖点——什么样的文案才能让用户领完券后还愿意传播？

90后最懂90后。90后的标签是追求个性、喜欢参与、喜欢分享以及热衷网络文化，也更愿意为好玩有趣的事物买单。1分钱的麦当劳免费午餐固然是个强刺激点，同时也需要强化引导，让90后产生"好爽好爽的feel"，自然也会更愿意分享给好友。

麦当劳通过这次微博营销，在零预算前提下，在支付宝口碑外部形成传播，让更多人了解并参与麦当劳1分钱阳光橙和5元钱吃汉堡活动，最终发出了共计900万张券。

五、微博广告的效果评估

1.评估视角：SIPS模型

传统媒体时代的广告效果评估，多会按照AIDMA模型进行设计。AIDMA模型是对消费者消费行为的经典描述，认为消费者从接触商品、服务、广告到最终购买会经历以下的过程：引起注意（attention）、产生兴趣（interest）、唤起欲望（desire）、加深记忆（memory）、产生行动（action）。然而，在新媒体时代，如果人们希望购买某一产品，比较可能的情形是先上网对该类产品不同品牌的相关信息加以搜索、收集和比较，并根据这样的比较做出购买决策；而在获取信息和购买的过程中及购买行为结束后，人们还常常会把自己的体验发布在新媒体平台上与他人分享。

针对这样的变化，AISAS模型产生了。这一由日本电通公司提出的模型认为基于消费者的变化，如消费的主动性增强、尽量避免"失败"的消费等，企业在营销的时候除了仍要在引起消费者注意（attention）、激发消费者兴趣（interest）和促进消费者购买（action）上下功夫，还需要考量消费者的搜索（search）和分享（share）两个环节。

2011年，日本电通公司又基于AISAS模型提出了数字时代消费行为的分析工具——SIPS模型（sympathize，共鸣；identify，确认；participate，参与；share&spread，共享与扩散），该模型深入解剖了数字平台消费者行为"search—action—share"三个环节形成口碑的内在规律。其前提判断是，数字营销策划的本质是要运用策略让消费意向趋同的人聚合在特定的信息平台，以形成消费者和品牌的"对话"；其中，找到推进消费者和品牌对话的信息起点是首要环节。❶

SIPS模型认为，人们需要对企业在社会中发出的各种信息及生活者发布的与企业相关的信息产生共鸣，并确认哪些信息对自己有益之后，才会以一般参与、成为粉丝、变成忠诚顾客甚至狂热信奉者的方式参与到企业的营销传播之中。在参与的过程中及结束后，人们又会基于新媒体平台彼此链接的关系网络共享和扩散情绪、评论、体验等信息——这又会支持第一个环节共鸣的达成。

2.评估要点

对于企业官方微博而言，发布传统意义上的商业广告自然无可厚非，然而，出于对微博开放互动、平等对话、关系传播等平台属性的考量，企业官方微博更应关注如何在互动中引发共鸣，在对话中获得信任，在关系构建中培育忠诚。若是将

---

❶ 程士安. 微博"粉丝"行为解读 [J]. 中欧商业评论，2011（11）：34-38.

SIPS模型与微博现有的各类评价指标相结合，企业微博的评估要点有：

（1）注意和共鸣阶段

根据前文提及的种种策略，企业微博可以通过打造热点、借势传播、影响有影响力的人等方式在短时间内吸引人们的关注、激起人们的共鸣。这一阶段需重点关注微博信息的曝光度和好感度，具体指标包括：页面流量、品牌搜索量、品牌提及量、粉丝数量与质量、点赞量、话题热搜排名等。

（2）确认和参与阶段

如果微博用户认为企业微博传递的信息对他们有价值，他们就会参与到企业的营销传播活动之中。这方面的指标可按照用户的参与程度加以分类：一般参与，指标为阅读量；成为粉丝，指标为粉丝增长量、粉丝质量；积极参与，指标为评论量、评论内容、注册量、转发量、转发者影响力、回复量；深度参与，指标为在线咨询量、在线订购量。

（3）体验和分享阶段

在微博用户体验活动、购买使用的过程中或事后，他们可能会将自身的感悟、情绪、经历、喜好、建议分享到自己的微博中，这些内容既可能会成为影响其他人产生共鸣的因素，也可能会成为他人购买决策的参考。此阶段的指标包括：用户原创的与品牌或活动相关的内容，这些内容的点赞量、转发量、阅读量，用户认知度和用户美誉度等。

在评估数据的获取方面，除了参考微博平台运营方提供的数据，还可以寻求第三方监测服务商的帮助。目前我国的第三方监测服务商有众趣、微博派、微博大师等，可对微博等社会化媒体平台的数据进行监测和分析。而微博上提供的第三方分析工具也可选择，例如"微博风云"能提供活跃度排名、影响力排名、微博等级等数据分析，运用"微博引爆点"和"转发粉丝数量统计"则能分析单条微博的传播，"微博分析家"和"微数据"可分析微博的关注、粉丝、评论和转发等数据。不过，上述手段并不能完全取代传统的广告效果调查，若想更好地分析微博用户的态度变化，需借助抽样调查、小组访谈等方法。

思考题

1.微博借势传播的特点是什么？你能举出一个借势传播的例子吗？

2.微博的发展都经历了哪几个阶段？

第五节　搜索引擎广告

一、什么是搜索引擎广告

搜索引擎（search engine）是根据一定的策略、运用特定的计算机程序从互联网上搜集信息，在对信息进行组织和处理后，为用户提供检索服务，将用户检索到的相关信息展示给用户的系统。按照搜索引擎的工作方式，可将之分为目录搜索引擎、全文搜索引擎和元搜索引擎三类。●

目录搜索引擎又被称为网络资源指南。作为浏览式的搜索引擎，由专业人员按人工或半自动的方式搜索网络信息资源，继而根据资源采集的范围，按照一定的主题编成详细的目录体系，并将搜集、整理的信息分类，最终提供一个按类别编排的网站目录，在每类中排列着属于同一类别的网站站名、网址链接、内容提要以及子分类目录等信息。用户可以不输入关键词进行查询，仅靠分类目录一层层跳转来找到需要的信息。

全文搜索引擎是通过从互联网上提取各个网站的信息而建立的数据库，检索与用户查询关键词匹配的相关记录，然后按一定的排列顺序将结果返回给用户。其与目录搜索引擎最大的区别在于，搜索结果不是网站信息，而是符合检索条件的网页信息。此类搜索引擎的优点在于信息量大、更新及时、无须人工干预，有的还具备"高级搜索"功能，允许用户在关键词外增加语言、关键词位置等搜索条件来缩小搜索结果范围、提升搜索信息的准确度和效率；但缺点是返回信息过多，用户必须在结果中自行筛选。Google、百度即是此类搜索引擎的代表，如图3-29。

图3-29　百度的高级搜索设置

● 海涛.信息检索与利用 [M].北京：北京航空航天大学出版社，2015：76-78.

元搜索引擎是不收集网站或网页信息，通常也没有自身数据库的搜索引擎。在接到来自用户的查询请求时，元搜索引擎通常将搜索请求同时发送到多个搜索引擎，在这些引擎上加以搜索并对结果进行整理，最后再统一返回给用户。InfoSpace、Vivisimo等均属于这一类搜索引擎。相较于前两种搜索引擎，它的优势在于，只需提交一次检索请求，便不仅能获得来自多个搜索引擎的综合结果，还能自动过滤掉大量的重复信息；其局限在于仅支持简单的关键词搜索，不支持复杂的高级条件搜索。

除了上述分类方式，搜索引擎也可以按照用户对搜索引擎功能的需求分为不同的专题，如地图、新闻、音乐、视频、图片等；还可按照服务的领域分为综合搜索引擎和垂直搜索引擎。

二、我国搜索引擎的发展

1.角色：从互联网工具到互联网"入口"

作为一款互联网工具，搜索引擎在诞生初期的功能就像字典一样，能为用户提供信息收集、信息组织与信息检索等服务。而我国互联网行业的高速成长，为搜索引擎提供了重大发展机遇：一方面，互联网的普及带来了用户规模的快速增长以及用户网络使用能力的日益增强，这为以搜索引擎为代表的各类网络工具提供了潜在的用户基础；另一方面，随着互联网平台上的信息数量呈爆炸式、几何式的增长，用户希望方便、高效、准确检索到真正需要的内容的需求不断提升，这大幅促进了其对搜索引擎的使用。在此期间，搜索引擎企业持续不断地开展搜索算法优化、服务领域延展和市场宣传推广等各项工作，借势推动着搜索引擎从简单的信息检索工具逐步发展为用户访问互联网内容的"入口"：对于已经接触过的网站和服务，用户慢慢倾向于不记忆网址，而是通过搜索引擎搜索的方式进入；对于未使用过的网站和服务，他们也习惯于通过模糊搜索的方式在搜索引擎上进行探索，再跳转至相应的网站或服务。

数据显示，截至2020年6月，我国搜索引擎用户规模达7.66亿，较2020年3月增长1539万，占网民整体的81.5%；手机搜索引擎用户规模达7.61亿，较2020年3月增长1542万，占手机网民的81.6%。

2.业务：从单一的文字搜索到人工智能服务

如今，搜索引擎的业务已经从文字搜索服务拓展为面向多个领域的智能搜索服务。随着互联网的普及和终端设备的升级，用户的信息输入方式日趋多元（除文字外还包括图片、语音等形式），他们希望搜索引擎能够针对检索主题给出更个性化、更准确的响应。为了迎合用户的新需求，搜索引擎企业对其搜索模式进行了如下调整：

（1）多元化的搜索输入模式

除了推出语音、图片输入之外，还结合新型硬件设备创新搜索体验，如2015年6月百度与清华大学达成合作，探索通过可触摸点阵式屏幕和语音交互为视障人群提供盲人搜索服务。

（2）人工智能与搜索技术深度结合

升级自然语言处理技术（NLP）、知识库构建技术，研发自然语言搜索❶、实体搜索❷等搜索方式，以提供更智能、精准的搜索结果，如百度的"度秘"、必应的"小冰"。

（3）探索信息主动推荐功能

这方面的例子如百度于2016年2月上线的"信息流"产品，通过打通百度新闻、百家号、百度百科、百度贴吧等内容平台的各类内容，基于对用户人群属性、搜索意图、行为数据和兴趣爱好等数据的分析，并用人工智能技术实现实时动态建模和实时匹配计算，最终为用户主动推送符合其关注点、兴趣点和使用场景的个性化内容。

3.形态：从互联网搜索到移动互联网搜索

伴随移动互联网的发展，如Wi-Fi覆盖率提升、5G等移动通信网络的升级、智能手机等移动端的普及、各类移动应用程序的发展，我国越来越多的用户习惯于通过移动端来访问互联网，我国移动用户数量不断增多、平均上网时长持续增加。在这种背景下，搜索引擎智能化水平持续提升。

一是搜索入口更加智能化，智能助手改变信息搜索方式，越来越多地被用户接受。数据显示，2020年6月小度助手语音交互总次数达到58亿次，同比增长57%。阿里巴巴旗下的夸克搜索通过AI工具拓展搜索入口，2019—2020年间，AI相机识别搜索使用量提升超过10倍。

二是搜索直达服务更加智能化，如微信"搜一搜"不断提高搜索链接服务的智能化水平，可以根据用户的关键词直接链接相应的信息资讯、娱乐资源和小程序，为用户提供更加高效的内容、品牌与服务的链接方式，如搜索"核酸检测"可直接进行预约，搜索品牌名可直接进行购买。

---

❶ 自然语言是类似于人们日常对话中所使用的较为口语化的语言，如"想学计算机去什么大学好？"传统的搜索引擎一般无法识别此类语言，只能给出跟关键词文本相关的结果；自然语言搜索则能将这些口语化的语句改写成计算数据库可理解的问题（如"计算机好的大学"），再加以查询，从而能得到更为优质的搜索结果。

❷ 实体搜索是相对于关键词搜索而言的，在搜索某个与"实体"（如人、地点、事物等）相关的关键词时，传统关键词搜索仅能帮用户找到与搜索词相匹配的页面，却无法直接回答用户的询问；但实体搜索行则能理解用户的搜索行为，提供与搜索词所描述的"实体"相匹配的页面。比如搜索"会开花的树"，传统的搜索多只会显示与该关键词相关的网页链接，如席慕蓉《一棵开花的树》，而实体搜索则会给出蓝花楹、苦楝树等具备这一特点的植物的介绍和图片以及相关的网页链接。

三、搜索引擎广告的类型

广义的搜索引擎广告是指搜索引擎企业推出的所有广告形式，但不包含其所并购、控股的一些网站所经营的广告形式。结合现有实践观之，搜索引擎企业主要运营关键词广告、展示类广告、网络联盟广告三个类型的广告，而在移动互联网迅猛发展的大背景下，这些企业也积极开发出了导航广告、移动搜索引擎广告、信息流广告等新的广告形式。

1.关键词广告

关键词广告是搜索引擎平台最具代表性的一种广告形式，人们提及搜索引擎大多也指的是关键词广告。该类广告由广告主根据自己的产品或服务的内容、特点，确定相关的搜索关键词、撰写广告内容并自主投放，当用户搜索这些关键词时，相应的广告信息（多为文字类广告）就会展现在搜索结果页面上；搜索引擎采用按点击计费（CPC）的方式对广告进行计费——广告信息的展示是免费的，只有当用户点击广告信息、打开广告主网站时，搜索引擎才会按照一定的价格向广告主收费。在实践中，搜索引擎企业又按下述两种方式对关键词广告加以运作：

① 竞价排名广告：竞价排名广告是指搜索引擎并没有为关键词设置特定的点击价格，而是由广告主对广告每次点击自行设定可支付的价格，搜索引擎根据广告主设定的价格并辅以一定规则对每个广告主所投放的广告加以排位。以百度为例，其会根据广告主的信用情况、关键词的质量度❶、关键词出价❷、关键词的转化加分、其他推广商户和用户相关因素对广告加以排位，排位最前的广告将优先展示在搜索结果首页左侧，余下的广告将依次展示在首页及翻页后的右侧；最后百度会综合考量上述因素决定出每个关键词的"点击价格"，并在用户每次点击广告时按该价格加以计费。

② 固定排名广告：固定排名广告则是由搜索引擎企业为广告主提供关键词，将广告主的网站在搜索结果页面中的固定位置加以展示，在用户点击信息后，按照预定的价格向广告主收费。

2.展示类广告

搜索引擎网站以关键词广告起步，但这类广告主要吸引的是中小客户的小规模投放，对希望综合、全面展示品牌的大广告主缺乏足够的吸引力，后者仍多倾向于在门户网站上投放展示类广告。为了迎合大广告主的品牌推广需求，一些搜索引擎

---

❶ 关键词的质量度用于衡量由相应的关键词触发的推广结果和推广网站的质量，具体由广告主对关键词的预估点击率、关键词与广告的相关性、推广网站的体验等指标加以评测。

❷ 这里的出价是指关键词每次点击费用的最高出价，即广告主愿意为推广结果获得的每次点击支付的费用。在不考虑影响排名的其他因素时，关键词出价越高，排名就越有机会靠前。

企业也在传统关键词广告的基础上，开发出涵盖图片、文字、链接等多种形式，可展现广告主品牌信息的展示类广告。

以百度为例，为了开发大广告主资源，百度一方面成立了大客户销售部，专门为这些广告主、知名广告代理公司提供针对性服务；另一方面也根据这些大客户的需求，定制下面介绍的几种形式的广告，并按包月或包年等固定收费的模式计费。

品牌展示，当用户搜索品牌全称或简称时，品牌专区会在搜索结果页面的最上方展现图文并茂的品牌迷你官网，包括广告主的品牌描述、品牌LOGO（标志）、官网链接等内容，并在右侧广告位同时展现广告主的品牌广告，从而让用户无须经过网页跳转，便可直接了解品牌的官网信息并获得其所需的品牌相关资讯，见图3-30。此外，为了进一步吸引用户注意、满足广告主的品牌推广需求，有些品牌展示还提供了大图轮播、大图浮层、视频样式、右侧宽版擎天柱、大视频样式等多种广告样式。

图3-30 品牌专区广告示例

图片推广，指当用户搜索相关关键词后，在百度图片搜索结果页面的固定区域（PC端首页前四位、移动端首页前两位）展现广告主图片的一种广告形式。相较于其他展示类广告，图片推广可增强用户对相关产品或服务的形象化感知。

3.网络联盟广告

网络联盟是由搜索引擎企业集合其他中小网络媒体资源（如中小网站、个人网站、WAP站点等）形成联盟，通过搜索引擎自身的广告系统帮助广告主在这些网站上进行广告投放，获得广告收入后各方参与者再按比例进行分成的网络广告运营方式。具体的操作方式是：首先，会员网站在其网页上开辟特定的广告位置，根据搜索引擎企业提供的代码生成一个广告位；其次，广告主会根据自己的业务特征制定广告信息（包含文字、图片、动画等多种形式），并在广告系统上设定具体的投放方式（如关键词、目标地域、目标网站等）；再次，搜索引擎企业运用关键词匹配技术以及辨明用户所在地、记录浏览习惯等用户行为的分析方法将广告投放在特定的网站或网页上；最后，在用户形成广告点击后，由搜索引擎企业对广告主收取广告费用，并按照一定比例与会员网站分成。

不同于仅投放在搜索引擎平台的关键词广告和展示广告，网络联盟广告可以帮助广告主捕捉那些浏览搜索引擎之外的网络媒体且对品牌或服务感兴趣的"潜在消费群体"。在此过程中，搜索引擎企业会依托自身的分析技术和所积累的用户数据，帮助广告主在正确的时间、正确的地点将广告定向展现给目标人群。如百度联盟可提供的定向方式有：① 地域定向，即设置广告投放的地区；② 兴趣定向，可按照年龄、性别、兴趣点等指标选取目标群体特征；③ 网站定向，按行业对会员网站加以划分，广告主既可从相应分类中选取想要投放广告的行业网站，也可以根据需要在广告管理系统中直接输入网站；④ 关键词定向，这是基于用户的搜索行为和浏览行为对用户群体进行定向的方式，包括搜索关键词定向❶、主题词定向（当前浏览定向）❷、历史浏览关键词定向❸三种方式；⑤ 到访定向，即可向在百度上点击过广告信息或曾经访问过广告主相应网站的用户投放相关广告。

4.导航广告

导航广告依附于导航网站。导航网站是按照一定分类标准集合了多种网站地址，类似"信息黄页"的一类网站。因通过该网站可以快速、便捷地查找并使用相应的互联网服务，故而导航网站也是我国用户访问互联网的另一个主要"入口"。为了进一步增加用户使用黏性、吸引更多的流量和注意力，一些搜索引擎企业均以开发或并购、控股等方式拥有了自己的导航网站，如360搜索的360导航、百度的hao123等。导航广告即投放在这些导航网站上的广告，其广告类型主要包括两种：一是竞价广告，指的是在各个类别的导航栏内，对广告主网站链接加以排位与推广；二是展示类广告，这类似于门户网站的展示类广告，有Banner、弹窗等多种形式。

5.移动搜索引擎广告

这是搜索引擎企业基于移动端开发的搜索引擎广告，其既继承了PC端搜索引擎广告精准定向的技术特征，同时又结合移动应用的技术形态对已有广告形式进行了优化或延展出一些新的广告形式。

其中，移动关键词广告保留了与PC端一样的关键词设置、广告位置设置以及按点击付费等模式，但结合移动端的通话、应用加载等功能，在广告信息链接中加入了电话咨询（直接点击广告主电话进行咨询）、电话回呼（用户留下电话联系方

---

❶ 搜索关键词定向会帮广告主锁定在百度搜索过其在百度网盟投放的指定关键词的那部分用户群体，当他们浏览会员网站时，就会展示广告主的广告信息。

❷ 主题词定向是在对会员网站页面内容进行语义分析、提取出页面主题词的基础上，由系统自动将会员网站与广告主的广告信息进行匹配，如果用户打开了与广告信息相关的会员网站，便会看到广告主的广告。

❸ 历史浏览关键词定向是针对用户浏览行为轨迹进行投放，若用户曾经浏览过与广告主指定关键词内容相关的网页，便会在会员网站上看到广告主的广告。

图3-31 百度的"电话直播"功能

式，由广告主拨打回去进行咨询）、QQ咨询、App下载、地图导航（直接跳转地图应用查看广告主位置）等多种组件，为广告主与目标群体的沟通提供更多便利，见图3-31。此外，移动关键词广告还注重引入AR、VR等新技术以创新呈现方式，满足大品牌广告主多方位展示品牌的需求。

移动网盟广告则邀请各类App成为会员网站，继而开发出适用于App的开屏广告、插屏广告、积分墙等多种广告形式。

四、搜索引擎广告的优势

同其他新媒体广告相比，搜索引擎具有以下优势。

1.覆盖面广

作为互联网"入口"的搜索引擎具有庞大的用户基数，这保证了广告覆盖的范围，使搜索引擎广告对于广告主来说具备了很强的吸引力。以用户医疗健康类搜索为例，百度每天60亿人次的搜索量中，有6000万人次在搜索相关词句。

2.投放精准

得益于搜索引擎企业在数据分析上的技术优势和所集聚的大量用户使用数据，搜索引擎广告既可以在用户搜索特定的关键词时触发，也可以关联用户的搜索行为、网络浏览行为等数据，从而得以更加精准地为广告主锁定目标消费者，并实时投放为其"量身定做"的广告。而正因为消费者所看到的广告是与其关注点或兴趣高度匹配的，所以他们浏览、点击广告甚至购买产品的可能性也较大，广告的到达率[1]和转化率[2]也较高。

3.投放门槛低

搜索引擎广告的这一优势源于其采用的CPC付费模式。

---

[1] 广告到达率指特定时期内，目标受众（传播范围内的总人数）中看到、读到或听到广告信息的比例。
[2] 转化率是点击广告之后，引发的一次销售或其他的直接销售行动发生的数量与总点击数的比例，转化率=销售数量/总点击。

在搜索引擎之前，几乎所有网络广告的付费都是基于展示次数（CTR），广告主不得不投入大量的费用签订初始合同，但却无法预知这些广告可为自己的网站带来的访客和交易量，因此广告的使用者大多是资金雄厚的大公司。而对于搜索引擎广告，广告主只有在获得广告点击、流量甚至是销售量的时候才需要付费。这种转变无疑降低了广告的投放门槛，让一些中小企业乃至个人都可以加入广告投放的行列中。

另外，按点击付费的模式还赋予广告主定价权，广告主既可以针对每个关键词自主定价，还能够根据竞争对手的出价和用户的需求等情况灵活调整定价，这使广告主的推广力度和资金投入更加可控，从而得以不断优化其投资回报率。

4.投放灵活度高

传统广告及不少其他类型网络广告的投放都有一个策划、设计、排期的过程，搜索引擎广告则不然。搜索引擎企业为广告主提供了一个操作便捷的广告管理平台（如谷歌的Google AdWords、百度的"凤巢"），将关键词购买、创意制作、广告效果报表、广告费结算等关涉广告投放各个环节的功能，以及数据分析、账户优化等辅助广告主更好决策的功能加以整合。广告主只需在平台上注册一个账户、填写一些必要的信息（如公司和账户信息、关键词及其描述、访问URL）、预存一定的费用，再在后台编辑好相关的广告内容和选择好关键词后，就可以为这些关键词购买排名并发布。

正是由于多数搜索引擎广告是由广告主在后台上自主投放的，所以具有很高的灵活性：第一，广告主能够自行编辑广告内容，只要不违反相关法律法规，广告主便享有修改和优化广告内容的最大权限；第二，广告主可以在后台自由选择广告时间，让广告在特定的时间才出现；第三，广告主能设置广告费用的上限，如果广告累计支出超过了设定的金额，广告就自动下架；第四，在广告投放之后，广告主可在后台随时查询有关投放效果的数据，并根据数据自行调整既有的投放策略（如关键词设置、广告内容、广告投放时间、关键词价格等），以进一步提升广告效果和投资回报率。

五、搜索引擎广告的劣势

当然搜索引擎广告也存在非常明显的问题：

1.点击欺诈

点击欺诈是指通过人为的方式对广告进行恶意或有欺诈目的的点击，从而增加广告主支出或广告服务企业收入的行为，常见的有竞争对手恶意点击、联盟网站作弊、广告代理商作弊等。因为搜索引擎广告大多是按点击次数计费，因而"点击欺诈"不仅容易使广告主利益受损，还容易引起广告主和搜索引擎企业之间的纠纷，降低其对搜索引擎的信任，继而演化为波及整个搜索引擎行业的生存危机。

针对这种情况，搜索引擎企业和广告主均采取了一些防范措施。如搜索引擎企业通过设立专门的"点击欺骗"防范部门、设置过滤机制、开发监测软件、直接人为干预以及分析广告主的广告访问记录数据等方式，防止欺骗性点击行为的发生；而一些广告主则采取用于追踪和识别欺骗性点击的方法，如观测IP地址的指向、观察是否存在连续性的点击、分析访问数据的变异是否规律，以及通过交易数据来判断点击的有效性等。

2.商标侵权

由于搜索引擎广告由广告主自主投放，每个广告主均可以自行设定想要投放的关键词及该关键词最终导向的网站链接。然而，在现实运作中，受利益驱动，一些广告主会存在模仿或抄袭驰名商标设置关键词，并导向自己的网站以招揽生意的不正当竞争行为。这不仅侵犯了那些驰名企业的商标权、损害了其商誉，而且造成了消费者的混淆和财产损失——消费者在进行相关搜索时会认为他们所点击进入的网站与驰名企业有很强关联，最终还会对我国经济的发展造成负面影响。为了避免该类问题的发生，有的搜索引擎企业加强了对广告主资质的审核，并推出了一些保护知识产权的规范性文件，如百度的知识产权政策中即声明"如权利人认为某些推广网站中含有侵犯知识产权（包括商标权、著作权、专利权等）的内容，可向百度发出'权利通知'，百度将按照相应程序依法处理"。

这方面的案例如"大众交通（集团）股份有限公司等诉北京百度网讯科技有限公司等侵犯商标专用权与不正当竞争纠纷案"。2007年，上海大众搬场物流有限公司发现在百度上输入"大众搬场物流有限公司"和"大众搬场"等关键词后，"竞价排名"栏目网页中出现大量假借"大众搬场"公司名义招揽生意的同行企业网站链接，于是"大众"文字注册商标的专用权人大众交通（集团）股份有限公司和该商标的被授权使用人上海大众搬场物流有限公司以商标侵权和不正当竞争为案由，将北京百度网讯科技有限公司及两家相关在线技术公司告上法庭。法院判决认为，由于接受百度网站"竞价排名"服务的第三方网站未经许可擅自在其网站上使用"上海大众搬场物流有限公司""大众搬场"等字样，使相关公众对服务来源产生误认，侵犯了原告大众交通公司享有的"大众"注册商标专用权，构成了对原告大众搬场公司的不正当竞争行为；而在其中，百度亦未尽到合理注意义务，应在相关网页刊登48小时申明并向大众交通公司、大众搬场公司赔偿5万元。

3.虚假广告泛滥，平台公信力较低

与搜索引擎广告高速增长相伴的是，搜索引擎企业对自身广告审查力度不严、

搜索引擎平台上虚假信息与诈骗广告频现、用户权益保护措施相对滞后，这使得很多用户对搜索推广信息和广告持怀疑态度，搜索引擎平台的公信力水平与市场发展速度相比略显落后。与此同时，用户的媒介素养不断提高，对推广信息和广告的识别能力逐渐加强，多数用户已经能够分辨出搜索结果中的推广信息和广告，这也在一定程度上影响了搜索引擎广告被关注、被点击和被信任的程度。

六、搜索引擎广告投放流程

在投放搜索引擎广告之前，广告主应先明确自身的投放目标并先建好推广账户。

1.投放目标分析

在开展营销之前，需要先了解企业的投放需求。这是一切营销活动的前提，只有定准目标、熟悉市场情况、洞察目标群体，才能制订出有针对性的广告投放方案。

首先，明确广告主的营销目标。

企业运用搜索引擎广告的营销目标通常可分为两类：一是品牌导向，即投放目的主要是增强品牌曝光度、认知度，提升企业的品牌形象；二是效果导向，即投放目的更多的是追求流量转化。明确营销目标需重点考虑以下问题：企业的营销战略是什么？营销遇到哪些难题？有什么样的机会？具体的营销战略、营销策略、渠道策略、媒体策略是什么？预算和分配计划是什么？企业产品或服务的定位及卖点是什么？

企业营销目标的确立，会为其营销活动的开展提供方向的指引，比如企业重点推广的活动和产品线，可作为关键词拓展的参考；营销工作可据此评测成效、及时调整。品牌导向的企业应关注广告投放后搜索前端的表现数据，如展示量、点击量、CPC、CTR等，而效果导向的企业则应注重分析广告的转化量和转化率。

其次，熟悉市场环境。

市场环境分析旨在了解企业在其所处行业中的位置及市场竞争情况，具体包括：企业所处行业的情况，如行业发展现状、市场淡旺季、市场竞争激烈程度等；行业热点事件、热门信息、发展新动态；竞争对手情况，如竞争对手主要有哪些、其特点是什么、他们都采取了哪些投放方式。

最后，洞察目标群体。

企业在投放广告前应首先确定其目标群体是哪些人、他们有何种特征，这涉及年龄、性别、地域分布、教育水平等人口统计指标，以及兴趣爱好、心理特征、网络使用行为等多个方面。

针对搜索引擎广告，企业尤其要细致描画目标群体的搜索习惯和购买过程（问题识别、信息收集、评估选择、进行购买、购后行为），从而基于目标群体的搜索平台、搜索路径、搜索需求、搜索场景投放相匹配的人群词（如"蜜月旅行"）、产品词（如"欧洲精华游"）、口碑词（如"哪家旅行社好"）、品牌词（如"众信旅游"）、竞品词（如"中国国旅"）、品牌活动词（如"众信旅游优惠活动"）、品牌地区词（如"北京众信旅游"）、品牌价格词（如"众信旅游的价格"）、品牌其他词（如"众信旅游的电话"）。

2. 设立推广账户

企业推广账户的搭建是在明确账户结构的基础上，完成对企业推广活动及关键词和创意的分类管理。逻辑清晰、分组合理的账户，既方便企业选择更有针对性的关键词和撰写创意，也利于企业更好地规划广告投放活动和统计投放数据，为日后广告效果监测和广告优化等工作打下良好的基础。

账户结构分为推广计划、推广单元、关键词和创意等层级，在层级确定后企业还需为每个层级设定预算、地域、出价等推广功能。

首先，创建推广计划。

推广计划是企业管理一系列关键词和创意的大单位。创建推广计划是设计账户结构的第一步，每一个推广计划都有自身的每日预算限额和投放时间设置，企业可以自主选择启用或暂停某个推广计划、加大或减小对某个推广计划的执行力度。

通常企业可从如下角度创建推广计划：推广的产品、业务的种类，如雅思培训、四六级培训等，当企业经营多类产品或业务时，可选择此类方式，每一类业务由不同的平台推广；推广地域选择，如北京、上海推广计划等；推广预算，如对效果好、转化率高的词分配较高的预算；定位潜在消费群体，根据地域、年龄、兴趣、行为等创建推广计划；网站结构和转化目标，当企业的网站有多重推广项目目标时，如增加注册量、获得更多的电话和订单、吸引更多人参与在线活动等；网站的语言或版本，如果企业的网站有不同的语言版本或客户版本，可据此建立独立的推广计划。

其次，设立推广单元。

推广单元是执行推广计划时产生的具体的"小单位"，其设立与关键词的选择密切相关。在每个推广单元里，关键词和创意是多对多的关系——每个推广单元里的多个关键词共享多个创意，在推广结果展现时，同一关键词可对应多个创意，同一个创意也可能会被多个关键词使用。

企业在设立推广单元时应注意如下事项。第一，确保一个推广单元内的所有关键词意义相近、结构相同，如英语培训学校—英语培训中心，雅思培训—雅思英语培训。第二，每个推广单元关键词数量不超过30个（建议保持在5～15个之间）。如果关键词数量太少，可能导致该推广单元缺乏展现机会，不能定位更多的潜在消费群体，起不到推广效果；若是关键词太多，又可能无法保证每个关键词与创意之间都有较高的相关性，难以吸引用户关注、点击。第三，每个推广单元内至少有两条与关键词密切相关的创意，当用户搜索触发推广结果时，关键词所对应的各条创意均有展现机会。只有当展现的创意与关键词关联度较高时，广告点击率和投放效果才能有所保障。

3.确定关键词及创意

关键词是企业精心挑选的、用于触发广告的词，旨在帮助企业定位到那些对其产品或服务感兴趣的潜在消费群体。在推广账户中，企业对关键词的操作有二：一是如前文所述，结合目标群体类型，确定产品词、地域词、品牌词等关键词；二是确定关键词的匹配方式——用户搜索词与关键词的对应关系，来决定广告的触发方式，从而进一步加强对目标群体的精准定位。关键词匹配方式主要包括：

① 精准匹配，即搜索词与关键词字面完全一致才会触发广告，如"福特福克斯改造"；

② 短语匹配，即搜索词中完全包含关键词，或者包含关键词插入或颠倒后的形式时触发，并支持同义词匹配，如"北京福特克斯改造""白色经典福克斯改造"；

③ 广泛匹配，即搜索词与关键词高度相关，但却不一定会包含关键词，如"福特相关车型改装"；

④ 否定匹配，即与广泛匹配和短语匹配组合使用，对创意的展现进行限制，过滤无效点击，如为"英语培训"添加否定关键词"主管"，那么搜索"英语培训主管"的用户将不会看到企业推广创意。

当用户的搜索词按照一定规则与企业的关键词相匹配时，在搜索结果页便会显示企业的推广创意，包括标题、描述以及访问 URL 和显示 URL 等内容的广告信息。良好的创意一般言简意赅，与单元核心关键词密切关联，能突出产品或服务的优势、特征，且符合法律规定和百度的撰写规则。

4.为账户各层级设置推广功能

针对账户结构的各个层级，推广平台开放了推广地域、每日预算、推广时段、出价、添加否定关键词和 IP 排除、暂停推广、访问 URL 等不同的功能让企业选择。合理设置这些选项，可提升企业广告投放的针对性、优化投入产出。

七、关键词广告的效果评估

关键词广告的效果评估通常遵循如下流程：

1.选取分析样本

分析样本是指企业在其推广账户中按照推广计划、推广单元、关键词及创意等层级对其广告进行分类后最终获得的广告效果评估数据。

假如企业的推广账户拥有的各项数据较少，则评估越精细化越好，譬如可以以关键词为单位逐一进行数据考察。

表3-2 搜索引擎广告各环节监测指标及常见问题分解

3阶段	5环节	常见问题	问题成因	应对方法
百度推广	展现量	流量偏低	关键词方面： 关键词数量不足或类型单一 关键词匹配模式的选择不够灵活 关键词排名过于靠后 账户方面： 推广时间问较短 推广预算分配不合理 推广地域设置不当 账户结构设置不合理	多提词，提好词 设置合理的匹配方式 优化排名 合理设置地域、预算及时长 合理设置账户结构
	点击量	展示量充分但点击率偏低	关键词方面： 关键词选择过于宽泛，与推广创意不相关 关键词排名靠后 账户方面：账户结构不合理 创意方面：对网民的吸引力不足	加强关键词与推广创意的相关性 优化排名 设置合理账户结构 优化创意
企业网站	访问量	账户点击量正常，但是网站被访问的次数偏低	网站体验方面： 页面加载速度过慢 网站使用了多次跳转 页面内容与推广创意相关性低 其他情况： 恶意点击与作弊流量	提升网站访问速度 减少页面跳转 加强着陆页面与推广创意的相关性 结合多方面数据加以判断，确定后报告给搜索引擎
	咨询量	用户正常浏览页面，咨询量偏低	网站体验方面： 网站质量偏差 网站内容与创意相关性低 网站互动便利性较差	结合浏览者兴趣、行为和习惯提升网站质量 基于浏览者信息需求提供其所需信息 有效利用、开发多款营销工具，加强互动
线下销售	订单量	用户正常浏览页面，但订单量偏低	网站销售能力差	确保在线咨询时间及反应速度 针对问题能提供专业解答

若是推广账户的数据量较大，企业就需要针对重点内容进行重点分析。一般来说，企业可按照广告费（即投放）情况进行排序，先将消费高的计划找出来，再聚焦其中的重点单元，接着进一步挑出重点关键词，通过这样一个逐层寻找的过程，确定优化的方向。通常，重点样本数据的分布遵循二八原则，即80%的消费投放往往集中在账户中20%的关键词上，这20%的关键词就是优化的重点。

2.确定分析指标

选取出分析样本之后，企业可依据投放目标设置广告效果的评估维度和具体评估指标。其中，以品牌推广为目标的投放，主要考虑的是推广信息的曝光及点击情况；而效果导向的投放，则更关注网站的注册、访问的UV（独立访客数量）、页面浏览数、订单数量、交易额等情况。

3.明确效果评估的关键环节

从广告展现、点击、访问、咨询，直到生成订单等企业开展营销的各个环节中，消费群体遵循着一个不断减少、逐步流失的"漏斗模型"。从最大的展现量到最小的订单量，一层层缩小的过程表示不断有消费者因为各种原因没有进行到采取购买行动的环节。

企业优化其搜索引擎广告的根本目的在于让更多的流量从漏斗的下端流出，而要达到这一目标就需要保证其中每个环节的顺畅及对消费者的沉淀。因此，漏斗模型中的各个环节就是企业对包括关键词广告在内的搜索引擎广告进行评估的重要节点，企业若想获得更好的营销效果，就必须对各环节所关涉的指标持续加以监测，以此来动态捕捉各环节中潜藏的问题，并及时找出应对方法，如表3-2。

思考题

1.搜索引擎广告都有哪些类别？
2.以你个人的体验，我国现阶段搜索引擎广告存在什么问题？

第六节　视频网站广告

自2004年我国第一家专业视频网站上线开始，我国视频网站在过去十余年内发展迅速，现今已经成为我国网民所使用的基础网络应用之一。在发展过程中，视频网站的广告价值持续彰显、广告形式不断推陈出新、广告服务方式也日臻完善。

一、视频网站的飞速发展

视频网站是指在完善的技术平台下，供互联网（包括PC端和移动端）用户在线流畅发布、浏览和分享视频内容的网络媒体。

视频网站可分为以下三种：

① 专业视频网站，指爱奇艺、腾讯视频、优酷等专门提供视频类节目的网站或者频道；

② 短视频网站，即抖音、快手、西瓜等专门提供短视频服务的网络平台；

③ 传统媒体视频网站，即传统媒体开办的视频平台，如湖南电视台的芒果TV、中央电视台推出的中国网络电视等。

根据网站提供的视频业务类型，又可将视频网站分为：

① 视频分享类网站，提供用户将自己拍摄、制作的视频内容上传，以及对其他用户的视频内容进行分享、评论等互动业务，如抖音、快手等；

② 视频点播或直播类网站，指专门提供视频内容（如影视剧、动漫、新闻资讯等）直播或点播业务的网站，如腾讯视频、芒果TV、爱奇艺等；

③ P2P流媒体网站，采用P2P（点对点传输）技术，基于特定的客户端软件，可提供视频文件边下载边播放的业务，省去了用户等待下载的时间，该类网站以PPS为代表；

④ 视频聚合/视频导航网站，指基于搜索技术，在每个视频内容中提取数秒关键帧，为用户提供搜索、整合视频内容服务的网站，但网站自身不生产或提供内容，如百度视频。

早在2004年之前，我国互联网上已经有了视频类服务，但未出现专业化的视频网站。直到2004年11月，专业视频网站——乐视网的成立，打破了这种局面，拉开中国视频网站成长的序幕。2017—2018年短视频行业流量基础增长迅速，2018年初，短视频行业市场格局初定，头部平台逐渐开启商业化变现道路，迅速完成了从"流量积累"向"流量变现"的转变。《中国互联网络发展状况统计报告》数据显示，截至2020年12月，我国网络视频（含短视频）用户规模达9.27亿，较2020年3月增长7633万，占网民整体的93.7%。其中短视频用户规模为8.73亿，较2020年3月增长1.00亿，占网民整体的88.3%。

近年来，我国视频网站的发展呈现出如下特点。

① 行业竞争中寡头垄断格局形成，新兴平台不断崛起。近年，分别依托百度、阿里、腾讯三大互联网行业巨头的视频网站——爱奇艺、优酷、腾讯视频凭借着资本优势，不仅购买优质内容资源，而且逐步加大投资并自制优质内容，从而占据了用户流量的入口，并遥遥领先于其他视频网站。以直播为代表的短视频平台也在逐步探索自身的发展策略，寻求差异化竞争优势，成为行业内新兴的竞争力量。

② 自制内容跨越式提升，内容行业升级。自2015年起，基于内容采购成本过高、行业内同质化内容竞争激烈等考虑，视频网站逐步进入影视剧、综艺的内容自制领域，一方面旨在借此节约内容采购成本，另一方面也希望通过提供植入广告等更为丰富的营销形式、促进会员付费业务以及探索版权分销模式等措施提高营收。这促使近年来网络视频自制内容的数量和品质均有了跨越式提升，爱奇艺、优酷、腾讯视频等三个代表性视频网站在内容制作方面所采用的制播模式、宣发方式等都对我国既有的内容行业产生深远影响，促进了内容行业的升级。

③ 赢利成为可能，内容评价指标日渐成熟。基于优质的版权内容采购及内容自制，2017年国内网络视频用户的付费比例持续增长，有超过四成的用户曾为视频付费，付费意识已经养成。这令我国长期以广告为单一收入来源但内容费用和带宽成本却日渐高昂的视频网站，得以逐步摆脱亏损的困局，有了赢利的可能，也使得在传统的广告营收之外，付费业务、无线增值、版权分销等成为业界探索的新热点。同时，视频网站对网络视频内容的质量评价也愈发成熟——从原本仅依循"点击量"去衡量内容影响力，到探索包括播放时长、会员付费意愿等指标在内的新型评价体系。

④ 短视频平台进军支付领域，进一步完善生态布局。2020年，字节跳动、快手陆续通过收购方式获得支付牌照，形成电商业务闭环。一是电商良好的发展势头对支付与产品、运营的协作提出了更高要求。对于快手等平台而言，电商业务是其核心业务之一，而支付是电商业务的重要环节。短视频平台使用第三方支付业务不仅增加合规成本，而且影响用户体验，因此拓展自身支付业务是实现未来发展的保障。二是支付业务有利于平台后续的精细化运营和业务拓展。基于支付业务，平台可以积累大量用户数据，据此更好地描摹用户和商家画像，有针对性地进行产品推送和营销。此外，依托支付业务，短视频平台有望将单一的支付交易用户转化为其他金融产品的用户，在提升营收的同时增强用户黏性。

二、短视频异军突起——以抖音为例

抖音是一款集音乐、短视频、社交为一体的软件，该软件于2016年9月上线，当时短视频正处于高热度阶段，移动化、碎片化消费日益盛行，低门槛、低成本地分享生活信息的短视频成了最应景的影像消费产品。早些年短视频积累的火爆程度，已经成了移动时代下品牌投放广告的共识，在这个时代下成长起来的抖音，不必再花费时间、精力等成本让用户去认知它，它重点要考虑的只是如何在那么多短视频软件充斥着的社交市场当中脱颖而出。"确认过眼神，是玩抖音的人"，抖音平台的异军突起不仅制造了一大堆热门"梗"，也让如何玩转抖音营销成了品牌主们热议的话题。

因为巨大的流量及转化能力，目前包括支付宝、小米、爱彼迎、马蜂窝、宜家、必胜客等知名科技和互联网公司的品牌已经纷纷入驻了抖音平台，通过或搞笑或有创意的视频内容，来提升用户黏性和品牌曝光度。在这样的大趋势下，大大小小的企业都希望能在这个平台中分得一杯羹。

1.利用短视频做口碑营销

突然走红抖音的"答案茶"便是依靠视频中"一杯可以占卜的奶茶"的创意以及呈现门庭若市的火爆场面去更好地呈现其口碑，短短的几个月，"答案茶"已签下了200多家加盟商。在北京和上海的盒马鲜生店里，答案茶还将与抖音官方合作推出自己的快闪品牌店。答案茶、海底捞火锅新吃法、土耳其冰淇淋等爆红视频的传播，都为这些品牌们带来了不同程度火爆的线下生意，而这些品牌大火的原因正是其在抖音平台发布的视频能够成功引起用户的猎奇心理和参与感。

2.自媒体重新包装

抖音上较为火爆的博主"张同学"，两个月吸粉近千万，获2600万点赞，其主角"张同学"凭借其农村人的形象在网络上大火，但其本人之前就是媒体人，只不过使用短视频这个工具重新定位了自己。可想而知，对于从事新媒体或者自有IP（网络作品版权）的企业，在抖音平台上以抖音的形式和特色重新包装之前发布过的内容，极可能在抖音目前的推荐机制下让旧内容重拾光芒。

3.曝光企业日常

很多用户不仅关心产品质量，对于一些耳熟能详的知名企业，其领导和员工的日常也能够引起用户强烈的好奇心，例如小米科技创办人雷军，他的一举一动都格外受人瞩目，当然这也与他的个人魅力有关。将公司、员工的日常以短视频的媒介呈现给大众也是一种新颖的企业文化传播方式，就像作为抖音、今日头条的母公司"字节跳动"并不像抖音这样令人耳熟能详，而其在抖音上发布了一则"一日工作感受"的视频，短短一分钟的视频就收到2万的点赞，评论区纷纷感叹想去这样的公司上班。

4.广告植入

区别于文字与图片的传统内容形式，短视频的表现形式多样化，消费门槛低，是天然优质广告的载体。但是短视频的商业变现并没有可以参考的道路，因此广告、电商、打赏、订阅等都是短视频创业者和平台方尝试的方向。我们目前看到的抖音广告，主要有以下几类：

① 视频信息流中插入广告。在用户不断滑动手指观看下一条视频时，可能"一不小心"就滑到中插广告，比如与Airbnb、哈尔滨啤酒和雪佛兰合作推出的三支品牌视频广告，对于抖音来讲，它们是广告，但同样是优质的短视频。

图3-32　OPPO手机宣传海报

② 定制站内挑战。最具有代表性的，就是OPPO广告"#假如你有两千万#"，用以宣传"前后2000万拍照手机"的品牌SLOGAN（标语），如图3-32。

③ 直播。短视频平台都具备直播功能，博主可以通过直播和粉丝进行实时互动，讨论共同关注的话题。这种直播形式服务于优质短视频积累的粉丝互动，不但有益于博主吸引更多的粉丝，更为短视频平台未来往社交转型提前布局。

④ 电商流量入口。使用这款功能，短视频博主的短视频中出现购物车的按钮，点击后便出现商品推荐，如图3-33。除了入驻，通过短视频平台提高销量的成功案例不断地提醒企业和品牌商将自己的营销注意力向这方面转移。

图3-33　抖音电商入口

三、视频网站广告的类型

1.视频贴片广告

视频贴片广告又被称为视频插片广告，是指在视频片头、片尾或播放过程中插播的广告。按照插入时间和位置不同，该类广告可分为视频播放前贴片广告、暂停贴片广告和播放后贴片广告三种形式。这种广告是视频网站在诞生初期仿效电视媒体而推出的广告形式，也是视频网站所运营的最重要的广告形式。在运营初期，视频网站担心破坏用户体验，要求视频广告采取随机插入的方式，广告时长一般不超过15秒；但随着视频网站用户规模的增长、广告主对该类广告价值认可度和投放量的提升，视频网站开始逐步增加贴片广告的时长，甚至强制非会员用户必须观看完才能看视频。现今，视频网站一般会根据视频的时长来设置贴片广告的长度，如：对于2分钟的视频节目，广告时长不超过20秒；超过10分钟的视频，广告时长则为45秒至120秒不等。

2.植入广告

植入广告是指广告主通过提供免费的产品或服务、直接付费等方式，有意识地使商品或服务及其品牌名称、商标、标识等信息隐匿在媒介内容中，以期影响消费者的一种广告形式。不同于赞助广告或冠名广告，该类广告最大的特征在于广告信息隐蔽、与视频内容（如视频背景、台词或人物对白、故事情节等）关联相对紧密，因而可以达到既不招致用户反感和抵触，又不知不觉影响用户的认知、态度与行为的潜移默化的广告宣传效果。

随着新技术的发展和广告主营销理念的变迁，视频网站也持续优化植入广告，这表现在：

其一，后期智能广告植入，基于视频内嵌广告技术和AI技术，视频网站推出了相应的后期广告植入产品（如爱奇艺的"Video in"、优酷土豆的"移花接木"），对视频成片自动搜索出适合植入的视频内容点位，并将广告主的特定信息（如商品海报、产品实体、动态视频等）快速植入相应的画面或位置上，从而突破了传统植入广告只能在视频前期拍摄、制作过程中植入的周期，实现了后期内容制作乃至播出等环节的动态广告植入，延长了植入广告的售卖周期。

其二，以"创意中插"的形式深入植入广告。该类广告由影视剧剧组而非广告公司拍摄制作，具体表现形式为在影视剧播放过程中，插入由剧中"角色"拍摄、与剧情有一定关联的广告创意内容，如网剧中的"脑洞时刻""小剧场"等。例如，在优酷上线的网剧《大军师司马懿之军师联盟》中，每一集剧集中会插播一个名为"轻松一刻"的由剧中人物出演的小剧场广告，时长30 ~ 45秒。如司马昭和司马师以可口可乐"密语瓶"为武器，"弹幕大战"三百回合；曹真为了鼓舞士气，请来

"厨房好帮手"华帝魔镜油烟机助阵，以美食唤起士兵们的斗志，取得了战争胜利。

其三，借助"视链"技术，将植入广告与购物、视频网站及电子商务网站相打通。该类广告产品以爱奇艺的"Video Out"、优酷土豆的"边看边买"为代表。其原理是依托AI技术，自动识别视频内所出现的产品、明星等内容触发点，并以浮屏、视点、电商页面等形式在视频播放页面上发出提示（如产品的购买页面、明星的代言品牌或同款商品等），用户点击之后便会进入相应的购买界面，从而达到缩短用户消费决策流程、提升广告转化率等目的。

3. 赞助/冠名广告

赞助广告指广告主通过提供资金、物品等方式资助某类网络视频节目或栏目，视频网站在视频内容中以视频片头标版（节目开始时出现字幕并配音）、主持人口播、滚屏字幕鸣谢、视频内容嵌入广告元素（如产品陈设、演播室展现企业LOGO）等方式对广告主品牌或产品加以宣传的一种广告形式。当广告主资助金额相对较大时，视频网站还会以品牌或产品名称作为相关视频、栏目的名称前缀加以宣传，这便是冠名广告。相较于视频贴片广告、页面广告等硬性广告，赞助广告和冠名广告很难被用户跳过或屏蔽，有些主持人口播广告、产品陈设广告还凭借着与视频内容的巧妙结合而更容易为用户所接受，因而具有较好的渗透效果。

以爱奇艺推出的自制综艺节目《奇葩说》为例，在2014年推出第一季时美特斯邦威用5000万元获得了冠名权；而到了2017年的第四季，该节目则获得了小米手机、纯甄酸牛奶、海飞丝、闲鱼App、美年达果味汽水等五个广告主共计4亿元的赞助费，小米更是斥资1.4亿元拿下了独家冠名权。

4. 角标广告

角标广告原是指在视频内容播放过程中，悬挂在屏幕右下角的广告标识。该类广告虽然占据屏幕的面积较小，但却能伴随视频播放的全过程，具有播放时间长、到达率高、不可规避且广告费用相对较低等优势。

在近年的发展过程中，为了进一步提升用户的兴趣、增强用户的参与，视频网站还对角标广告的展现形态和出现方式加以创新，推出了"弹幕广告""压屏条"等新的广告产品。

如图3-34，"弹幕广告"是在视频屏幕上方以弹幕形式出现的广告信息，用户在PC端将鼠标放置至广告信息上方时，广告会即刻放大，点击后可跳转至其他活动页。"压屏条"是在视频播放过程中，在屏幕上出现与特定视频内容（如台词）密切相关的品牌LOGO、广告文案等信息。典型的如爱奇艺推出的"创可贴"产品，即是基于智能技术，在分析、抓取视频内出现的明星、剧情（如人物的行为、动作、情感）、台词（人物对白、语音）等数据的基础上，自动植入广告主的创意文案，从而形成广告信息与视频内容的互动。

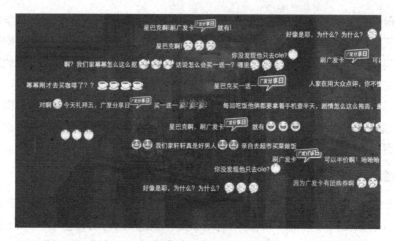

图3-34 弹幕广告

四、视频网站广告的运作

广告主在运作视频网站广告时，可结合视频网站广告的特性，依循广告投放的步骤，对广告投放环节、内容设计环节、互动与反馈环节和效果评估环节分别加以优化。

1.运用新技术增强广告投放的精准度

经过多年的运营，视频网站已经积累了大量的用户数据，加上近年来在资本的推动下视频行业的投资、并购等行为不断增多，视频网站与其他网站和数据源的合作日渐深入，这使得视频网站在自身外获得了海量的、多维度的用户数据（如优酷土豆可从阿里处获取电商数据，爱奇艺可获取百度的搜索数据），从而为视频网站广告的精准投放提供了良好的数据支持。另外，得益于近几年大数据技术、人工智能技术的发展，视频网站为用户进行精准画像、自动识别视频内容等成为可能，这又增强了视频网站广告投放的精准度。

2.将广告与视频内容深度融合

为了将广告与视频内容深度融合，广告主一是要选好与自身行业特质、营销目标契合的视频内容，二是要最大限度地将广告信息与所投放的内容产生关联。对于行业特质，目前的状况是：汽车、电器、网游等行业的广告主，多偏好感性诉求较强的广告，对短小精悍、情节丰富、适合品牌讲故事的微电影投放较多；以日化类品牌为代表的快消品可选择网络定制剧，根据剧情发展进行植入；以时尚类、美食类等具有题材性的品牌为代表的快消品可选择网络视频栏目（如网络综艺、网络剧集等），通过多种形式的广告投放，展现品牌丰富的内涵。此外，不同时长的网络视频也可以满足广告主差异化的需求。如短视频因其时长较短、内容节奏较快，更适合周年庆、促销、活动、新品上市等短期、即时见效的广告宣传；而长视频则更注重品牌内涵的诉求、品牌历史文化的呈现、品牌精神的贯穿等。

对于怎样产生关联，可有两种实现方式：一种是将用户喜爱的或高度关注的社会热点和社会话题、所追求的情感（如亲情、友情、爱情）和价值观念（如公平、正义）等转化成品牌广告内容，从而激发用户的主动关注和分享；另一种是基于技术对视频内容加以分析，在后期投放与场景、人物、剧情等相互关联的广告内容，继而增加与用户的互动和销售引导，典型的如广汽丰田在热播美剧《神盾局特工》中的暂停广告位上，设置了与剧情相关的问答题目。

3.激发用户与广告的互动意愿

可通过积极引入H5、摇一摇、AR/VR等新兴技术优化广告创意表现，激发用户与广告的互动意愿，增强用户的参与感和接受度。如"伊利"与"秒拍"合作打造的专属AR广告。为了宣传旗下乳酸菌饮料产品"伊利畅意100%"，将该款产品帮助消化的产品功能和视频内容有机结合，伊利在秒拍上发起了一个吃货节悬赏活动，鼓励用户上传和分享美食品尝、美食制作、大胃王比拼等相关内容的视频，还为此提供了诸多特效。当用户选择该产品特效时，在录制视频时张开嘴巴，就能看到一瓶虚拟的伊利畅意100%送到口中。不仅配有"咕咚咕咚"的饮用声音特效，而且在喝的过程中用户脸上还会出现闪闪的小星星，屏幕上也会同时显现该产品的广告语。

4.升级广告效果评估体系

在视频网站广告发展早期，由于技术发展水平较低、行业内缺乏统一的广告评测标准等局限，且为了方便广告主对该类广告价值的理解以及对广告效果的评估，视频网站将其广告效果评估体系与电视媒体的贴片广告评测体系统一起来，并参照电视广告设置了按千人成本计费（CPM）、按广告的展示时段计费（CPT）等广告计费方式。但随着广告主精准投放、优化广告投入产出、多屏联动等广告投放理念的强化，与电视广告一样的、单纯追求广告曝光量和曝光时间的广告评估体系已经无法满足广告主的需求。在传统的曝光量指标之外，还加入了互动率、点击率等更为讲求广告精准度和广告实效的指标。

思考题

1.视频网站广告的类别都有哪些？

2.短视频飞速发展的今天，人人都可以制作短视频广告，你认为素材的获得都有哪些途径？

第七节 户外新媒体广告

户外广告是最早的广告形式之一。在技术的推动下，户外广告不仅有了更多的展现形式、更强的参与感，还成为与移动新媒体联动、与营销场景融合的重要的营销传播组成。

一、户外广告的新媒体化

在数字技术广泛应用之前，户外广告的媒体形式主要有路牌广告、墙体广告、霓虹灯广告、灯箱广告、橱窗广告、车身广告等。步入21世纪以后，随着数字技术、通信技术、网络技术、信息技术的快速发展，楼宇视频广告、电梯数字广告、卖场视频广告、公交移动电视广告等如雨后春笋般纷纷出现、快速成长、广泛覆盖。2008年后，LED大屏研发与制造技术的发展又为户外广告拓展了全新的发展空间；近年，基于移动互联网的智能技术，如物联网、虚拟现实、LBS位置服务、云计算，户外新媒体广告在创意表现、受众范围、参与程度、效果反馈等多个方面实现了进一步的突破。户外广告渐渐由单一平面升级到多维数字化，由静态展示到实现了双向互动，由广告信息"孤岛"到成为与互联网、大数据相链接的融媒体的一员。户外新媒体广告凭借其传播优势保持着快速增长的态势，成为拉动户外广告市场发展的重要力量。与传统户外广告相比，户外新媒体广告的主要呈现点为：

1.技术成为关键要素

全息投影、触控技术、虚拟现实技术等技术的应用，丰富了广告的形式，为创意的实现奠定了基础，也为橱窗广告、灯箱广告、路牌广告等传统户外广告形式注入了新的活力。

2.互动体验越来越强

技术发展在带来广告形态变迁的同时，也推动了户外广告理念的变化。传统户外广告以信息展示为主，而户外新媒体广告不再是单向的传播推广工具，而是切入消费者的日常生活轨道，通过互动体验与消费者产生关联。互动体验不仅可以调动受众的积极性，强化品牌认知、促进购买行为发生，还有助于在社交媒体中形成"病毒传播"和口碑效应，扩大户外广告传播力和影响力。

比如支付宝在公交广告牌上的"土味情话"，如图3-35。土味情话之势刚刚兴起，支付宝马上就做了一批公交广告的投放，广告画面以聊天对话界面，言简意赅地表现出了支付宝的各种便民用处，比如医院挂号、坐公交等功能。支付宝官方事先做好策划，投放广告的公交站台被路人在对话框中写上了一些涂鸦文字，具体内容类似于"土味情话"，让事情变得有意思起来，也引起了不少人的围观和主动传播。

路人涂鸦"段子"的形式，让这些公交站台的投放变得互动起来了，而且成本非常低，引发关注带来的品牌收益要远远超过去上面涂写几个字的成本。支付宝通过媒介形式的创新，达到以小博大的品牌传播效果，在营销推广中，使传统媒介变得更加有趣。小小几个字，让传统媒体出现了新的魅力。其实在公交站台、地铁站台等广告位上做出互动并不少见，有些是通过使用电子显示器、感应器的形式与路人进行互动，有些是在广告位中放置装置而不是平面海报，有些是在广告画面中加入镜面或哈哈镜的特殊材质进行互动。

图3-35　支付宝——公交广告牌的"土味情话"

3.实时数据采集和精准传播

与传统户外广告相比，户外新媒体广告能够依托大数据对目标受众进行深入洞察，进行针对性的广告投放。而与其他新媒体广告相比，户外新媒体广告的精准传播的突出特征与户外数据的实时收集与分析，实现了由数据源触发内容，即依据受众特征、时间、季节、天气等因素的变化，实时调整广告内容。这一特征使得户外新媒体广告能够精准捕捉不同受众的状态差异，在时间、空间技术的催化下向其推送与其需求关联最紧密的内容，有效提升广告的传播效果。

4.将场景与创意结合

户外新媒体广告将场景理念融入创意传播中，将场景识别与用户的日常行为、潜在需求结合，有助于实现在合适的时间、合适的地点，以合适的方式，让用户舒服地看到需要的信息，并参与互动和分享。一个有趣的案例：麦当劳在加拿大的一个户外广告牌是这样设计的——其会随着太阳冉冉升起，出现早餐"麦满分"，提醒路人到店购买早餐。

5.线上线下齐上阵

随着移动互联技术的发展，线上线下联动的多屏整合传播成为广告投放的重要趋势之一。户外新媒体广告也逐渐从一种独立的广告形态转变为与微博、微信等线上新媒体相连通的整合形式。

例如"得到"App的菜市场经济学（如图3-36）案例。品牌办展览、搞快闪已经是常见的套路了，已然满足不了广大消费者的需求，但是得到App这次让人眼

图3-36　得到App——菜市场经济学

前一亮的是，它把展览搬到了一个菜市场，要在菜市场里给你普及经济学，可以说是拓宽了消费者对传播媒体的认知了。

"得到"这次做的菜市场经济学主题展是为了推广其App中的一项经济学付费专利及其专栏作者的书。生活中的经济学在菜市场正好可以非常接地气地体现出来，主题和形式的契合度非常高，不会让人产生"只记住了展览却没记住品牌"的营销痛点。其实在我们生活周边还有许多的传统场景都可以挖掘，比如说城中村、许愿树、景点、大型超市、工业区、步行街等等，只需要让宣传主题与场景相匹配，都可以作为媒体渠道进行合作或者投放。对于新媒体广告，并不是说品牌推广一定要在线上进行，在线下包装一个菜市场做主题展一样能起到很好的宣传效果，相信得到App这次的菜市场经济学展，比各种在商场中庭举行的主题展的传播量级都要大不少。

二、户外新媒体广告的区域分布

根据现代都市人群的生活路线图，社区、公交、商圈等区域是受众的主要生活场景，据此我们把户外新媒体广告划分为社区户外广告、交通户外广告和商圈户外广告等类型。

1.社区户外新媒体广告

住宅是受众每天生活的起点和终点，社区中的电梯、灯箱、宣传栏、停车场媒体等便成为消费者最为密切接触的通道。这些媒体逐渐融入移动互联元素，演化出多样化的户外新媒体广告，如电梯视频广告、智能快递箱广告、社区停车场广告等。

智能快递柜——全新的广告载体。

随着网购的普及，"收快递"成为很多人日常生活中必不可少的一件事。但是快递送上门，你若不在家，又找不到人帮你代收，这就尴尬了。智能快递柜的出现很好地解决了这个问题。如图3-37，智能快递柜集成了物联网、智能识别、动态密码、无线通信等技术，能够实现快递邮件的智能化集中存取、指定地点存取、24小时存取、远程监控和信息发布等功能。它的出现极大地改善了快递的投送效率及用户的包裹存取体验。除了基本的取件、寄件功能之外，一些快递柜也为用户提供洗衣服务、修手机服务等。将快递柜线下设备链接人、链接服务，再延伸至社区生活服务等高度垂直的消费场景，把快递柜逐渐打造成社区综合服务平台。

由于智能快递柜自身具有的公共区域陈列、展示的天然属性，广告业务很自然地成为快递柜的一项收入来源。在智能快递柜上投放广告又可以分为线上和线下两大部分：

线上广告：智能快递柜为用户提供便捷、高效的线上寄件服务，商家广告可以在快递柜的App上投放，用户可在快递柜App上直接跳转到商家网页。商家可通过

图 3-37　丰巢快递柜

后台，随时浏览用户数据，了解用户的分布、年龄层次等信息，可实现快递柜用户向商家用户的转化，进行资源嫁接。用户每使用一次快递柜 App 都将接收一次商家的广告；除此之外，快递柜的微信公众平台也可以对商家进行宣传推广。

线下广告：线下广告主要集中在柜身和主机屏幕两个位置，商家可以将宣传广告置于柜体或屏幕上。智能快递柜广告覆盖人群消费活跃、购买力强，是网络购物的主体人群。在柜体上投放广告，使这些用户利用碎片化时间获取商家的信息，从而实现高效率转化。

社区快递柜年使用量巨大，既能够影响庞大的用户群，也能精准触及电商目标用户，所以说利用智能快递柜在线上、线下投放广告是可行的。从线下的柜体广告、柜屏广告，再到线上移动端广告，智能快递柜作为新的广告媒体，可以通过各种载体实现品牌与用户的线上、线下交互，为品牌商带来精准的目标用户。

2.交通户外新媒体广告

随着人们出行需求的增加和机场、地铁、高铁、公交等交通基础设施的完善，交通户外广告也得到快速发展。交通户外广告可进一步划分为两类：

一类是以公交、高铁、飞机等交通工具为载体的车身广告、车厢广告和移动视频广告。基于封闭空间的强制性传播本来是车厢广告和移动视频广告的优势之一，但近年随着人们在出行途中对智能手机使用的增加，这一优势逐渐丧失，该类广告的市场竞争力也随之减弱。

另一类是投放于机场、地铁站、高铁站、公交站点、公路等公共场所的户外广告。随着 VR、AR、全息投影等新技术的运用，近年这类户外广告在形式与创意上实现了新的突破，有效提升了广告的传播效果。

例如，瑞典广告公司Akestam Holst在斯德哥尔摩的地铁站里为护发品牌Apolosophy设置了广告牌，广告牌上有用来监测地铁进站摄像头感应装置，每当有地铁进站，广告中预设的视频将开始播放——模特的秀发会随列车的驶入飞扬起来，如图3-38。这一广告引起很多行人关注，而当记录人们在广告牌前反应的视频被传到Facebook和YouTube之后，很快引发数十万次的播放。

图3-38　当地铁驶过，头发被吹起

3.商圈户外新媒体广告

商业中心作为消费终端，为品牌与消费者的链接提供了多样化的场景。近年，我国购物中心总量快速增长，并朝着吃、喝、玩、乐、购的"一站式"模式发展，具有庞大的人流量，成为众多户外广告的投放地。在技术的推动下，商业中心室外LED大屏、路演场地、室内美术陈列、地下停车场等均成了户外广告的投放载体。

三、户外新媒体广告的设计原则

1.互动流畅原则

利用现代科技手段并结合一定的创意与受众产生良好的互动，增加新媒体户外广告深层次的信息量，从而使受众对广告有深刻的印象。

2.品牌文化性原则

户外新媒体广告对商品信息的传播起到了巨大作用，同时在企业品牌形象的确立方面，也发挥着举足轻重的作用。

其一，要重视品牌塑造。在进行户外广告的创意设计时，商品信息与受众发生的每一次碰撞都应被视作是宝贵的机会。品牌营销胜败的关键就是能否把个性鲜明的品牌核心价值通过媒体植入受众内心深处。

其二，要注重民族文化。户外新媒体广告应该在不同地区特殊的地域环境、经济状况、人文思想和民族习惯的影响下，适应城市的自然特征和人文特征，并与城市的历史文化风貌相融合，这样才能打破千篇一律的表现形式，富含民族气息和地方特色。

3.城市景观性原则

户外新媒体广告作为城市景观的重要组成部分之一，被人们冠以"都市外衣"的美名。广告做得好就会被称为户外艺术。将广告美化环境、增强城市文化艺术氛围同环境彰显、增强传播广告信息的因素结合起来，使两者相辅相成、相得益彰。

四、户外新媒体广告的互动策略

基于现实场景的互动体验是户外新媒体广告有别于传统户外广告与其他新媒体广告的重要特征。而体验通常是由直接参与或观察所得，通常涉及受众的感官、情感、情绪等因素，同时也有受众的知识、智力、思考的介入。

具有互动特性的新媒体户外广告就是一种触发体验的典型传播形式，它通过互动刺激消费者的感官和情感，引发消费者的思考、联想，并使其行动，最终通过消费者体验传递品牌信息。以实践观之，大量出色的户外新媒体广告运用了打造产品融入式的互动体验、个性化定制式的互动体验、活动参与式的互动体验等策略。

1.产品或观念融入式的互动体验

媒介形态的数字化、技术的互动化、创意的场景化使得户外新媒体广告从信息传播的单一属性转变为受众在现实生活场景中切实感知产品或观念的体验平台。通过数据、创意与技术，营造巧妙融合产品或观念的互动体验是不少户外新媒体广告的常用策略。

瑞士Hjartat药店制作了一款"聪明"的广告牌，当广告牌检测到附近的烟雾的时候就会咳嗽，引起人们的注意，借此帮助人们戒烟："快戒烟吧，不然连广告牌都受不了你了！"

国际专业美发品牌威娜（Wella）旗下子产品Koleston Naturals是以天然染色颜色为推广定位的染发剂产品，目标用户是25～40岁的健康、漂亮同时喜欢户外运动的女性。设计者将户外广告中女性的长发和五官镂空，通过镂空处可以看到天空和湖面等背景。随着一天之中各个时间段内光线的变化，路过的行人可以看到这位女性的长发颜色随自然而变。此广告巧妙地将产品的"天然染色颜色"诉求和大自然结合，自然光线的变化过程扮演了广告传播载体的角色，又构成了广告传播内容不可或缺的组成部分，堪称人境融合的经典范例，如图3-39。

图3-39　德国威娜染发剂广告

2.个性化定制式的互动体验

随着人工智能、人机交互及社交网络等数字技术的飞速发展，户外广告与受众间的互动方式也大大丰富。广告主能够实时采集、分析受众与户外环境的数据信息，制定更具针对性的广告策略，使户外广告能够精准识别投放环境，依据受众的需求及特征为其提供个性化、定制式的广告内容，从而提升广告效果及受众对广告的感知与评价。

在具体操作上，广告主可以通过追踪经过户外广告牌的路人的手机信号，从而分析他们未来一段时间内的行动，推算出路人的年龄、性别等特征；还可以利用户外广告牌上安装的网络摄像装置和配套软件，借助人脸识别技术识别观看者的体貌特征、观看时长等信息，据此分析其消费需求，并按照匹配的百分比，为他们播放匹配度最高的广告，广告主也能通过这些数据衡量投放效果，进而选择更加合适的投放区域。纽约一家名为Immersive Labs的创业公司所生产的广告牌已经实现了个性化的户外广告投放，比如有人在凛冽的寒风中走过广告牌，就能看到热饮产品或保暖内衣的广告，情侣在广告牌前则会看到浪漫电影或情侣装广告；该广告牌还能根据数据库及社交网站的信息资源，实时调整广告内容，比如在一天中的某一时段自动播放可口可乐的广告，又如当Twitter等社交媒体提示附近会有体育赛事时，该屏幕就会播放耐克运动鞋等相关度较高的广告。

3.活动参与式的互动体验

在体验经济时代，调动用户参与的积极性，提高受众与广告间的互动，成为提升广告传播力和影响力的重要手段。数字化、智能化的户外新媒体广告与智能手机等的结合为广告的活动形式注入了更多新颖的元素，利于将创意与受众所在的环境紧密关联。户外广告在与受众产生深层次的活动交流的同时，还能把品牌或企业的核心理念生动形象地传递给消费者，进而影响他们的生活方式、消费观念，甚至是社会行为。

体验式互动的核心就是顾客参与体验商品。顾客的参与方式有的是被动的，设计者利用媒介的不同属性与商品卖点形成构思巧妙的创意，使顾客不由自主地成为广告的一部分；有的是受众出于本身的心理特点主动参与，设计者运用消费者的好奇心理、参与心理来引导消费者主动参与成为广告的一部分，设计"人性化"的创意来满足消费。总之，一方面，人性化的体验把受众作为价值创造的主体，及时回应受众的感情诉求；另一方面，参与体验式互动的消费者通过创造性的消费来体现独特的个性和价值，获得更大的满足感。这种体验式互动应该最大限度地反映出人性化的特点。

比如，妇女节的时候，公益组织Womens Aid及一家户外广告公司做了一个反对家庭暴力的户外广告。户外广告牌上展现的是一张遭受家庭暴力的伤痕累累的女性的脸，如图3-40。当有路人停下来关注广告，运用了人脸识别技术的广告牌便会进行捕捉，而广告牌上受伤的脸上的伤痕就会减少一些。同时，依靠地理位置技术，路人的手机还会马上收到一条为减少家庭暴力而进行捐赠的短信息。当越来越多的路人注意到这个广告牌后，受伤的脸就会康复得越来越快，从而完美地表达出广告的诉求：一旦有更多的人关注家庭暴力，暴力就将消散得更快。

图3-40　请求路人关注的反家庭暴力广告

与现代技术结合使传统媒体焕然一新，在这类推广中，传统媒介不再是一成不变的，也不再是失效的。赋予更多拓展性的玩法，也许会让传统媒体比新媒体更有效。

思考题

1.户外新媒体广告的设计原则有哪些？
2.户外新媒体广告较传统户外广告"新"在哪里？

第四章

新媒体广告
策划与设计
（第二版）

新媒体广告
的运营

第一节　新媒体广告用户

一、谁是新媒体广告用户

新媒体的种类很多，盈利模式也多种多样，但运营核心是"用户"。

新媒体借助不同基础网络和智能终端，向用户提供互动的内容和多样性的业务，在信息的互动传播过程中进行互动营销，满足企业或者其他机构利用"新媒体"进行营销传播的需求。

在新媒体运营过程中，从网络、内容、业务、终端、营销到用户的各个环节不是割裂的，而是一个统一的有机整体。它们共同构成了一个信息服务平台，把各种类型的用户集成在这个信息平台上，为他们提供信息内容的分发、分享和服务，由此产生的以用户为核心的运营思维，是新媒体运营与传统媒体运作最大的区别。

1. 新媒体广告用户的内涵

（1）新媒体广告用户的含义

用户是指产品和服务的使用者，可以是个体的人，也可以是有共同特征的群体，还可以是家庭或者企事业单位等机构。也就是说，用户可以是客户端的个人用户，也可以是企业商家端的机构用户。

在新媒体领域，用户的含义是宽泛的，要从多个层面来理解。新媒体用户是媒体的内容、产品（App、Web等）的使用者，是不断升级的网络服务（3G到5G）的享有者和使用者，是智能终端（手机、电视、家居、车载系统等）的持有者和使用者；从营销和广告的角度来看，新媒体的用户还是企业和机构的产品或服务锁定的最终消费者。由此可见，新媒体的用户是新媒体运营在不同层面所涉及的个人、群体或者机构。

（2）受众和用户的区别

在对媒体的接收人群进行描述时，通常会使用受众（audience）和用户（user）这两个词语，它们从传播的角度都是指信息的接触者、使用者，区别在于前者处于一种被动接受信息内容的状态，后者具有主动回应和分析信息内容的特征。

过去我们在描述媒体服务对象的时候，主要用词是受众。"受众"是传统意义上媒体对自己传播对象的统称，包括各种新闻媒体、各种文艺作品的读者、听众和观众等。受众是传播学上的概念，传播者、媒介、受众三者构成一条完整的传播链。拉斯韦尔将"受者（to Whom）"（受众是众多的受者）作为传播5W模式的一个环节，申农－韦弗模式则使用了"信宿"的概念。而"传播学之父"威尔伯·施拉姆在他的《传播学概论》中打了一个形象的比方：受众好比自助餐厅里的就餐者，媒介是自助餐厅，而传播者则是厨师。厨师提供尽可能让受众满意的饭菜（信息），至于受众吃什么、吃多少、吃还是不吃，全在于受众自身的意愿和喜好，媒介是无能为力的。虽然如此，但如果自助餐厅数量有限，那么就餐者可选择余地并不大，选择了一家后，也就只能在这家提供的饭菜范围内进行选择。在此语境下，"受众"一词强调的是在信息和内容"一对多"的传播中，在终端智能和交互不够好的状态下，被动接受信息内容的对象和群体。

用户就是某种技术、产品、服务的使用者。无论应用于哪一领域，这个词都有着明显的主动性，摒弃了"受众"一词具有的被动性特点，更适合当下新媒体的传播环境而被普遍采用。在新媒体时代，用户这个词还是指人群，但是更加强调他们作为媒体信息内容和产品使用者的身份，以及他们主动的行为和状态。这些状态和行为包括主动观看、主动浏览、主动点播、主动搜索，甚至自发地互动分享等。

2.新媒体广告用户的特征

（1）行为：被动和主动共存

新媒体不断发展，尤其是随着自媒体和社会化媒体的迅速发展，人们传播的主动性不断增强。于是，越来越多的人认为"用户"这个词应该取代"受众"，但是他们忽视了仍然有很多新媒体业务产品，在传输和分发上借助了"一对多"的广播式形态；而信息内容的使用者和业务产品的使用者，也往往是因为同样的兴趣爱好而聚合在一起。所以当下是"受众"和"用户"并存的时代，媒介信息内容接触者和消费者是既能被动接受信息也能主动回应和分享信息的人群。

从另一个角度而言，个体的状态也是在用户和受众之间不断切换的。

人的真实生活具有鲜明的时间属性，其中约有三分之一的时间是积极的，三分之一是消极的，三分之一是中立的。个人在不同的时间呈现的面貌是不同的，某时是"受众"，某时又变成了"用户"。同一个人的媒体使用，也并不会固定于某一个媒体、一个时段，而是会根据不同的时间发生不同的变化。比如早晨在通勤的路上会主动获取信息（移动媒体），中午在咖啡厅或者餐厅可能变身为八卦者（社交媒体），工作一天晚上回到家后又会成为欣赏者（传统媒体）。

人具有不同的社会功能属性且并非一成不变，受众与用户的身份也在转变。有时候，人是积极的信息搜集和使用者，这时他是"用户"；一旦时间、工具受到制约，就可能只是"受众"，乐于单向度地接收信息。

就效果而言，"受众"受制于传统媒体的局限，不具备立即行动的条件，因此信息接收效果多停留在认知、情感层面；而自媒体的应用性和便利性能够让"用户"立即做出反应，采取行动，其行动指向即时而直接，所见即所得。

"用户"的出现并不意味着"受众"就消失了，"受众"与"用户"将会长期并存。很多时候人们还是需要像以前一样接受信息，传统媒体的价值依然不容小觑，比如很多人并不是不看电视节目了，只是有了更多的选择：可能用了不同的业务，选择了不同的视频媒体产品，或是在不同的智能终端看电视节目而已。

（2）状态：碎片化与重聚

分散与聚合是用户状态的一个鲜明特征。

在传统媒体时代，受制于技术的局限、非智能的终端，以及个体对信息的掌控与加工能力的差异，受众一直被视为"沉默的大多数"。在经典的传播学理论中，对受众特征的描述一直使用的是"大量、分散、混杂、匿名、流动、隔离、无共同背景、无组织"等模糊性的词语。所以，在大众媒体时代强调的是用组织化、专业化的信息内容去影响模糊的人群。也是由于其模糊性，媒体的营销产品就特别依赖一对多的广泛告知的大众营销，最多也就是针对一类人或一群人做的垂直的分众营销。

在新媒体时代，由于终端和内容产品的多元化、媒体的社交化等，用户变得越来越微小化、颗粒化，用户的时间和精力被多次分割，经常呈现出碎片化状态，很难把握其规律。

用户的状态既有传统媒体时代的模糊性，也有新媒体时代的碎片化特征，与此同时也要看到，用户有"分"的可能，但也有"聚"的事实。分散与聚合、不同时间的不同表现状态和功能的转移，都会发生在同一个人身上。人是复杂的，也是单纯的；是积极的，也是被动的；是合群的，也是孤独的。变与不变，都在一念之间。用户在分散和碎片化的过程中也在不断聚合。聚合的特征和规模在不断变化，呈现出一种再中心化的趋势，比如可能在时间线上强调"分"，但是在场景上呈现"聚"。

事实上，用户对所接触的各种信息内容，会产生差异化的理解与阐释，不可能完全由传者给定。他们会聚焦于自己感兴趣的或者能够参与进去的"聚合点"，并据此进行再传播和分享。

对营销而言，策略的价值就是在用户"分"的状态下找准他们"聚"的点，进而找到产品或服务能够切入进去、吸引用户的机会。

3.新媒体广告用户的分类

我们多数时候所说的用户都是个人用户，但是在分析新媒体时不能忽略其他类型的用户，如家庭用户、行业用户、政府用户等。

（1）个人用户

个人用户指某个个体的人，一般有鲜明的个人属性特征。比如某退休男性，60岁，月收入5000～6000元，爱好"全民K歌"和刷"快手"，生活悠闲自在，平时常用微信阅读书籍等。

对于个人用户，一方面需要依据人口统计中的性别、年龄及居住区域等信息进行分类，这样方便对个人用户的追踪和管理。比如，依据年龄可将用户划分为青少年、中年人、老年人，不同年龄段的人群有不同的信息接触习惯及内容偏好。

另一方面，也可以根据个人用户和媒体的关系行为对其进行个性化分析和分类，比如区别不同个人用户接触的信息内容类型、接触时间段峰值、获取信息的主动性、信息分享的偏好和行为、在线购物行为和喜好、对广告的敏感程度等一系列指标。

跟踪个人用户对新媒体业务产品及信息内容的获取方式和使用行为，比如接触内容的类型、接触业务产品的类型和喜好、使用信息内容的时间曲线、获取信息内容的主动性、对广告是否敏感、对互动信息内容是否有回馈、回馈的类型和频率，以及用户对服务的反馈以及跟踪记录（用户投诉建议、用户满意度）等。由此才能进一步针对不同人群设计出符合其需求的服务。在媒体的业务产品推广、信息内容推荐、广告信息分发中，这些数据都能够得到很好的应用。

（2）家庭用户

家庭用户是指以家庭为单位的用户，带有家庭属性和特色，个人作为家庭的成员，个性化色彩弱化。对家庭用户进行研究，需要先对其做出分类，这样有利于数据的更新管理及分析。比如，可以从家庭所在区域或者家庭收入等角度对家庭进行分类，不同的收入阶层触达的媒体信息内容、终端、信息使用的主动性等指标都有所不同。

在对家庭用户按人口统计要素做出分类的基础上，进行信息需求特征的考察，比如家庭用户经常使用的业务、最喜欢的节目类型、最经常搜寻的信息类型；从信息接收及获取时间曲线了解什么时候是各类信息获取的高峰；从是否看到广告就转台，获知家庭用户对广告的敏感程度；从家庭用户是否经常主动搜寻信息来确定推送及其他相关业务该如何展开；了解家庭用户报修及对服务的反馈内容，并进行跟踪式管理与记录，为进一步提高服务质量做铺垫。

（3）行业用户

行业用户主要是以行业类型为特征划分出的用户，包括企业用户、集团用户以及各个行业内集群的用户。新媒体为了便于业务开展必须对行业进行分类，比如可以将其分为食品行业、服饰行业、美妆行业、IT行业、教育行业等。

行业用户的需求主要集中在新媒体提供的网络服务、信息内容的专享专业服务、行业舆情监测和分析、行业广告营销需求等方面。不同行业对新媒体服务的需求既有差别也有一些共性。

在行业需求数据库的建设与管理中，需求的记录、数据库的更新及维护工作非常重要。借由行业业务使用状况及用户需求记录等数据，可以随时调整业务方向，针对性地为各个行业开发出新的业务产品与服务。

例如可以使用百度指数来分析某一行业的主题需求，通过来源和去向相关词、需求图谱等数据，了解该行业的主体需求是什么，进而根据主体需求进一步优化推送服务。

（4）政府用户

政府是新媒体十分重要的服务对象，新媒体面向政府提供的业务和服务有着鲜明的公共服务和社会责任属性。为了方便数据管理及控制，需要对政府部门进行分类，比如按照地理区域划分、按照不同政府部门进行划分等。

新媒体要积极开发政府所需的各类公益性质的业务，以满足政府的需求；对政府部门业务使用状况及反馈的记录要及时更新，以更好地完善对政府的服务。

二、新媒体广告用户画像

1.新媒体广告用户画像的内涵

用户画像这个概念是怎么发展而来的？一直以来存在两种说法，一种是说它来自交互设计领域，另一种是说它来自用户研究方法的升级。

第一种说法中，用户画像（persona）这个词是由美国软件设计师、"交互设计之父"艾伦·库伯（Alan Cooper）在1983年首次提出的，并且在其1998年出版的设计著作《软件创新之路——冲破高技术营造的牢笼》中明确了这一概念。库伯把对用户的分析应用到计算机软件领域，提出基于用户画像改善服务或产品的体验。他指出，用户画像可以展示具有共同行为特征、需求和目标的一组用户，使用一种详细的叙述形式表达出一个具体的、虚拟的人物角色。

第二种说法认为用户画像来源于用户研究，是用户研究方法的升级研究，可以基于数据来开展，也可以在实验中观察。用户画像是在技术进步下，借助大数据分析用户进行洞察的一种研究方法。

（1）定义的界定

用户画像是数字化背景下，借助大数据技术实现的用户研究方法的升级，需要对用户本身和与用户相关的数据进行处理，然后从用户的角度进行标签化，用标签描述用户和用户群体的社会属性、特征、行为、习惯、态度等。在人工智能、数据挖掘等计算机处理辅助下，用户分析更为准确、快捷，描述更为清晰，比传统线下调研节约人力和资源成本。大数据时代的用户画像，能够从不同的维度挖掘出用户社会属性、行为习惯、兴趣态度等，为媒体内容和产品的推荐与分发，为营销的精准和交互，也为其他的市场和商业行为决策做基础支撑。

（2）价值的体现

分析价值：用户画像有助于理解用户需求、用户参与、用户流失、用户价值、用户心理等各个方面的信息。

预测价值：用户画像还可以辅助预测用户的需求和可能发生的行为。

应用价值：在分析和预测的基础上，用户画像还可以从各个方面提升运营能力。在媒体领域，用户画像可以应用于内容分发、广告营销等；在非媒体领域，用户画像可以应用于金融系统、征信系统等。

（3）应用的领域

在计算机领域，记录用户的相关数字化踪迹，诸如用户行为日志、页面点击历史、商品交易记录、用户反馈数据等，对这些数据进行分析和处理，进而描述用户的个人兴趣档案（interest profile）、偏好行为习惯档案（behavioral profile）。

在商业领域，20世纪90年代以来，通过客户关系管理系统（CRM）等自动化技术，隐性地获取用户反馈数据，以此进行用户画像的推断已经是主流的做法。

在营销领域，奥美早在1997年的营销学中就使用了与用户画像类似的概念，即"顾客照片"（customer prints），这种"顾客照片"是对日常生活中的顾客典型的分类描述。

现在随着大数据分析、深度学习、人工智能等概念和技术的出现与发展，用户画像已经成了新媒体的一个重要领域，用来描绘一组相似用户的行为及其特征，如行为模型、目标、技能、态度等。

2.新媒体广告用户画像的两个关键点

（1）数据积累

数据是用户画像的基础。为了更好地完成用户画像，需要积累跟用户相关的各种数据源。目前新媒体运营中跟用户相关的主要数据类型有：用户对信息内容的评论等文本非结构化数据、用户在业务和产品上留存的行为数据、用户的社交关系链数据、用户的位置与终端数据、用户消费的商品类别与数量等信息数据。一般需要以下通用数据作为用户画像的基础：

人口属性数据：包含性别、年龄、婚姻状况、职业、受教育程度。

兴趣数据：运动健康、阅读资讯、旅游文化等兴趣爱好。

内容数据：以提供内容为主的媒体或者搜索引擎，往往更关注用户对所浏览内容的兴趣爱好，比如体育类、娱乐类等。

资产数据：车辆、房产、收入、投资等资产特征。

消费数据：线上/线下消费品类、品牌爱好、消费周期等特征。

终端数据：使用终端的特性，除了通用的几项之外，不同类型的媒体采取的用户画像各有侧重点。

位置数据：常驻城市、单位距离家庭住址的距离。

社交数据：社交媒体的用户画像会分析用户的社交网络，从中可以发现关系紧密的用户群和在社群中起到意见领袖作用的节点。

电商数据：电商的用户画像会采取用户的兴趣和消费能力等指标，网购兴趣主要指用户在网购时的类目偏好，消费能力指用户的购买力。

（2）打通数据

数据积累是基础，对积累的数据打通处理是更为关键的环节，统一ID是打通数据的一个重要方向。用户的统一ID是用户唯一的标识，也是用户画像的核心。为了打通ID，一方面可以对自身的数据进行ID标识；另一方面，为了提高标识的精准性，也可以借助购买或交换等方式获得第三方的数据（如阿里系的数据分析），对用户的ID进行标识。一个统一的用户ID可以将用户从开始接触新媒体的产品到之后发生的其他行为轨迹进行关联。

用户画像是借助数据和算法实施的，但是人们往往忽略了一个重要的细节，就是用户画像对标签的依赖。"标签"是能表示某一维度特征的标识，只有将数据从分析的维度进行标签化处理，才能推动数据进入分析和可应用的阶段。一般而言，标签有两种类型：一种是代表标签的固有属性，指原始数据的含义；另一种是人为地根据用途划分的标签，此类标签可根据需求不断变化。

对用户的各种信息，也就是前文提到的关于用户的各种类型的数据，进行标签化处理，是画像的一个重要步骤。给用户打标签（user labeling）的过程，就是根据所占有的用户的一系列数据如人口属性、行为数据、态度等，结合画像的应用（内容、产品或营销等）方向，不断提炼和完善标签的过程，是建立多维度标签体系的过程以及制定标签规则的过程，这个规则建立起了数据之间的联系。

综上所述，用户画像就是根据一连串的用户标签，给用户一个简短而有用的描述。通过打标签对用户的行为习惯或者特定属性进行提取分析，当一个用户被打的标签足够多的时候就产生了用户画像。

目前各大互联网公司基于自己的数据源和特征设立了不同的标签体系。新浪微博的数据标签，见表4-1。

3.用户画像提升了新媒体的运营能力

如果从用户画像本身出发，那么画像的作用之一就是分析和理解用户的各个方面，包括用户的人口属性、兴趣、社交图谱、业务使用等。

如果从新媒体运营的角度出发，对用户进行的各种类型的画像，其最终目的是提升运营质量和服务升级。用户画像应用的领域见表4-2。

很多互联网公司都开发了自己的用户画像产品，如阿里的GProfile，主要根据用户在历史时间内的网购行为记录，提供用户基础属性、社交行为、互动行为、消费行为、偏好习惯、财富属性、信用属性和地理属性等标签。

表4-1　新浪微博的数据标签整理

标签 一级分类	标签 二级分类	标签 三级分类	举例
用户标签	人口属性特征标签	唯一标识标签	UID（用户身份证明）、微博昵称
		基本描述标签	地址、性别、年龄、职业
		影响力标签	粉丝数、关注数、微博数、创建时间、微博认证
	行为标签	内部行为标签	访问行为（首次激活时间、搜索、注册、登录等）、社交行为（私信、邀请、添加、关注/取消关注、加入群、新建群等信息发布行为以及发布、删除、阅读、点赞、关注、评论、分享、收藏等）
		外部行为标签	App行为（即用户对移动端其他App使用情况的行为信息标签）
	兴趣标签	兴趣领域标签	如时尚——街拍/时尚杂志、健身——健身教练等
	能力标签	能力领域标签	对贡献优质内容或提供专业服务的人群的分类标识，"专业领域标签"到"细分领域标签"再到"领域标签"
内容标签	静态标签	内容形式标签	文本、图片、视频
		内容来源标签	发布人
		关键词标签	从内容中直接摘取，丰富关键词词库
		内容领域标签	与兴趣标签有重合，如明星、美食等
		内容环境标签	所在地、打开/发布时间、网络环境、手机品牌、平台等
	动态标签	时效性标签	博文发布时间距当前时间的时差：刚刚、1小时前、1天前、具体日期
		影响力标签	转发数、评论、点赞、收藏、分享、阅读量、阅读比例、停留时间

表4-2 用户画像应用的领域

类别	应用描述	
数字营销	精准的广告投放（直邮、短信、App推送）	基于用户画像的营销产品
内容运营	媒体运营与用户需求的关联分析	根据用户特殊的信息内容喜好进行内容的分发和推荐
产品运营	用户对产品功能的需求、竞品分析、用户的渠道分布	产品的推广、功能的个性化推荐、搜索优化
终端运营	用户终端使用场景、使用习惯、使用差异等	终端设计、终端功能优化、终端推广等
商品的销售转化	用户需求、用户行为分析（拉新、流失、非活跃用户分析）	用户群体特征分析

三、新媒体广告用户的研究方法

在新媒体领域，用户研究一般应用于三个方面：其一是信息内容集成和分发，需要研究用户的信息需求、内容类型的偏好、使用行为和状态、使用终端差异等，以便更有的放矢地进行内容分发；其二是产品开发和优化，通过用户研究洞察用户对产品的需求点，发现产品本身或竞品存在的问题，帮助优化产品；其三是广告和营销。我们知道，广告的目的是向特定的消费者传递企业关于产品或服务的信息，营销的最终目的是让商品和特定的消费者产生交易行为，最终都是指向消费者这个群体，因此，广告和营销非常依赖用户研究。

研究用户首先要明确用户的类别，是企业端还是消费者端，有着什么样的特点，可以给某个群体的用户什么样的标签，通过这些标签可以更清晰地描述和理解用户。同时，也要选对研究方法，对用户进行深入研究，这样才能更好地掌握用户需求，不仅使新媒体业务服务于产品开发，还可服务于面向用户的信息传播主体。

用户研究的方法有很多，可以通过问卷调查、焦点小组访谈，也可以实地观察用户的行为，还可以根据用户操作后产生的日志或数据来分析用户，等等。以下是几种与用户关系密切，在新媒体领域经常采用的研究方法：

1.定量研究

定量研究是指确定事物某方面数量的规定性的科学研究，将问题与现象用数量来表示，从而对其作出分析和解释。定量研究一般需要较大规模的样本和可进行量化统计分析的相关基础数据，以此为研究依据，研究方法以经验测量、统计分析和建立模型为主，研究结论以数据、图形、模式等来表达。

以下是几种常用的定量研究方法：

（1）问卷调查

通过问卷设计、样本抽取、问卷填答与回收，对采集到的数据进行分析，是常用的一种针对有关用户行为和态度信息的定量研究方法。问卷调查成本相对较低，收集信息和分析也都相对容易操作。但是做好问卷调查也并不容易，尤其是在制订问卷目标、设计问题、科学抽样、建立分析模型、借助软件工具进行分析等方面都有专业要求。

问卷调查是一种灵活的用户研究方法，有很多执行方式，如通过实时在线的网站、电子邮件，或对用户进行短暂拦截调查，或者遴选合适的样本进行入户调查等。数字媒体出现以前，比较流行纸质问卷调查，研究者经常采用街头拦截访问的形式收集信息。智能终端普及后，问卷调查以互联网在线调查为主，可借助智能终端线上填答和提交，在组织实施、信息采集、信息处理、调查效果等方面具有明显的优势。

（2）A/B测试或多变量测试

在新媒体的运营中，A/B或多变量测试的应用场景主要包括产品体验优化、信息标题的优化、广告版本优化等。比如为某Web或App做的界面或流程可以进行A/B测试，产品体验优化也是很多产品经理关心的事情，随意改动已经完善的落地页是很冒险的，因此很多产品经理会通过A/B测试进行决策；再比如某个内容的标题可以进行A/B测试，针对某一内容进行A/B两个标题版本的设计，并进行测试和数据收集，最终选定数据结果更好的版本作为标题。广告优化主要指营销人员通过A/B测试来了解哪个版本更受用户青睐，哪些步骤怎么做才能更吸引用户。

A/B测试主要是用来比较哪个选项更合适、更能被用户理解和接受，通常是把两个（A/B）或多个（A/B/…/n）产品版本，在同一时间，分别针对组成成分相同（相似）的用户群组进行随机访问，了解他们对这些不同版本的认知和态度，收集群组中用户的反馈数据和业务数据，最后分析、评估出最好（较好）版本，正式采用。

（3）日志和用户数据分析

用户在使用新媒体的不同业务内容和产品时会留下很多数据或日志。比如用户访问的操作系统和浏览器类型、用户的IP信息、用户访问的行为特征，包括点击的URL、来源（Referer）URL、该来源是否推广、页面停留时间等。这些数据以日志的形式留存在网站服务器中，成为支持用户研究的基础数据。

与其他用户调研方法相比，日志和用户数据是用户在真实的场景下使用业务产品和信息内容过程中留下的数据，真实反映了用户的行为。但是日志和用户数据分析研究的是用户的行为，并且只能用来研究那些容易记录且已经发生的行为和数据，并不能反映用户的想法和观点。所以一般而言，日志和用户数据分析可以和定量的问卷调查，或者一些定性研究的方法共同使用，将用户行为和用户的观点、态度结合起来做分析洞察。

2.定性研究

定性研究也是一种重要的研究方法，是一种根据研究者的观察、经验、分析来进行的、相对开放性的研究方法。它通常不需要大规模的样本，主要依靠研究者自身的经验和观察，一般根据研究目的对用户进行分类和遴选，通常只需要10到20个典型的用户就可以实施。以知乎平台的用户为例，有的用户是提问者，有的用户是回答者，还有的用户是相关文章的读者，那么就可以将用户分为提问者、内容贡献者和参与者三大类。

下面介绍几种用户研究中常用的定性研究方法：

（1）一对一访谈法

一对一访谈是指研究者采用与用户一对一谈话的方式，通过跟用户面对面的交流来认识和了解用户。一般一次只选择一个用户进行访谈，因为这样容易听清和理解用户的表达与观点，避免了多个用户之间观点相互影响。一对一的用户访谈需要研究者准备有针对性和有价值的问题，并且要适当地引导用户对问题进行解答，比如"你遇到这种情况会怎么做？"而且要善于倾听而不是说服，对用户过于发散的、跟主题无关的回答要进行规范和引导。

（2）焦点小组座谈会

焦点小组是研究者通过与用户座谈的方式来收集用户意见的研究方法。大家聚集在一起，对某一主题或观点进行深入讨论，从而对相关问题获得一些创造性见解。

焦点小组讨论的参加者是产品或服务的典型用户，参与者被限定在一个小的范围内（一般是6～8个人），被问及的问题包括对某个产品、服务、概念、品牌或者广告的反应，进而了解用户的态度、行为、习惯、需求等。焦点小组适合探索性研究，在进行活动时，可以按事先定好的步骤讨论，也可以撇开步骤自由讨论。研究者作为座谈会的主持人，引导用户表达他们的观点。主持人控制场面和话题很重要，避免用户和用户之间太宽泛的讨论。

（3）参与式设计

用户参与式设计源于将用户更深入地融进设计过程的理念。新媒体产品最终使用者是用户，让用户参与进来，设计师和研发工程师扮演协调者、配合者和观察者的角色，在研究中获得用户的第一手资料。

用户参与式设计强调发挥用户的主动性和积极性，用户不再只是被动地从方案中做选择、表述观点，而是真正参与原型设计、创意设计，甚至被吸纳到设计团队中，短时间内与设计师一起工作。

小米手机是用户参与式设计的典型代表。小米手机曾将自己的产品理念在网络发布，征集设计方案，然后把融入用户设计理念的产品再出售给用户。"小米"粉丝们一般会比较关注下一代产品的设计，并愿意把自己的想法和创意在网络上同其他人进行交流。这种方式从某种程度上可节约产品开发、设计、市场定位等成本，缩短设计周期。

3.非介入性研究

非介入性研究是一种不直接跟研究对象进行联系，而是搜集一些研究对象在各种渠道留下的相关评论、投诉、咨询等信息，对这些信息进行分析，在不影响研究对象的情况下研究他们的需求和行为。非介入性研究可以是定性的也可以是定量的。

下面介绍非介入性研究常用的两种方法：

（1）内容分析法

内容分析是一种间接分析和洞察用户的研究方法。

用内容分析法来研究用户，从执行上首先要根据研究问题和研究假设对研究的内容文本进行界定，比如是选择一个阶段内累积在微博账号、微信公众号等的用户评论作为研究的内容文本，还是选择电商平台上对某产品的UGC评论作为内容文本，以此了解用户的需求，帮助商品销售。其次是需要抽取内容分析的样本，由于研究者不可能对全部的文本信息进行研究，因此需要根据一定的原则进行抽样。然后是对所搜集的内容文本进行编码处理，这个步骤需要研究者根据研究需要，对内容资料进行分类、编码、记录，并制订完成编码表格。最后就是对这些内容文本进行具体分析和判断，进行统计描述或定性分析，得出关于研究对象的现状、差异或意向、趋势等方面的结论。

（2）既有统计资料分析法

除了对内容文本进行分析以外，还可以把政府或非政府机构提供的集合性资料作为研究对象或作为一种补充资料，用来研究用户生活的各个方面。既有统计资料的来源，可以是各种各样的政府统计年鉴、行业统计年鉴、网络中的数据以及调查公司的数据。

4.人工智能研究

人工智能研究，是指利用人工智能的深度学习等算法，应用计算机视觉、自然语言处理等技术，将情绪识别、人像识别、面部表情编码系统等功能整合至用户信息收集及分析过程中的一种研究。

基于人工智能的研究方法拓展了可用的数据范畴，可以处理海量数据，节约人力、物力以及时间，洞察更加便捷，提高了信息采集及分析的效率，而且能获得更加多元化的信息。新媒体时代，媒体类型不断丰富，用户与媒体产品和内容之间的关系，用户与商品之间的关系都越来越复杂和多样态。研究用户，除了一些常用的定量、定性的方法之外，有时候还需要借助新技术手段，了解用户内心真实的想法，从而帮助研究者做出更好的产品决策、内容决策、营销决策等。

思考题

1.新媒体广告的用户有哪些特征？
2.如何研究、制定新媒体用户画像？

第二节　新媒体广告的运营模式

新媒体广告的运营模式可以分为两大类：基于内容的和基于大数据的。前者延续了传统媒体的经营模式并加以改进，而后者则是对传统广告经营模式的彻底颠覆，利用海量数据进行精准分析，实现了从购买媒体到购买人群的转变。

一、依附于内容的广告运营模式

依附于内容仍然是新媒体广告运营的一种重要的模式，毕竟内容才是用户需要的信息。不管是穿插于内容中（内容支撑型的广告运营模式），还是植入于内容中（广告即内容的运营模式），都能够借助内容传播来实现广告信息的传播。

1.内容支撑型广告运营模式

内容支撑型广告运营模式是指新媒体机构把各类型业务中具有一定吸引力和关注度的内容所负载的广告资源出售给广告主。这样的模式类似于传统媒体广告，媒体向用户提供内容产品，实现第一次售卖，并在此过程中收获用户注意力，同时把注意力作为吸引广告主的重要因素，售卖广告，实现第二次销售。具体应用模式是页面展示广告、视频广告，见图4-1。

内容支撑型广告需要新媒体机构以自身内容为中心，进行广告空间、广告时间、广告价格的合理配置和规划，其广告运营通常也要以到达率、收视率、页面浏览量等为指标进行评估。

内容支撑型模式下用户接触广告的行为是被动的。而且媒体的内容的品质直接影响广告价值，广告与内容的关联度影响广告效果。

一些微信公众号的软文广告是比较典型的内容支撑型广告，其"头腰腿"的组合模式把时下的热点内容与广告产品进行结合。所谓"头腰腿"内容的组合主要是

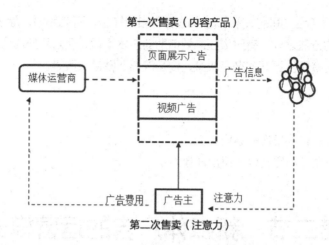

图4-1　内容支撑型广告运营模式

指内容分三部分，从操作上来看：第一部分用抓人眼球的热点内容吸引用户注意；第二部分用热点中与广告产品相关的内容引出产品或服务的信息，如详情、评测、价格、售后服务等；第三部分是销售转化，提供购买入口，如二维码、微店链接、小程序，或直播页面下方购物车小标等，最大限度提升转化效果。使用此类型时要注意挑选与广告产品或服务调性吻合的热点内容。

以少儿编程教育产品"编程猫"为例，编程猫的广告"头部"以当时热映电影《找到你》为噱头吸引观众眼球；"腰部"巧妙地将亲子关系融入对编程的时代价值和学习的必要性的介绍中，推广编程猫产品；"腿部"内容则直接介绍编程猫的售卖信息。广告融于内容中，广告的表现比较隐秘。

2.广告即内容的运营模式

广告即内容的运营模式是指新媒体运营机构洞悉到用户对信息服务的需求，把广告主提供的广告信息当成媒体平台上的业务产品之一向用户推送，由此产生直接的广告效用。

在该模式下，广告与内容界限模糊、合二为一。广告主把广告服务化和信息化，如关键字搜索、生活服务信息等。其目标不是用户的注意力资源，而是用户对内容本身的需求，见图4-2。

此外，该模式还具有用户使用主动性、积极性的优势，由于内容跟用户紧密相关，用户只要有一定的需求就会在新媒体平台上主动查询、点击。

百度和淘宝的关键字搜索是广告服务化和信息化的典型，一些团购类的网站或者短视频生活分享平台也是广告与内容融为一体的典型：既是满足消费者信息需求的平台，也是商家推广信息的平台。消费者对这类平台上的信息接受度更高，更易产生购买的转化。

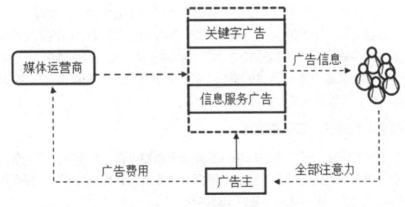

图4-2　广告即内容运营模式

二、大数据广告的运营模式

1.大数据时代的到来

在人们的信息接触和消费过程中，在人与信息的互动过程中，在各种信息应用于不同业务和满足不同需求的分发中，都会生成几何级增长的海量数据。这些数据包括：人口统计特征（如性别、年龄、职业、受教育程度、婚姻状况），收发信息的设备、区域等（如智能设备种类、系统、所在城市、网络接入情况），信息内容接触痕迹（如浏览和点击的内容、时长），搜索、需求（如经常搜索的词、搜索行为的转换、需要什么类型的信息），信息偏好（如喜欢的信息、反感的信息），信息消费行为（如消费时间、消费类别、消费次数、消费金额），话题参与和表达（如参与什么类型的话题讨论、表达了什么样的观点）。❶

随着网络融合和各种数字新媒体业务与服务的普及，营销界愈加关心"大数据"。基于新媒体产生的海量数据，可以建立起完善的数据库，加之成熟的技术条件，营销者可以按照广告主的要求筛选具体的用户类型，设定传播空间、传播时间，传播针对性的信息，提高广告投放的精准程度和效率。

媒体运营者或者广告营销机构必须有效解读这些庞大的数据，才能把握市场、强化运营与营销能力，比如分析日以亿万计的微博言论，比如通过分析网购的各种数据了解消费者的喜好，比如通过分析消费者的搜索关键词轨迹来判断其身份特征及志趣所在。

2.思维模式的变换：从购买媒体到购买人群

基于大数据进行的数字广告经营模式与以往的广告经营模式完全不同。媒体购

---

❶ 周艳，龙思薇.大数据，新天地　大数据时代的到来与思考 [J].广告大观（媒介版），2012（9）：24-30.

买是传统广告投放中重要的工作，其目标是采购性价比最佳的媒体资源，主要内容是有关广告位资源及价格的谈判，涉及预算、媒体类别及质量、时间和空间跨度等参数，通常使用媒介计划工具来完成。在大数据时代，购买媒体转变为购买人群。人群购买是建立在数据管理平台的基础上的，广告主在一定程度上可以绕过媒体，直达目标人群，实现对人群的直接购买。

3.基于大数据的广告运营模式

在基于大数据进行的广告投放中，数据处于重要位置，是决定广告投放行为的核心要素。通过海量数据整合，形成对消费者的深度洞察和精准分析，提高投放的精准程度和有效性，实现灵活高效的媒体购买。

搜索引擎广告较早实现了基于数据的精准营销，社交和电商平台也在数据积累的基础上，开始提供数据化的广告投放方式，就连表现形式直接、简单的展示类广告，也正在建立全新的基于大数据的广告运营模式，见图4-3。

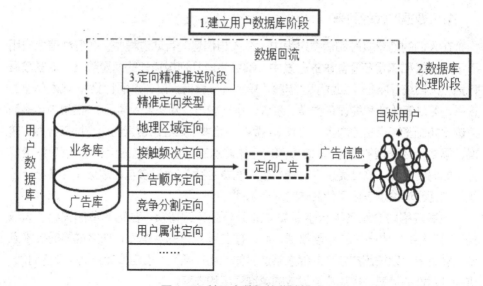

图4-3　基于大数据的营销模式

媒体、营销、市场对大数据的需求一方面催生了一批垂直领域的数据服务公司（见表4-3），比如专注于SNS、地理位置、交通信息等领域的数据公司，它们通过对专门领域的数据数集为媒体和营销服务。同时，传统的数据服务公司也迅速转型和升级服务能力，成为互联网、数字电视领域的综合数据服务商，它们实时监测、迅速掌握海量数据，优化升级以往的数据分析模型，强化自身对海量数据的分析能力，生产和分发多种数据产品以提供更优质的数据服务。更有基于新的社交电视媒体出现的专门从事社交电视评论信息采集、分析的数据服务公司。

表4-3　正在崛起的大数据服务机构

数据服务公司	领域	数据服务的内容和范围
DCCI	互联网监测	以Panel软件、代码嵌入、海量数据挖掘、语义信息处理等多种领先技术手段为基础，进行网站、用户、广告、品牌的实时监测、动态测量。在测量数据基础之上，以统一体系方法、统一指标定义、统一数据结构，结合多种线下、线上调研手段，为企业互联网和互动营销相关决策提供全面深入的数据测量、分析研究、决策优化、效能提升服务
GNIP	社会化媒体数据	提供社交网络API聚合，通过多个API（最新超过40种）将数据聚合成统一格式（Activity Streams），再由一种API提供给客户。是Twitter首先授权的数据代理商，同样从WordPress、Facebook、YouTube、新浪微博等网站挖掘数据，再将数据打包销售给其他需要的公司
SpaceCurve	地理位置数据分析服务	SpaceCurve提供基于地理多边模型的索引，提供精准的时间地理分析结果，帮助客户发现多维地理数据
Intrix	交通信息数据	从超过1000万个来源（包括小汽车、出租车、卡车和其他消息渠道）等聚集实时交通信息。Intrix的数据软件从这些公开的或私有的消息来源聚合相关的交通数据，然后出售给移动开发者和网站
尼尔森网联	数字电视	尼尔森网联依靠全球最新的RPD（return path data，回路数据技术）、HPT（human performance technology，人类绩效技术），结合"Watch Box"测量仪可以对数字电视平台上的传统业务与广告、新形态业务与广告，甚至用户心理与态度进行全方位的测量，提供百万户级普查式数字电视新形态业务与广告监测以及万户级的海量样本收视行为测量，数据的准确度较高
Bluefin Labs	社交电视分析	旗舰产品Bluefin Signals，可以提供超过11000个电视节目的评论信息，统计的评论信息超过50亿条。无论是电视台、营销人员还是节目制作方，Bluefin Labs的产品对他们来说都很有帮助。广告商也能从这些数据中找出对他们来说最有利用价值的广告时段

三、技术驱动型广告的运营模式

1.技术驱动型广告的构成要素

随着大数据应用不断深入，基于广告管理系统、平台等技术手段来完成投放的方式开始出现，这类技术驱动型的广告运营模式可以最大限度地提升广告投放效率。其中，以下几个关键要素必不可少：

（1）需求方平台（demand-side platform，DSP）

DSP是为广告主、代理公司服务的一个综合性管理平台，通过同一个界面管理多个数字广告和数据交换的账户。利用DSP，广告主可以在广告交易平台对在线广告进行实时竞价，高效管理广告定价。

（2）供应方平台（sell-side platform，SSP）

SSP整合了媒体的广告资源，帮助媒体管理、销售广告位。通过这一平台，媒体的广告位可以获得最高的有效展示费用，而不必以低价销售出去。

（3）实时竞价（real-time bidding，RTB）

RTB指的是允许购买者对单一广告进行实时竞价购买的广告交易协议。对于每一次广告，实时竞价系统都会扫描整个市场，将买方的定位要求与卖方的广告资源进行匹配，广告资源将自动销售给出价最高者。RTB需要非常强大的运算能力，一次竞价的过程仅需几十、几百毫秒。举例来说，淘宝2012年推出的广告交易平台"TAXN"，1秒就会发出1.5万次竞价请求。竞价结束后，通过审核的广告创意就会及时发布到相应的广告位，极大加速了广告资源的流动性，为整个行业带来更高效率、更大收益。

（4）广告交易平台（Ad Exchange）

与股票交易平台类似，Ad Exchange联系的是广告交易的买方和卖方，也就是广告主和广告位拥有方（媒体），它可以促成广告主和媒体直接交易，实现交易的自动化。传统的广告代理公司的盈利模式是收取媒体代理费，而广告交易平台的收费模式则类似于股票交易所，靠收取每次交易的代理费赢利。

（5）数据管理平台（data management platform，DMP）

数据管理平台（DMP）的主要功能是管理和分析数据，它可以将广告活动中各种分散的相关数据整合起来，纳入统一的技术平台进行集中控制，并对这些数据进行标准化和细分，从而优化营销活动。DMP是技术驱动型自动化广告经营的基础，它的作用贯穿始终，需求方平台、供应方平台、广告交易平台等都需要DMP的支持。DMP的数据来源非常多样，包括第一手监测数据、来自第三方的受众数据、历史竞价记录等。

2.技术驱动型广告的运营流程

当一个用户访问广告位页面时，供应方平台向广告交易平台发出访问信号，告知有一个访问请求，供应方平台把广告位的具体信息，例如所属站点、最低出价以及通过数据管理平台分析匹配后的用户属性信息打包发送给各个需求方平台，随后需求方平台对这个广告位进行实时竞价，竞价获胜者就能够让自己的广告展现在这个广告位上，进而让用户看到。运营流程见图4-4。

这种方式可以实现广告的自助投放、效果优化等功能。对于广告主来说，可以收集处理属于广告目标客户的数据，自定义定向、出价和预算，在恰当的时机买入符合需求的广告资源。对于媒体来说，可以对广告位进行管理，优化广告效果，提升广告收益。

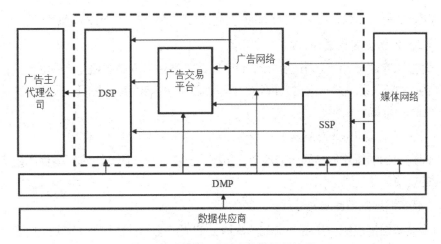

图4-4　技术驱动型广告的运营流程

思考题

1.新媒体广告的运营模式都有哪些？

2.什么是DSP和SSP？

第三节　新媒体广告的量化评估指标体系

量化评估指标是对媒体最常用的评价方式，它通过数据采集、分析与应用，对各种媒体给予可度量的评价。在新媒体中，量化的评估体系主要包括展示类指标、互动类指标和投资效率类指标三大类。

一、展示类指标

展示类指标主要衡量的是广告被用户看到的广度、深度。其基础指标包括页面浏览量、独立访客数量、曝光量、到达率等，在此基础上结合人数、时间等变量，还可以衍生出人均浏览量、人均浏览时间、人均停留时间、人均接触频次、月均浏览量等指标。

（1）页面浏览量（PV）

页面浏览量（page view，PV），指的是页面被看到的次数。一个PV指的是来自浏览器的一次请求，如果用户对同一页面进行了多次访问，则访问量累计。

（2）独立访客数量（UV）

独立访客数量（unique visitor，UV），指的是进入网站的独立用户数量。在同一天内，UV只记录第一次进入网站的具有独立IP的访问者，在同一天内再次访问该网站的不计数。

（3）曝光量（impression）

曝光量指的是广告被显示的次数，每展示一次计一次曝光。它所衡量的是广告传播的规模。

（4）到达率（reach rate）

到达率是指接触过广告一次或一次以上的用户比例，也称为1次和1次以上到达率。在这里，到达率的主体是某个广告，反映的对象是用户接触某一个广告的不重复规模。

二、互动类指标

互动类指标用来评价用户看到广告信息之后的行为，其常用指标包括点击率、转化率等。

（1）点击率

点击率是指在某一时间段内广告被点击的次数与暴露次数的比例。计算公式是：点击率=（广告被点击的次数/暴露次数）×100%。为了更加精确地计算点击率和防止恶意刷点击量，媒体运营商和广告主可以协商规定在多长时间内不计算同一地址的重复点击行为。

（2）转化率

转化指潜在用户完成一次商户期望的推广行动，具体包括：① 在网站上停留了一定的时间；② 浏览了网站上的特定页面，如注册页面、"联系我们"页面等；③ 在网站上注册或提交订单；④ 通过网站留言或网站在线即时通信工具进行咨询；⑤ 通过电话进行咨询；⑥ 上门访问、咨询、洽谈；⑦ 实际付款、成交（特别是对电子商务类网站而言）等。在一次具体的广告活动中，需要根据广告目标来确定转化的行动具体是什么。

转化率指的是所有访问用户中采取了某一特定动作的比例，计算公式是：（进行了特定动作的访问用户数/总访问量）×100%。它衡量的是网站内容对访问者的吸引程度。

社交媒体、电商媒体的兴起催生了一系列新的衡量指标，如粉丝数、转发评论量、下载量、到店率、下单率等，这些指标现在正逐渐成为衡量新媒体广告的主力指标。

三、投资效率类指标

新媒体广告投放的经济效益是广告主非常关心的核心点，也是新媒体运营商为其广告制定价格的重要指标。广告价值是广告定价的基础，选择合适的工具对广告价值进行分析与测定能够为广告的定价提供标尺。媒介的投资效率就是用来评估广告成本的有效工具。

需要注意的是，每个评价指标都有其存在的合理性，具体使用哪种衡量指标，需要根据广告活动目的确定，不能孤立地看待评估指标。如果一次广告活动的目的就是增加曝光量，那就不能用点击成本（CPC）、行动成本（CPA）等来考量；如果广告活动的目的是引导用户通过点击进入官网，那就需要重点考量CPC；如果广告活动的目的是促进直接到店消费，那就需要重点考察CPA。

新媒体广告的定价方法见表4-4。

表4-4　新媒体广告价格确定的三种方法

定价方法	主要定价指标	主要优点	主要缺点
按照显示价值定价	每天成本	简单直接，易操作，凸显品牌影响力	精准性较差
	千人成本	可通过目标对象定向推送来提高广告主投资效益	曝光数据的可得性和精确性较差
按照互动定价	点击成本	可精确记录用户点击，广告主接受度较高	忽略广告本身所具备的品牌显示和曝光价值
按照交易价值定价	行动成本	精确反映用户接触广告后所产生的行为	忽略广告本身所具备的品牌显示和曝光价值
	交易成本	可精确记录用户交易，广告主接受度较高	忽略广告本身所具备的品牌显示和曝光价值

（1）每天成本

每天成本（cost per day，CPD）是指按广告投放天数来进行收费的方式。

在我国，按天收费方式普遍存在于门户网站等媒体上，其优势在于操作便捷，广告投放过程简单易行，便于巩固和提升品牌影响力；缺点在于精准度差，投放效果难以准确评估。

与按天收费的方式类似，还有按小时、按周、按月、按年等收费方式。

（2）千人成本

千人成本（cost per mille，CPM）是按接触广告的人数来衡量成本，指每一千个人接触广告所需要投入的资金。

千人成本衡量的是广告的展现价值和显示价值，多与展示类的量化指标相结合，用于展示类广告、网络视频广告等的经营。

（3）点击成本

点击成本（cost per click，CPC）指每产生一次点击行为所需要广告主投入的资金成本。点击成本源于互联网的效果评估和计费方式，基于新媒体广告互动性的特征。相较于千人成本，点击成本能够描述用户在新媒体上看到广告所产生的反应。

搜索引擎广告的经营普遍采用点击成本这一计价方式。广告主和代理公司需要事先在搜索服务商所提供的广告账户里预存一定费用，所购买的关键字每点击一次就会扣除一定费用。

（4）行动成本

行动成本（cost per action，CPA）是指按用户在接触广告信息后所产生的行为进行计费的方式。

行动成本描述的是广告主投放新媒体广告的后续效果，衡量的是新媒体广告改变用户行为的价值。只有当用户产生了某种行为时，广告主才需要为之付费，通常最便于衡量这种行为的指标就是"购买"。此外，还可以根据广告活动的具体目的设定"行动"的指标，如进入官网浏览信息、收藏产品或网站、电话咨询、进入活动页面、参与活动等。

（5）交易成本

交易成本（cost per sale，CPS），是指按用户和广告主产生交易的实际情况进行计费的方式，即广告主为用户每产生一次购买行为所需要投入的资金成本。

对于广告主来说，按CPS计费，能够最直接地保证投资回报。但是对于媒体来说，选择CPS计费需要承担比较大的风险，因为销售会受到诸多因素的影响，绝非投放广告就能完成的，如产品本身的问题、铺货渠道的问题、广告影响力滞后的问题等。

思考题

1.新媒体广告的量化评价指标有哪三个？

2.你认为展示类指标中哪一个最有价值？或者说哪几个的组合最能说明问题？

第五章

新媒体广告
策划与设计
（第二版）

5G 和新媒体广告

第一节　5G创造了新的媒体环境

一、5G的诞生

移动通信技术诞生于20世纪80年代初期，至今它已经经历了约40年的革新历程，并且每10年左右就会进行一次代表性的技术革新，如图5-1。

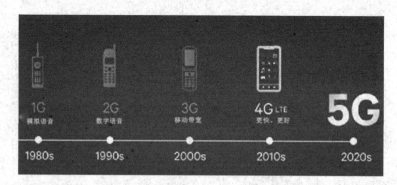

图5-1　通信技术发展年代表

5G末尾的"G"是Generation的缩写字母，含义是"一代"，5G也就是代表第5代移动通信技术。前四代移动通信的发展方向，都以关键的技术性显著特征为代表，同一时间创立新的项目和应用领域。而5G有别于前四代传统意义上的移动通信，它的出现不单单是一场技术性的变革转型，更加是一场高新科技和人类文明发展的革命。它的优势不仅仅是更快速度、更优能力的技术，还有面向更多种业务和更深入用户体验的人工智能网络。

5G是4G的延展，且拥有比4G更高的性能指标。5G将支持不低于0.1～1Gbit/s的体验速率、一百万户每平方公里的链接密度，还有毫秒级的端到端网络延迟。

2013年5月13日，韩国三星电子对外公布已成功开发出全新移动通信技术（5G）核心部分的处理芯片，这一新技术估计将于2020年可在28GHz超高频段以1Gbit/s以上的速率传送数据，且最远传送范围可以达到2km。这样一来5G网络的传输速度将比现在的4G网络的传输速度快上数百倍。拥有了这项技术，在线下载一部1GB的电影只需10s。

2013年11月6日，华为公司正式宣布，到2018年之前将投入6亿元用于开发和创新发展5G新技术，并预估在2020年消费者会享用到20Gbit/s商业化运用的5G移动网络。而现实情况是截至2019年底，华为5G研发费用已达40亿美元；2019年10月，我国工信部宣布5G商用正式启动；目前，中国已建成5G基站超过115万个，占全球70%以上，是全球规模最大、技术最先进的5G独立组网网络。

2014年5月8日，日本移动通信运营商NTT DOCOM正式宣布将与索尼爱立信、诺基亚、三星等六家制造厂商一同协作，检测拥有着高于当前4G网络上千倍的网络承载力的高速度5G数据网络，传输速率估计将提高10Gbit/s。室外检测估计在2015年进行，并期许在2020年开始运行。（2020年3月，部分运营商已提供5G网络服务。）

2015年，诺基亚与加拿大的Wind Mobile通信运营商顺利检测5G。在2018年冬季奥运会时期，韩国推行了5G试验数据网络，并规划在2020年推行大规模的商业运用。

2016年11月17日，国际无线标准化机构3GPP第87次会议在美国拉斯维加斯举办，中国华为公司主推Polar Code（极化码）计划方案，美国高通主推LDPC计划方案，法国主推Turbo2.0计划方案。

2018年12月，国家工业和信息化部正式宣布，现已颁布5G体系中低频段试验频段运用准许。同月，5G入选当年度科技类十大流行词汇。

2019年，芯片公司联发科在全球移动通信技术会议（MWC 2019）展现出该公司首款5G解调器处理芯片M70的传输速率，同年11月26日正式发布基于Tnm的5G芯片。

2019年4月3日，韩国于当地时间23时开启5G互联网服务，并成为第一个5G国家。三家韩国电信公司（SK Telecom、KT、LG Uplus）在发布当日宣布，已经有逾4万消费者运用了5G网络。

二、5G的传播特点

高速度、低时延、万物互联是5G最基础的三个特征，正是这些性能的提升，意味着5G技术将会带给我们颠覆性的变化。

1.高速度

"高速度"毫无疑问是大家最初能感受到的新技术性能。制造厂商美国高通（Qualcomm）公司称5G的网络下载速度最高可达4.5Gbit/s。这将会提供绝佳的观看体验——用平均速率下的4G网络下载一部影片大约需要用时6min，而5G网络则只用17s。更高效率的用户体验，会给终端用户带来最为直接的体验，同时也可以为更多不同的需求和市场打开空间。而且5G可同一时间为数以千计的使用者提供数据传输服务，为在同一办公区的几十名工作人员供应至少1000Mbit/s的数据传输速率。

2.低时延

网络延时指的是数据信号在它开始传送和它的最终接收中间有一个延迟时间。每一个互联网络都受这种延迟的牵制。比如说，当人们通过电脑把文件上传到互联网时，文件的数据信息在被传送到云服务器的硬盘前一定会经过互联网接口、互联网中的集线器或者是网络交换机，还有路由器、大量的电缆线，等等。尽管虚拟数据时代传送速度很快，但数据信息依旧一定要经历这一操作过程。

5G与4G不同之处究竟是什么呢？或许所有人的第一反应就是网速提升了。就连许多的新闻资讯中呈现5G技术的方式都是，现场使用手机下载一部高清电影只需要×秒。实际上，5G技术的另外一个优点也许有更广泛的应用：缩短数据通信过程中的延迟时间。对于这些，索尼爱立信与巴黎圣日尔曼足球队曾做过一个这样的试验：试验分别使用4G VR装置和5G VR装置来测试，足球运动员戴上VR眼镜，借助VR眼镜里的第一视角图像来替代眼睛的视野，在这样的前提下开展运动。其中4G技术下的网络时延是20ms，当球员们进行射门测试时，即使守门员能够正常地看见画面，但根本没办法及时扑住飞射过来的足球。而在5G技术下的时延为1ms，进行同样的射门测试时，守门员不但能看得见画面，还能几乎接近实时地接收到画面，得以从从容容地接到足球。球队守门员竟然还说戴着5G VR眼镜守门很"Easy"。可以看出，5G与4G最本质的转变或许并不是高速率，反而是低时延。

5G网络带来的更低的延迟可以让人们做更多全新的事情，而不单单是在一定范围内改进人们目前已经在做的事情。这样的可能性包含多人联机游戏、智能机器人、无人驾驶汽车和其余所有对迅速响应有要求的应用，这全部都是如今4G网络技术下很难或根本没办法掌握的范畴。降低延迟时间确实会带来史无前例的即时体验感。

3.万物互联

高新科技先行者、3Com公司的创办人罗伯特·梅特卡夫指出，互联网的实际价值与链接网络的用户数量的平方成正比。其实质是，互联网的潜能大于部分之和，即具备着1+1＞2的成效，因此如果万物互联，将会强大得令人难以置信。

5G终端使用的功率十分低，这在很大程度上提高了终端产品蓄电池的运行时间，代表着传感器一经设立，就能够不换电池维持很多年。加上分布在各个不同地方的移动通信基站的设立，就能构建真正意义上的"物联网"平台，传感器和互联网设施变成了每一个房屋、商品和生活场景里不可或缺的组成部分，建立起多环境下的"万物互联"。如汽车领域中的车联网、城市形态场景下的新型智慧城市，还有个体或家庭环境下应用的佩戴式智能终端设备、智能化家居等。据索尼爱立信称：从门窗、家用电器到衣物和牙刷等等，基本上一般来说所有物品借助所说的"设备到设备通信"都能达到互相链接。

5G并非一种通道，而应该是一种比较大的平台空间，不管是谁存在于这样的平台里，都会被容纳进5G的这个"汪洋大海"中。实际上万物互联也是利用5G网络平台，把家中的智能家居设施和可佩戴的设备以及别的终端产品串联在一块，以线上的方式联结它们并能够同时进行操作。万物互联的概念是将人、过程、信息和事物相联结从而促使互联网联结变得越来越紧密，更加有运用价值。物联网将信息数据转换为动作，给个人、行业和国家开创了新的领域，并带动更为多样的体验和史无前例的社会经济发展新机遇。

三、新媒体广告对5G的需求

各国都在积极推进关于5G的商业运用。相信在不久之后，通信、汽车、医疗等不同行业在5G的助力下都将得到不同程度的飞跃。对于广告行业来说，新媒体广告本就是依赖于网络技术而兴起的，那么，未来新媒体广告的发展对5G的需求也必然会越发强烈。

1. 5G技术对新媒体广告的促进

广告媒介领域，许多传统媒体都在努力寻求转型发展之路，因此需要借助5G技术和人工智能技术来发展新媒体广告。现有的新媒体广告在技术上还有不少缺陷，比如传播时间有很大程度的延时、传播速度不够理想、传播载体也特别受限制，因为这些技术缺陷的存在，没有办法给受众群体带去最及时、最优质的广告体验。5G技术有效改善了目前新媒体广告在技术上的不足，使未来的新媒体广告可以在第一时间更新广告信息、传输用户反馈、重现真实场景，这让广告的内容更加真实可靠且及时有效。特别是对于想要实现AR/VR广告等高技术含量的新媒体广告来说，5G技术的作用更是不可或缺。虽然AR/VR广告在4G时代已初见雏形，不少先行者已率先体验，但受卡顿、画面质量差和效果不够真实等问题的限制，并没有大规模的流行。而5G的出现则完美解决了这些问题。相对于4G，5G的传输速度增加了，时延降低了，因此完全不用担心卡顿、画质等问题。5G技术在新媒体广告的商业运用中，对广告体验、广告创意、广告视觉等方面都提供了很大的帮助。

在内容推广层面，今日头条、腾讯新闻、一点资讯等App软件都是借助人工智能技术算法实行广告信息分类和推送，不过也有一些人认为算法推送把人固化在一个狭隘的层面，所以在5G技术支持下的人工智能技术应该让用户获取更全面的信息。在用户经营上，5G技术能够协助管理用户信息数据，增强用户满意度，带来更优质的用户体验。新媒体广告的前景取决于数据和服务，制造和推广一定要完美协调。传统媒体广告的最严重的不足就是和用户的联结。新媒体广告的表现手法再华丽，也需要有用户愿意为此进行消费才算达到目的，不可以不重视用户信息数据而进行盲目推广。了解用户才能利用科技创造出更好、更容易被接受的新媒体广告。

2. 5G时代的新媒体广告形式

（1）自媒体广告

自媒体广告将会在5G技术的加持下取得更深一层的快速发展。由于智能终端产品性能指标和网络速率的大幅优化，自媒体广告在主题内容创作方面将越来越便捷，广告的营销推广方面变得更高效快速，并且在一定范围内的交互性将会更强，这样就会产生视频评论、视频加入互动话题讨论等很多新的自媒体交互模式。笔者坚信，在5G社会里，用户的信息来源一定会因为随时随地的互动网络直播、实时发布的自媒体等，得到很大程度的丰富和完善。在以后的生活里，即使是不专业的用户也能够借助智能媒介以及终端设备，轻轻松松为自己做出一场超高清网络视频直播。那么，在自媒体广告的领域里，专业和业余对于广告的推广将不再存在那么明显的差异，效率、爆点、内容等将作为自媒体广告市场竞争中的核心决定要素。

（2）VR广告

视频广告作为新媒体广告中最常见的应用模式，在5G时代将会获得突破性的快速发展。5G的高速率将可以让高清甚至超高清视频在几秒内就下载完毕。然而，5G技术的优越性不仅在于速率的高低，还在于它的低时延等优势将在与虚拟现实（VR）的结合中得到充分体现。VR是2015年和2016年大型展览中新技术应用的聚焦点。尽管之前"VR+营销"的组合已并不罕见，但也还一直处于尝试阶段。一直到2015年末，《纽约时报》推行了一款叫作"NYT VR"的虚拟现实应用，借助这个应用程序和VR眼镜，消费者可以跟随平台上的全景摄像机如临其境地体验创意广告视频。与此同时，中国也有许多家媒体公司正在积极制作VR视频形式的广告。可以说VR广告是新媒体广告的新趋势和突破点。只不过，目前VR技术急需解决的一个明显问题就是高时延导致的用户体验下降。华为公司创始人任正非提出了"VR时延"的问题，他表示，要想获得高品质的虚拟现实体验，必须在时延低于20ms的情况下才可以有效减轻眩晕感，而当时延低于10ms时，那么画面的时延就会几乎无法被察觉。由于5G网络具备毫秒级端到端时延的优势，对于解决这个VR应用问题具有重要意义。有人强调："在5G移动技术商业化运用的情况下，VR与5G组合一定会是最具有吸引力的体验，显然人们能从中真实体验到4G和5G的差别。"可以说，超低时延的VR视频媒体的出现，将给新媒体广告带来史无前例的表现方式。

（3）物联网新媒体

物联网技术一般是面向物与物、人与物之间的通信交流。伴随着5G互联网的发展，物联网新媒体广告也将会日益完善，并且被广泛应用。移动5G网络是物联网的主要载体，5G网络供应的海量数据链接功能将支持很多终端设备同时接入网络，例如智能手机、智能家居、个人无人机、无人驾驶汽车、智慧机器人等等。可以这样说，物联网的概念只有在5G时代才将真正变成现实。并且5G技术还带来了更低的功耗，以此实现更绿色、更环保的移动通信网络环境，5G技术的应用能够将终端续航时间提高10倍，这些将为可穿戴智能设备和传感器等物联网终端带来根本性的改变。

物联网将一切事物都纳入信息联盟之中，将互联网应用扩展到所有领域。5G技术所带动的物联网普及将可以促进新媒体广告的发展，让新媒体广告以更丰富多彩的表现形式和内容出现在大家的视野里。物联网将促进媒体向多维度扩展，使信息传播由"人到人"的单向传播升级到"人与万物"的多维空间传播，形成物联网新媒体广告体系。

在5G时代，伴随着物联网技术的成熟稳定，获取信息变得更加便捷和多样，任何品牌的广告都能够以多元、高效、科学合理、智能的方式呈现和传播。

3. 5G时代广告市场潜力巨大

在5G环境下，部分有远见的广告传媒公司早已经推出了关于5G的内容产业。媒体领先者也已经开始创作4K和8K的电影和电视剧。此外，涉及VR/AR/3D的内容，也已经有媒体公司在不断尝试。据统计分析，截至2016年，我国已有近20家传媒广告企业进军VR行业。2017年，"互联网＋文化"的文化内容传输投资规模将近8000亿元，较2016年增长率更是达到34.6%，远远超过文化创意产业综合增速12.8%。2019年，全部的手机厂商几乎都已开始出售5G手机。截至2020年底，5G终端连接数已经超过2亿，5G应用落地的进程速度也在加快。2021年上半年，全球总计生产 6.52 亿部适用于5G的智能手机。2020年有10%的区域实现了商用5G服务，可能初步实现了多区域的网络可用性，预计到2024年这一数字将达到60%。这也就代表着，5G互联网环境里广告公司间的市场争夺战，已经悄然开始了。牢牢把握5G的特征和本质是新媒体广告的发展关键，当然最重要的是要摸清消费者的需求，坚持消费者的主导性：消费者的需求在什么地方，新媒体广告发展的市场中心就在什么地方。

四、新媒体广告在5G时代的挑战

不得不说，传统媒体广告相对于新媒体广告而言在个别领域具备较大的优势。传统媒体，以各级电视台、报社集团为根基，拥有着实力雄厚的人才系统，在内容创作和引进上有特别的竞争优势，具备代表性的品牌感染力和权威性，并且拥有多样、高端、稳定、精选的广告内容来源，这些都是目前新媒体广告的不足之处。

1.市场监管

因为5G技术容量的提升，网络视频画面质量也得到优化，还有VR视频、直播视频的占比越来越重。这意味着新媒体广告视频数量也与之成正比上涨，大量信息数据将会给广告内容的创作推广带来严峻考验。在以文案和产品图片为主导内容的传统媒体时代，对广告信息内容的管控比较容易。但是伴随着科技进步，媒介传播形式日趋多元化、视频化，那么对于传播内容的监测与管控水平，也应该切实提高。这也导致了关于新媒体传播的立法、内容安全监管机制的逐步健全完善变得十分重要，与此同时应该增强用户的法制观念和道德素质，共同构建健康和谐的广告市场环境。

2.人工智能不能取代人

5G技术的应用将在多个方面对广告业产生巨大影响。大数据时代下一键生成广告早已不算是新闻，但并没有常态化，其关键局限于重复性、专业性和创新性，所以仅仅利用高速的网络和海量的数据进行优质的广告创造还有很大的发展空间。我们要用更积极的状态面对新媒体广告变革，应该清楚，5G将人工智能技术变成未来趋势，但人工智能技术并不是万能的。科技进步会使新媒体广告创作流程发生变化，但广告创意人的梦想和情怀无论如何都是广告行业成长的根本。针对广告行业中的关键要素——用户平台、生产体系、传播方式及数据终端等，我们需要相对应地增加智能技术的使用，而非一股脑地依赖智能科技和信息数据。还是需要广告创意人和用户共同为广告媒体内容创作与表现拓展想象空间。

思考题

1. 5G营造了传播环境的什么特点？
2. 你认为新媒体广告在5G时代还会遇到什么挑战？

第二节 基于5G的新媒体广告

一、基于5G的新媒体广告特点

1.沉浸式的交互设计突出

因为大家生活在一个信息爆炸的时代，数量繁多、内容重复的广告席卷而来，高密度地冲击着消费者，让接收用户出现疲劳，导致很多广告的实际效果大打折扣。

科技为新媒体提供了可互动的内容，这使用户在接收新媒体广告时有了更多的自主性，不再是被动无差别地接收传统广告，而变成了内容创作和推广的主动参与者，享受到越来越多的尊重和认可。5G时代给新媒体广告的交互性赋予了更深层的含义，一方面是可以给受众带来沉浸式更真实的交互体验，另一方面是消费者与品牌商、消费者与消费者、消费者与广告传播终端的紧密关联与交互沟通建立了一种新的交流模式，他们之间的交互会变得更快速、更紧密、更具体。5G技术下沉浸式的虚拟现实将成为未来广告的一大亮点，在进行新媒体广告创新设计时，要特别注意内容、表现手法、媒介载体的互相配合和可交互性。

　　案例一： 在法国街边，宠物营养品牌Purina布置了一系列户外广告牌，如图5-2，外表看上去就是最一般的户外广告，但与众不同的是，广告内容是鼓励你家的宠物狗在上面尿尿！

图5-2　Purina户外广告牌

　　实际上这个广告牌是一个可以给宠物狗做尿液检查的设备，屏幕上会显示宠物狗的健康状况，如图5-3。这个便捷的宠物体检广告牌不仅提醒法国人要留意狗的身体健康，还能够依据狗的状况向宠物主人介绍合适的Purina营养品，简直就是一箭双雕。

图5-3　Purina广告牌的交互模式

基于5G技术的进步和接踵而来的交互设计创意，广告早已不是仅供观看那么单调了。技术支撑创意让广告主把各种新奇理念变现，已经没有什么能够阻碍新媒体广告开启沉浸式交互的体验了！

　　案例二：大名鼎鼎的布达佩斯节日管弦乐团（Budapest Festival Orchestra，BFO）是世界十大乐团之一。但大多数人都不太清楚这件事，这归因于现在太多年轻人不怎么关注交响乐了，这也是让BFO乐团最担忧的状况。

　　要想改变这一局面，需要借助在年轻一代里受关注度高的新技术、新媒体。BFO乐团与匈牙利电信公司合作，创作了一款独特的宣传"广告图"，如图5-4。图中是整装待命的BFO乐团，重点是他们正在等待交响乐团的指挥——你。

图5-4　BFO乐团交互广告

　　原来，用户在智能手机里下载一个软件，手机就能变为指挥棒，指挥广告画面里的管弦乐团完成一场独一无二的演奏。这样的玩法使很多路人停下脚步并参与进来。结束互动后，用户还会获得BFO乐团下一场音乐会的门票优惠券以及相关信息，可谓是一次非常成功的新媒体广告推广。

　　从以上两则经典户外新媒体广告案例可以看出，作为新媒体广告一员发展到今天，户外新媒体广告在内容上可谓是五花八门，传播途径也越来越广泛，而传播方式渐渐略显单一，人们的注意力在广告上停留的时间越来越短。要想在比较有限的环境中增强广告的感染力与吸引力，就必须借助科技力量发展广告中的交互性与娱乐性。因此VR广告和AR广告逐渐进入大众视野。在5G技术加持下，交互性广告的技术壁垒越来越低，在新媒体广告的发展过程中，也必然会涌现出更多具有优质交互体验的新颖广告。

2.个性化的精准传播

　　新媒体广告借互联网技术发展之势遍布在人们生活的每一个角落。人们常常会在毫无察觉的情况下接收到五花八门的广告推送，同时你会发现广告的内容变得愈发符合你的需求，仿佛读取了你心中的念头。实际上这正是基于目标受众不同个性特征的"精准投放"，品牌商利用互联网大数据分析目标受众的偏好，之后根据不同需求有针对性地向相应受众推送个性化内容。在"精准投放"之下，一方面，品牌商能够防止无差别投放广告造成的浪费，更好吸引目标受众的注意力；另一方面，目标受众能接收到满足自己需求的高质量、有内涵的广告，何乐而不为呢？有关于新媒体广告的创作，其中个性化元素能给人留下深刻的印象。个性化是让品牌打动目标受众，同时从成千上万竞争者中推销自己的重要元素。个性化创作的最终目的就是促进用户与品牌进行沟通。在这个新媒体广告的时代里，这种内容趋向在之后很长时间都将持续充分发挥作用。

案例三："方太"品牌通过微博发起了"天啊，烦人怪快走开"的话题讨论。各类人气博主积极吐槽各自的"厨房趣事"，最终"天啊，烦人怪快走开"话题阅读量总计超5000万，连同方太原创的厨房烦人怪形象，如图5-5，变成了网络用户中热议的话题。

方太一共创造了八种不同个性的烦人怪，代表了方太在和受众群体交流中总结的八种常见厨房难题。而由此基础创作的H5广告——《别说话，厨怪要跑了》，则火速成为了一个刷屏级应用。个性化、趣味化的广告模式，同时又能引起新青年家庭的共鸣，成功造就了方太《别说话，厨怪要跑了》的H5广告传播。

案例四：耐克（Nike）携手美国篮球在纽约市举办为期四天的"世界篮球节"。为了此次活动的宣传推广，前期开

图5-5　方太原创形象

设了活动网站，然后录制篮球明星的教学视频供年轻人学习；紧接着举行线下活动，号召年轻人来学习视频，与此同时Nike会录制下来大家的学习过程，并把过程的分镜做成海报，如图5-6，这样每个人都有自己独特的海报。同时这些视频、海报都可以通过数字化的方式分享到各个社交网站。

紧接着就是一年一度的"世界篮球节"正式开幕。这次个性化的广告把活动推向了高潮，通过个性化的定制海报，吸引了更多年轻人的注意力，同时让Nike的品牌理念植入下一代年轻人心中。

图5-6　Nike个性定制海报

　　以前，传统媒体的传播手段是"通俗化"的，它所设定的目标群体也都是通俗化的一部分，显然快速网络下的新媒体给大家带来了一种个性化的环境。当今的消费大众特别是年轻受众崇尚与众不同的个性，这也反映到他们对广告、对产品的看法中。根据前文分析可知，5G技术可以很好地提升信息数据采集覆盖的深度和广度，这样就有利于提高新媒体广告投放的精准性和到达速度。所以，在目标市场定位的前提下，创作精准的新媒体广告，凸显个性化可定制的特点，有助于优化广告效果，还有助于实现消费者对个性化的需求。

3. 人性化的真实表现

　　现在社会的受众已经不再简单地满足于物质消费，而更偏重于精神消费。在高速发展的5G时代，新媒体广告发展趋势之一是必然愈来愈多地注重用户的需求。那么新媒体广告想得到长久稳定的发展，就不得不注重人性化的广告设计表现。哪些广告才能称得上人性化呢？广告的人性化通常指的是在广告创作过程中，按照人的习惯、身体的结构、心理状态，还有思维逻辑等等，对原有的新媒体广告进行结构优化，使用户观看、参与的时候能感到十分便捷与舒适。要想创作出优秀的人性化广告，最基本前提就是要确认广告内容的真实有效、信息的可信可靠，预防对受众带来误导的情况发生。根据广告内容本身进行一定的核查和调研，同时要确认广告创意的积极健康，不能违反相关规定，这样才可以传播真实、合理的广告，防止受众群体出现因为虚假、低俗广告而对品牌和服务产生不信任感。

　　案例五：2020年2月14日情人节当天，"ONE文艺生活"微信公众号发起了一场名为"云送花"的H5活动，如图5-7。活动以疫情背景下一些恋人在情人节不能相会为洞察，将赠送鲜花的传统行为复制到线上，并通过官方的全平台支持，引起大众对话题的注意，给大家带来暖心的陪伴和祝福。

图5-7 "云送花" H5界面

这一创意活动一经发起就得到了广泛参与。活动上线24小时，"ONE文艺生活"微信公众号发布的情人节推文阅读量迅速突破10万，新IP形象、微博同步跟进。线上H5参与人数逾10万，完成互动次数25万+，送出"鲜花"25万朵。

这场人气爆棚的创意活动为该品牌进行了一次非常成功的广告推广，成功的原因有以下几点：

① 结合疫情，将线下赠花的场景移植到线上；

② 玩法简单却不失人性化细节，戳中不同用户情感诉求；

③ 情感价值：每个人都可以收获一朵花；

④ 强大执行力和技术支持。

可以看出，出于人文关怀，考虑到在严重疫情下不能出门的目标受众群体的情感，基于这些创作出的新媒体广告，会更容易得到受众的认同，这是新媒体广告想要进一步发展的必经之路。

案例六：信广龙团队联合腾讯"We care"公益计划，策划打造出H5公益广告《旧室白白》，以"游戏"作为主要的创意载体还原场景，如图5-8，让用户获得沉浸式公益体验，在有趣的互动中发挥创造力，也帮助"山娃娃"获得更好的教学环境。

用户在游戏中所做的，不仅是补缺补漏，更是开发自己的脑洞，打造个性化的"新颜教室"，正如游戏之名——旧室白白的含义，用户会在游戏里见证着旧室焕然一新的过程，捐款解锁珍贵级别道具或捐赠游戏过程中获得的"爱心贝"，则真正让山区的孩子们和破旧教室说"拜拜"。

在作品创作过程中，腾讯We care团队对作品在创意洞察落地、体验流程优化，以及技术保障上给予了诸多支持。基于小程序这种触手可及的轻应用，《旧室白白》实现了小而轻的友好使用体验，用户利用碎片时间，就可以完成公益行为。

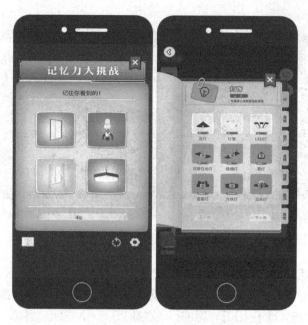

图5-8 《旧室白白》截图

而海报生成和游戏公益榜单这种具有分享价值的"社交货币"，更引起了用户之间的分享和传播，最终让公益项目获得更多关注。在三期项目先后顺利上线的时间里，《旧室白白》累计注册用户达到了276万＋。事实证明，以可参与游戏的新媒体广告作为用户通向公益的桥梁，匹配优质的内容以及科技的助力，创意叠加人性情感会使新媒体广告这条路越走越宽。越是科技飞速发展的时候，越不能忽视的就是人们内心精神世界的需求，5G时代当然也不例外，背后有真实情感支撑的新媒体广告才能走得更远。

4.多元化的文化体验

新媒体广告的多元化具体体现在两个方面。一方面是广告与多样化媒介相匹配而表现出的不同形式。另一方面是5G网络环境下，多元文化相结合而形成新的广告传播内容。

5G时代有望打造出一种系统化、一体化和精准化的专业广告推广模式，不仅可以增强广告传播效果，还可以提高广告投资的变现率。在这之中，多元化媒介配合是非常关键的一部分，即广告内容在多种媒介平台上进行投放，借助于不同媒介的搭配使用，相互促进以实现更有效的广告传播，这是一种有效的传播手段。

新媒体广告多元化的另一方面，体现为在5G互联网时代下，真实精准、多种类型的文化相交织的新媒体广告现状。此时广告人在国际化与民族化、一体化与多元化中间充当着至关重要的角色，是多元文化交流的桥梁之一。他们的作用就是用广告创意和内容体现对多元文化的互动关系的正确认识。因此就需要他们在新媒体广告创作过程中运用各异文化背景下的受众群体都能正确解读的设计语言，在对多元文化兼收并蓄、对优秀文化传承发扬的前提下，在构思、内容、情感等多方面创造和谐沟通的、具有5G时代文化特性的新媒体广告。

案例七：

① 故宫×表情包：傲娇皇帝反差萌。

直到2013年，北京故宫给人们带来的仍然是庄严肃穆的感觉，即使它开通了新媒体公众号，但似乎并没有成功融入到普通大众的日常中。2014年这一情况得到了改变，《雍正：感觉自己萌萌哒》这篇推广文章一经发布，就让过去点击量四位数的故宫公众号头一次拥有了10万＋。

在表情包中，中国历史人物从尘封的历史中跳脱了出来，被变得现代化，化身为一个个会使用网络用语，动作神情极具个性的人物形象，比如有"道光皇帝模仿奥特曼姿势打小怪兽""李清照抛媚眼歪头杀""康熙皇帝戴墨镜手拿玫瑰"，如图5-9，为了打磨这些广告宣传图，故宫甚至称"我们疯了一个设计师"。

图5-9　皇帝表情包

这组表情包可谓是一炮走红，网友对它们展开了再次创作，更加激发了受众的参与感与兴趣。故宫在大众眼中的形象从此以后风格突变，不再严肃，而是各种傲娇，活跃在互联网世界。像这样的巨大反差瞬间戳中了年轻人的内心，许多年轻人纷纷关注点赞、分享转发，还有购买周边产品。

② 故宫×H5：《穿越故宫来看你》。

《穿越故宫来看你》这支H5广告实际上是腾讯与故宫的一次跨界营销，最终是为QQ表情创作比赛做宣传广告，但就此推动了新媒体广告和文化的融合共进，以至卡地亚、QQ音乐、抖音、小米、百雀羚等品牌，蜂拥而至地向故宫抛出跨界合作的橄榄枝，如图5-10。故宫和这么多的品牌进行合作，差不多全年龄段消费者都被囊括其中，特别受年轻消费者的追捧，成功地让大众看到了一个文化底蕴深厚，但又朝气迸发的新故宫IP。

图5-10　故宫合作品牌

在不知不觉中神圣庄严的故宫突然之间非常接地气了，成为了不折不扣的网红。当然这和故宫一系列的多元新媒体广告推广是分不开的。

二、如何在5G环境下策划广告

1.新旧协作

"新"代表着5G互联网技术下产生的新兴媒介和新型广告营销方法，"旧"代表着现阶段品牌商和受众群体已经适应了的广告模式及媒体接收习惯。不管是视频网站还是门户网站，最基本的要求是可以保证广告内容的质量，然后应该凭借高效的宣传发行积累更高的知名度，引起更高的关注度，以此促使越来越多的品牌商进行广告投放。这部分是与传统媒体广告基本一致的，同样也是广告主所了解的媒介应用形式。

现在的电子杂志广告、手机报广告等其实就是最简单、最基础的"新旧协作"，以最新的技术媒介承载同样的核心内容。事实上受众群体看到的也许依然是原先广告里的内容，不过是把所传播的内容直接移植到了高楼大厦外，移植到了交通工具上，移植到了门户网站中。新媒体广告的来源还是传统广告，在此条件上实现了新媒体的科技创新。如今可以充分利用5G技术方法在对用户习惯深入挖掘后，开展个性化广告营销，例如两名用户同时点开相同应用，可推送的却是满足两人不同需求的广告，这恰恰是传统媒体广告十分缺失的一方面。在5G技术的引领下，过去大家非常熟悉的广告发展出了不同的广告模式与营销策略。这样的"新旧协作"，使新媒体广告愈发有趣、愈发灵活多变、愈发具有交互性、愈发符合用户的需求。

2.时空组合

品牌商主要根据用户的广告接收喜好，在时间和空间两种层面实现广告传播的扩展和完善，着重于时间传播与空间传播的融合运用，以此增强新媒体广告传播效率和覆盖范围，提升广告效应。借助5G网络技术完美实现了时空组合的新媒体广告可以为品牌商在复杂的市场环境里准确抓取目标消费群体，在时间和空间的双重影响下，刺激消费者产生消费行为。

从时间角度看，新媒体广告是用户全天都能够接触到的广告，不受任何时间的局限，但凡是有互联网覆盖的地方就能随时浏览；一般来说在夜间更占有优势。特别是由于5G网络高速度的特点，新媒体广告将能够得到更合理高效、更多方面的传播推广。

从空间角度看，在5G技术下传统媒体广告和新媒体广告都可以做到广告传播接收在空间上的连续性，可以涵盖目标用户的绝大部分生活轨迹。

"室内广告"与"户外广告"实现了空间上的全面配合，"白天广告"与"晚间广告"形成了时间上的无缝布局。如此组合之下，不管是在室内还是在户外，不管白天还是夜间，各种类型的传播媒介都可以形成联动机制，协同合作，高效优质地进行广告传播，推动消费变现。

3.文化和谐

在信息数据技术高度发达的互联网环境下，新媒体广告内容与图像在作为产品信息呈现的时候，也被叠加了很多之前没有的文化含义。5G时代下的新媒体广告要特别重视精美设计与创新表现，实现与公共环境、城市形象等相协调，与用户消费习惯及审美需求相调和。制作精美的新媒体广告可以在一定程度上发挥美化城市的改造作用，充分展现城市特点，诠释出城市与众不同的文化底蕴，让大家接受新媒体艺术的陶冶。借5G科技之势全面推进的新媒体广告更需要重视画面、音效、广告词及广告表现手法的调和性与美观性，回归创意的本源。

综上所述，在这样的背景条件下，依赖互联网技术而兴起的新媒体广告未来发展势必与5G科技的研究进程密不可分。认识两者的具体关系就需要从深入了解5G技术着手，使5G的高速度、低时延、万物互联三大特征合理助力新媒体广告的变革。

思考题

1. 5G环境下广告策划的关键点有哪些？
2. 在5G广告的策划制作过程中，新旧协作中的"新"和"旧"分别指的是什么？

设计篇

第六章

新媒体广告
策划与设计
（第二版）

新媒体广告
视觉设计基础

第一节　新媒体广告中不同视觉场景要素设计

设计要素是传达视觉信息的语汇。视觉语言是人们利用图形、色彩、文字等视觉符号，通过一定的设计原则和设计形式进行组合创造出来的。不同的设计要素经过多种样式的设计，组成具有丰富内涵的视觉语言。

本节将从新媒体广告视觉呈现的场景出发，将新媒体广告分为静态场景、动态场景和空间场景中的广告，分析不同场景下的视觉呈现包含的设计要素的特点。

一、静态场景中的视觉呈现

静态场景中的广告包括Banner广告、电子邮件广告、弹窗广告等。其视觉呈现主要是通过处理视觉要素间的关系和表现手法来传达品牌信息、形成品牌记忆点。文字、色彩、图形作为基础的设计要素在静态场景中应用时，最大化地发挥各自的优势，有助于广告达成画面调和、画面充满节奏感与韵律感、画面稳定均衡的效果。

1.文字要素

文字是传达广告信息的主要构成元素。文字可以记录语言、传递思想。在有限的静态场景中，对细节的严格把控，有助于发挥各设计要素的积极作用。在新媒体广告传播中，广告从业者应当重视文字传达语义的作用，用字体设计手法来美化文字，在增强静态场景中视觉效果的同时，还能提高广告作品的诉求，赋予画面审美价值。文字的功能既包括文字的识别性，又包括文字中体现的文化内涵。在进行字体设计时，可以运用变化、裁剪、装饰、添加等方法进行创作，表达主题、风格和寓意。颜色、特效、装饰物、背景等设计元素置入使用场景，有助于塑造文字的个性。还可以根据不同字体的不同个性与风格，从文字的语义出发来设计广告画面、传达信息、表达情感。

2.色彩要素

色彩通过光作用于人眼，而后触动大脑感知。色彩作为第一视觉语言，在新媒体广告传播中发挥着重要的作用。当视觉神经受到色彩的刺激时，受众开始分泌体内激素，受众的情绪在潜意识里受到影响，使得受众与色彩相关的感情被唤醒，进而直接影响受众的"消费欲念"。例如绿色清新，使人平和、放松，兼具未来感，象征着生命力；蓝色代表着安宁和平静，深沉且舒缓。大众更倾向于富有节奏感和韵律感的色彩搭配，混乱的色彩搭配会引发他们的消极情绪。因此，设计师在呈现广告画面时，应当考虑受众初探广告时的色彩感觉，通过色彩的渐变、重复、交替、虚实等表现方式为受众带来视觉享受，激发受众产生视觉刺激。

根据色彩的语言特征，色彩在新媒体广告静态场景中的应用包含以下四个作用：

（1）传情达意

新媒体广告视觉呈现中的色彩具有相应的确切含义，能表达品牌的观念、态度。色彩的合理使用和搭配，能让复杂抽象的广告信息变得易于理解，能将品牌营造的品牌调性传达给受众。设计师应当根据产品不同的特征和属性，选用适宜的色彩来传情达意。比如化妆品品牌针对受众女性的特点，常将粉红色与浪漫设计元素结合，激发受众关于粉色的浪漫情绪与记忆，从而进一步推广品牌产品；药品类品牌则常选用冷色来传达品牌的权威性。

（2）增强识别记忆

品牌有意识地在广告传播中统一品牌的主色调，有助于受众通过颜色识别来记忆商品。比如红色已经成为可口可乐的代表色，黄色的"M"符号能瞬间引导受众想起麦当劳。

（3）使画面具有真实感

静态场景中的广告较其他场景中的广告更应发挥色彩的优势，在有限的广告画面中，利用色彩中的明暗规律表现产品的质感、量感等特征，在二维画面中塑造生动的空间感，吸引受众购买商品。

（4）增强画面的感染力

色彩能将观念、情绪和想象联系起来，在受众心中形成特殊的意念。把握好色彩的象征意义能增强画面的视觉感染力和视觉张力。

3.图形要素

日本语言学家时枝诚记说："通过语言得到的印象是抽象的、易逝的，可能只具有一般价值，掌握它需要时间。而通过图像得到的印象则是具体的，能够看到确定的例子，瞬间就可以记住。"图形要素中具象图形和抽象图形在新媒体广告中呈现出的形式感和语言意境具有特殊的文化意义。具象图形利用可感的形象与其他视觉要素的合理搭配给人以直观的感受，能增强广告的视觉张力。抽象图形往往蕴含多重理念，通过丰富的表现形式吸引受众。

例如印度TBWA广告代理公司首创了眼科语言——Blink to Speak，帮助数百万丧失表达能力的瘫痪者与他人沟通。Blink to Speak将50个简单的眼睛动作图形化，集成各种信息于一体，跨越全球语言的鸿沟，最直观、生动地抒情表意，如图6-1。

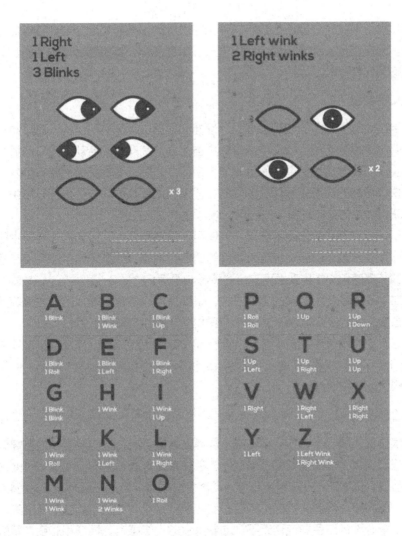

图6-1　Blink to Speak广告

　　综上所述，静态场景中视觉呈现的基本要素的设计对广告传播的意义重大。设计师协调好三者在广告画面中的关系，掌握视觉语言的特点和规律，能为广告画面塑造特定的视觉空间，能更准确地表达广告理念，为受众带来和谐的视觉心理体验，使新媒体广告在静态场景中的呈现拥有更多精彩的变化。

二、动态场景中的视觉呈现

　　动态场景中的广告包含互动游戏广告、视频广告等。新媒体广告在动态场景中的视觉呈现是利用计算机技术、光感技术、动画技术、感应技术等技术手段，以数字化声音、图像等动静结合的形式，借助数字媒介传播的方式呈现广告画面。其视觉呈现具有可逆性，并能通过数字媒介无限次复制，从而实现广告内容传播方式和渠道的多元自由化。动态场景中的视觉形态丰富多样，其中包括动态色彩、动态文字、动态图形等要素。

1.文字要素

文字在动态场景中的应用表现为，设计师根据文字原有的结构，通过动态处理和形变夸张的设计手段，使文字在传递广告主题的同时，配合动画效果凸显文字的动态美。动态文字通过塑造空间纵深感，使得广告画面变得新奇而富有趣味。受众在获得快捷便利的信息接收体验的同时，逐渐融入新媒体广告的传播环境中。对于文字在新媒体广告动态场景中的应用，应当注意以下三点：

第一，标点符号的作用被弱化，其使用不具有必要性，因为静态场景中的标点符号的作用在于表示停顿、惊讶、疑问等语气和情感，动态场景中的标点符号则通过动态的节奏感和文字出现顺序来传达情感和语意；

第二，动态场景中文字的出现方式、呈现速度、位置排版、运动效果等是与场景相结合表现的，受众可以通过动态场景中的韵律和声音理解设计理念；

第三，动态场景中的文字不仅注重空间和时间上的表现，还从视觉设计的角度出发，结合平面构成原理以及动态文字和动态场景中包含的颜色、材质、肌理等元素共同构建视觉和谐感。

2.色彩要素

新媒体载体层出不穷，从车载电子屏幕到智能手机终端的发展，为新媒体动态色彩的呈现提供了必要条件和发展空间。色彩在动态场景中的应用具有可变性和连续性的特征。例如在一些视频广告中，动态色彩根据广告的主题风格定义色彩基调，贯穿视频的始终，通过美妙绝伦的色彩变化呈现视觉，或跳动、或渐变消失、或溢出屏幕。精心设计的色彩变化无不调动着受众的视觉感官、情感和态度。新媒体广告中视觉呈现的效果，对动态色彩的要求较静态色彩更加详细、准确和标准化。因为相比静态场景中的广告来说，受众视觉停留的时间更短，其色彩的清晰度和饱和度等对受众的阅读体验产生直接的影响。虽然色彩是有限的，但是通过设计师的重组和搭配能呈现出色彩的无限性。设计师在保持广告信息易读性的同时，对色彩交互的控制能给受众带来视觉享受。

3.图形要素

从动态图形途径获取的内容能刺激受众的视觉、听觉感官，引发深层次的记忆。动态图形比动态文字更有表现力，可以表现人的情绪、理念和想法。数字化图形的创造性表现和风格的创新，能为新媒体广告提供更加精彩的视觉空间和表现方式。动态场景中新媒体广告图形要素的设计特点如下：

（1）秩序性

不同的人，其自身的视觉顺序不同。个体的差异使人们无法都以设计师期望的顺序阅读信息，因而产生了视觉的紊乱。动态图形则通过设计师艺术化的处理，使广告信息秩序井然地出现。设计师设定好信息出现的时间和方式，受众仅仅通过简单的"看"的动作便能有序地接收信息。

（2）故事性

好的广告需要构建动人的品牌故事，诉说广告背后的情感。受众接收广告画面时的感受，会直接影响受众对图形所包含的信息的认可度。动态图形在新媒体广告中的运用应当遵循动画、影视作品中的设计艺术，将品牌的故事娓娓道来。

（3）生动性

动态图形的故事性使得广告信息的呈现具有生动性。枯燥、商业化的广告信息通过轻松有趣的动态图形呈现给受众，能为整个广告视觉注入新的生命力。

（4）传播性

动态图形语言的传播依赖于新媒体媒介。互联网的普及扩大了动态图形的传播范围。研究表明，相对于静止画面，运动的画面给受众带来的触动更深。受众的多种感官在动态图形传达信息的过程中被调动起来，进而增强了信息传播的有效性。

（5）交互性

人类天生的社交属性，让人类与周围环境持续保持互动。受众沉浸在广告情境中时，能通过多感官体验，全身心地进行认知、感受、反馈，直到完成与新媒体广告传达的信息的交流沟通。

新媒体广告的交互性作为新媒体广告较传统广告的优势之一，在动态场景中更趋明显化。其本质在于人的娱乐本能与科技的互动。动态场景中的广告充分利用视频、音频、游戏、动画等形式让受众直接参与到广告场景中，亲身体验广告营造的氛围，直接拉近了广告与受众的情感距离。

综上所述，动态场景中的视觉呈现在传播的过程中始终保持着下一步未知的新鲜感，持续引发受众的好奇心，引导受众顺着创作者的逻辑进行思考，广告目的实现的同时，受众也收获了特殊的视觉体验。

三、空间场景中的视觉呈现

古希腊哲学家亚里士多德曾提到过一个观点，即"一切运动都以空间位置和时间为前提，运动和空间是不可分割的。空间并非空无一物的'虚空'，而是一个被围绕的物体和围绕它的物体之间的'界限'"。这一观点在新媒体广告领域同样适用。受众在进行视觉体验时，往往先感受到广告塑造的空间的存在，才会进一步地去关注画面中元素的运动与变化。空间场景中的广告包含3D广告、户外广告等。广告从业者在思考广告画面的空间时，会基于一定的时间维度，将文字、图形、色彩等传达信息的视觉要素放在空间维度上思考探究，丰满二维画面的同时与三维场景相融合，关注视觉要素在空间延续中的视觉感，注重要素间位置的空间移动以及要素与空间的比例。视觉要素构成空间场景时遵循形式美法则，引导受众审美，从而让受众充分体验到设计与情感、环境、自然、空间、人文等的关系。

3D全称是3 dimensions，也被称作三维。三维空间包括长度、宽度与高度，具有前后、左右和上下空间，能赋予受众立体化特效的感官体验。从感官体验出发，3D广告赋能多种新技术为受众营造出极具空间感的立体影像场景，实现人机互动的效果。如图6-2，爱马仕橱窗广告在设计时融入3D技术，打破了以往静态橱窗广告在人们心中的呆板印象。屏幕里的模特形象不再是美女帅哥，而是人形的模型，五官更是没有，但这并不影响他注视着真实橱窗场景内的衣服，模特手里还捧着一个包，脚下的靴子、裙子在布局上合情合理。从空间上看来，屏幕里的模特模型与橱窗内的爱马仕衣服、鞋子是两种不同性质的物体，3D技术的引入使得橱窗内的衣服"活"了起来。新的广告互动表现形式在3D技术的支持下，成功地吸引了受众的注意。

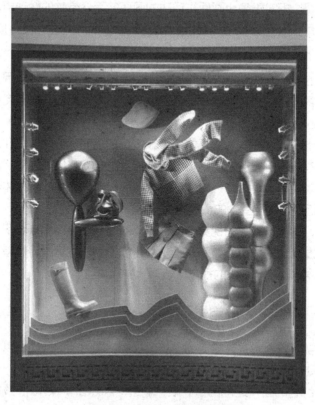

图6-2　爱马仕3D橱窗广告

新媒体广告策划与设计（第二版）

该广告中3D技术塑造的空间赋予了广告更多的可能性与魅力，技术与创意的结合改变了新媒体广告信息传播的方式，进而吸引受众化被动接收信息为主动寻求。广告包含的艺术内涵、文化属性、创作者的初衷等均以空间可视化的视觉语言呈现给受众，其视觉震撼力在空间维度中得到了提升。

思考题

在新媒体广告视觉设计中，有不同的场景呈现形式，请列举不同场景呈现形式中都包含的设计元素。

第二节　新媒体广告常用互动技术

一、多媒体广告的受众体验价值

1998年美国经济学家James H. Gilmore和Joseph Pine在《哈弗商业评论》上发表《体验经济》一文，为人类开启了体验经济的大门。James H. Gilmore将体验经济定义为"以人为本，对人性、对人的深层动机与行为、对人的'体验'这一心理感受与精神范畴的关注"。在体验经济时代，人们不再满足于媒介的基础性传播，开始关注接收信息过程中的感受、感想和感官场景体验。

体验经济对新媒体广告的影响表现为：广告主开始重视受众通过多样传播的方式接收和接受广告内容的体验，开始重视广告信息与受众互动的品质，开始重视为受众提供真实、有趣味的沉浸式场景，从而使受众产生共情。因为新媒体广告传播中视觉呈现的目的就是让受众获得独特的广告体验。受众在不断满足自身审美、娱乐需求的同时，自主参与到广告传播的环节中，调动全身感官获得娱乐和情感的积极体验。

1.多感官体验

在加拿大麦克吉尔大学的实验室，Bexton、Heron、Scott进行了感觉剥夺实验。他们通过切断志愿者所有感官对外界获取信息的途径，把志愿者放置在一个限制图形知觉、触觉和听觉的环境中，使他们处于高度隔绝状态。志愿者从最初安静的睡眠发展到失眠再到注意力无法集中、思维不受控制。实验过程中，一半的志愿者出现了视幻觉，少数人出现了听幻觉和触幻觉，直至被试者的全部活动严重失调。实验结果表明：丰富多变的环境对人类的多感官刺激，是人类得以生存的必要条件。新媒体广告传播过程中的多感官体验，是以视觉感官为先导，融合听觉、触觉、嗅觉的感官刺激提升广告传播效果。广告从业者往往营造一个被视图和声音围绕的视听空间，恰当地运用声音特性增强受众对品牌的记忆，让受众在感受声音魅力的同时产生购买欲望；新媒体广告中对触觉、嗅觉的激发多出现于线下广告传播场景中，触觉的调动能补充说明广告营造的真实空间的体验感；受众对嗅觉的记忆度在多感官体验中占比最高，嗅觉能激发人们的情感、记忆、对事物的联想，甚至能触动受众的潜意识，维持对品牌的特殊记忆。综上所述，多感官体验能为广告作品注入新的活力，逐渐改变受众的情感、理念、思想，让受众在移动化、数字化的接触上获得维度更高、更深刻的真实体验。

　　以"气味图书馆"的跨界广告《来点孩子气》为例，如图6-3。"10岁"的气味图书馆和"60岁"的大白兔奶糖品牌为了博回年轻人的关注和喜爱，联名推出了奶糖味香水、奶糖味香氛、奶糖味沐浴乳、奶糖味身体乳等六大跨界产品，利用嗅觉触发受众童年情感记忆的联想，唤醒受众的孩子气。线下还投放了"孩子气抓糖机"，如图6-4，融入基于传播特性的听觉技术和触觉技术，受众可以通过手指点击参与游戏，通过赢得游戏，获取体验奖品。屏幕中的动态图形与色彩的交织，冲击了受众的视觉。孩子气抓糖机的选址也是十分讲究的：当受众的听觉、视觉、触觉在游戏中被调动时，不知不觉地沉浸在了奶糖味的香氛中——旁边10米现场布置的商店里时不时散发出奶糖香氛的味道。店内新奇的产品一应俱全，能在受众产生情感共鸣时，激发受众的购买欲。广告的宣传效果也因多感官的场景体验得到了很大的提升。

图6-3　广告《来点孩子气》

图6-4　"孩子气抓糖机"互动装置

　　　　　　　　　　　新媒体广告策划与设计（第二版）

2.情感体验

情感是人对客观事物是否满足自己的需要产生的态度体验。积极情感表现为爱、赞誉、认可、幸福、美感、价值认同等。消极情感表现为仇恨、憎恶、悲伤等。基于受众情感的体验和选择，广告对受众的感知刺激会直接影响受众的决策行为。在新媒体广告进行视觉说服时，视觉快感的满足能为受众带来自我认同感和社会价值实现的情感愉悦。因此，广告从业者应当从视觉设计作品的整体构建和思考出发，注重广告视觉形式中情感的表达和强烈的视觉刺激带来的情感震撼，从而进一步增强广告的影响力。

3.娱乐体验

霍金斯在《消费者行为学》一书中结合营销策略和心理学，提出"消费者的自我认知和生活方式同时受内部因素和外部因素的作用，并在此基础上产生了个人需求和欲望"。在新媒体时代，消费者倾向于通过娱乐来满足自我欲望，这也正是游戏行业发展得越来越好的原因之一。新媒体广告基于受众的行为和心理分析，开始往娱乐、体验、享受的"3E主义"发展。娱乐是指人们通过感官的参与和调动获得身心愉悦的体验。新媒体广告传播中的视觉呈现利用新材料和新技术为受众构建了线上、线下的虚拟现实体验场景。受众在享受新媒体广告带来的各种感官刺激的同时，也主动地接受了充满互动性、娱乐性的广告信息。此时的广告不再是单纯的有利于广告主的商业行为，而是商业目的通过艺术的表现形式为受众带来充满趣味性和娱乐性的体验享受。

二、多感官的互动技术

常见的新媒体广告媒体创意技术及应用形式主要有二维码、HTML5、动态化平面广告、动态化表情包、微电影、短视频、互动装置技术、图像识别、虚拟现实技术、LBS定位、温度感应技术、触屏感应技术等。这些创意技术和应用形式既是一种平台，一种媒介，更是在技术支撑下的创意内容，让广告在新媒体环境下变得更加有趣味性和互动性，通过和用户的及时沟通，提高了用户的忠诚度，增加黏性。下面来分别介绍这些应用技术。

直接运用平台资源，以创意、视觉技术为主，顺应新的媒体创新，成为了热门的新形式。如平面设计，通过加入动态技术变成动态化平面广告，成为了现在社交化的热门平面广告；再如微电影，以微小的短故事获得用户的喜爱；又如HTML5技术，借用新的媒体技术进行融合创新，借用网站的技术把视觉设计变得生动有趣；再如短视频，通过平台传播让很多人互动起来。

1.二维码的应用

二维码［QR（quick response）code］是用特定几何图形按一定规律在平面（二维方向）上分布的黑白相间的图形，是开启信息数据的一把钥匙。二维码如今已经不再是令人陌生的词汇，这个黑白小方格组成的矩阵图案，只需用手机轻松一扫，就可获得意想不到的丰富信息。二维码技术因其创新性、互动性，让传统广告从"反感扰人"变得"亲切宜人"。

基于防伪、溯源、营销和大数据的二维码功能，通过一物一码的方式，可轻松满足品牌防伪、品质溯源、产品营销和大数据抓取、分析等多种诉求，最终实现企业品牌提升、产品品质提高和产品销售量增长的目标。随着微信的发展和智能手机的广泛使用，二维码的扫码技术已成为线下对接线上方式的新宠。通过扫描二维码可以识别互联网上的各种内容，其表现形式可能是图片、视频或者链接等。

人们可以用扫一扫功能扫码，也可以在微信中长按二维码图片进行识别，及时、方便、快捷地获取二维码信息。例如，人们在火车站、地铁站、飞机场、旅游景点等人流密集的地区，可通过扫描二维码得到产品信息，甚至进入品牌官方网站、微博和公众号等平台。借助这一技术，人们可以在线下方便快捷地触及和使用线上的资源，实现线下和线上的多形式互动。

图6-5所示为吉尼斯（Guinness）啤酒的QR码啤酒杯。吉尼斯啤酒的杯子在空的状态，或在装入普通啤酒时，二维码是无法识别的，只有在装入吉尼斯独特的黑啤时才可正常读取。杯子巧用了二维码辨别产品的真伪，也给消费者带来了新奇的产品体验。其广告语："第一种由特定产品才能激活的二维码。"

图6-5　吉尼斯创意二维码啤酒杯

为了吸引用户扫码，设计师绞尽脑汁地进行色彩丰富、场景化和动态化的二维码设计，所设计出的许多二维码可以说是创意新颖，个性突出。如图6-6，艺术家Tom Burtonwood和Holly Holmes设计的巧克力熊二维码通过儿童乐园场景和品牌结合，通过带有空间感的设计形式从平面中脱颖而出，打造出一个生动有趣的动态二维码。而来自Magic Hat Art Hop Ale Blonde（魔术帽艺术酒花-金色艾尔啤酒）的瓶盖设计，通过一些富有创意的二维码，使用户扫描后可以链接到其Facebook的推广页面，如图6-7。

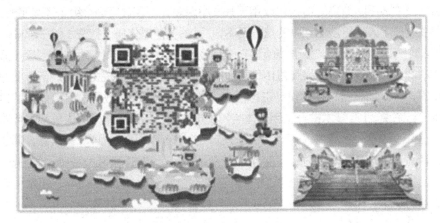

图6-6　巧克力熊二维码营销

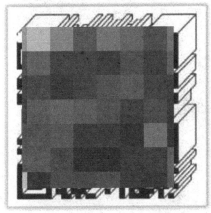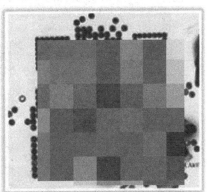

图6-7　啤酒公司瓶盖的二维码设计

2. HTML5技术

HTML5是Web前端开发的一种编程语言，广义的HTML5技术是指包括HTML、CSS和JavaScript在内的一套技术组合。用HTML5技术制作的页面（简称

H5）在移动端能够让应用程序回归到网页，并对网页的功能进行扩展，用户不需要下载客户端或插件就能够观看视频、玩游戏。这使得操作更加简单，用户体验更好。随着互联网和微信的发展，H5"寄生"朋友圈，以文章形式出现，点开后可以通过滑动翻页，带有动画效果，并且配合音乐进行传播。那么，H5是怎么发展起来的呢？

2014年，面对微信用户被大量同质信息淹没、倍感疲乏、抵触营销信息的情况，H5用一年的时间破局，攻克了"注意"和"社交"两个底层壁垒。让内容"动"起来，从"单页翻动"到"元素联动"再到"与你互动"，用户的注意力在一次次的动态升级中被不断聚焦。H5还可以用于开发小游戏，不仅让互动升级，还有了反馈，游戏战绩成了人们平淡生活中的炫耀资本，"营销"悄然化身"社交"的一部分。

2015年是H5行业飓风般崛起的一年，众多的广告商开始将目光转移到H5这种成本低、传播效果好的品牌宣传和营销推广手段上来。H5成为数字广告传播的重要技术，可以适配各种视觉设计进行信息传播，提升了创意效果、传播效果。对于数字广告来说，H5技术提升了用户体验和视觉体验，带来了强烈的人机视觉互动。

在抖音的一次活动中，Infini Studio邀请了一批名画界"大V"来抖音，蒙娜丽莎、梵高、拿破仑等从名画中"穿越"过来，在抖音的H5里装酷耍帅，如图6-8。虽然名画的创意已经被用过很多次，但这一次"动起来"的嘻哈效果，还是引起了朋友圈的刷屏。

图6-8 "世界名画抖抖抖抖抖起来了"

新媒体广告策划与设计（第二版）

H5创意技术近几年给新媒体广告带来了不少好作品，可以说是风靡全网。借助H5营销，品牌方可以出品极具艺术感的作品，品牌宣传和推广都极富创意，效果也极好。

3.动态化平面广告

在社交营销中，单一的平面视觉效果已难以满足品牌广告的需求，而动态化平面广告技术通过动态化的视觉效果引起人们的注意，达到对品牌信息的传播效果。随着电子计算机技术和信息技术的快速发展，视觉传达设计的表现形式和设计语言也发生了巨大变化。数字信息时代的视觉传达设计，体现着高科技性、交互性、动态化以及人性化等特点。数字化的广告画面从静态发展为动态的视觉表现，就是让图形、文字、信息等一切动起来。

2015年6月，数部大片在微博推广上使用了"动态海报"的概念，其中包括根据小说改编的《盗墓笔记》（图6-9）和两部好莱坞大片《终结者5》《分歧者2》。

图6-9 《盗墓笔记》动态海报

数字媒体技术应用于视觉设计，让广告更加动态地传播着信息，让一切基于纸媒传播的视觉作品都可以从二维到三维，从静态到动态。例如，设计一个LOGO时，可以通过故事性的动态演绎，把LOGO的寓意表现得淋漓尽致。画面中强调的主体信息或者重要的图形，也可以通过动态化、有节奏感的方式进行表现，使画面变得生动有趣，吸引用户停留、观看以及转发。传统视觉设计加入动态化技术，会更加形象生动，可以带来很强的互动性，加深用户的记忆。

动态化平面广告应该结合产品内涵，洞察用户心理，利用动态素材让画面更有"动"感，助推产品或品牌传播。动态化平面广告的形式必然会成为社会化互动营销的趋势和未来。

4.动态化表情包设计

新媒体广告的视觉特点就是让一切"动"起来，除了动态化平面广告、动态化LOGO设计，还有更为活跃的动态化表情包。动态化表情包通过对IP形象设计的动态演绎，进行表情动画设计，让IP形象传播品牌形象和态度，提升品牌价值。

广东澄海樟林古港是明、清时期"红头船"的通洋之地。每逢中秋佳节，千家万户手巧艺妙的贤惠妇女就会加工制作美食糕点——绿豆糕。品牌名称"绿嬷嬷"提取了产品绿色的特点，结合老手工制作艺人的形象，体现历史悠久、传承经典的意义。品牌IP设计以技艺精湛的手艺人嬷嬷为原型创作，结合制作工艺进行延伸，通过动态技术制作系列表情包，生动有趣地反映了传统制作的工艺和步骤，如图6-10。

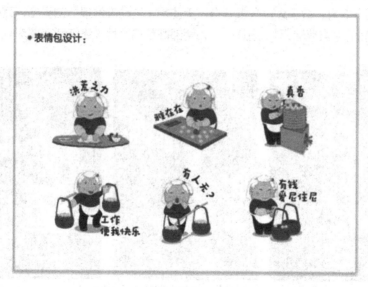

图6-10 "绿嬷嬷"绿豆糕表情包

广州乐品文化和陶陶居进行中秋月饼合作，推出一款具有广州文化特色的"靓"月饼。在新媒体广告营销中创作歌曲，选择一男一女两名模特进行MV宣传，然后根据人物原型进行角色设计，最终做出一系列和中秋有关的IP表情包，把中秋节文化和产品宣传相结合，颇有文化趣味，如图6-11。

5.微电影视频广告

利用微电影技术制作的微电影视频广告是新兴的广告传播形式，是为了宣传某个特定的产品或品牌而拍摄的有情节的、以电影为表现手法的广告，时长一般在5～30分钟。微电影远比一般电影短得多，微电影视频广告的本质依旧是广告，具有商业性和目的性。

图6-11 陶陶居"靓"月饼IP表情包

　　微电影视频广告采用了电影的拍摄手法和技巧，增加了广告信息的故事性，能够更深入地实现品牌形象、理念的渗透和推广，更好地达到"润物细无声"的效果。微电影广告也是电影，不同的是，产品成为了整个电影的第一角色或者线索。

　　微电影视频广告一般分为两类：一类是影视内容的微小版，制作之初并未想过商业属性，如《一个馒头引发的血案》、腾讯视频快女微电影系列等；另一类是商业广告的电影版，将广告做成电影，天然具有商业属性，如"可爱多"的《这一刻，爱吧！》，"益达"的《酸甜苦辣》，这些广告更具有故事性，受众更喜欢观看。讲故事、讲情怀、讲态度和传播正能量成为当下微电影广告的主流。微电影视频广告比传统广告更具吸引力、亲和力、可观看性和传播力。每个人都可能因为对微电影内容的好奇而播放、欣赏。相比而言，普通的企业宣传片很难吸引到不相关观众的目光。

　　OPPO秉承"至美，所品不凡"的品牌理念，产品和营销一直围绕着引领潮流、年轻于心、精致细腻、持续创新的品牌属性来打造。其"一转倾心"OPPO N1广告片《她不知道的事》案例也是如此。N系列主张"简约现代、引领潮流的设计""自由创意、意想不到的影像体验""极致考究、精巧细腻的非凡工艺"及"主流配置、创新巧妙的功能应用"，提炼单一而精准的产品卖点是传播的关键。作为最大差异化卖点，旋转摄像头一定是这次广告需要传达的核心。而对于这个旋转摄像头的卖点，则具体定义为"206°，可以让你随心所欲拍摄任何角度的照片"。N1的微电影展现了摄影师和娱乐主持人互相暗恋的故事。在广告中，旋转摄像头和谐地融入情感线索，成为推动剧情发展的关键。这一支广告中，产品与情感结合得非常成功。创意团队在广告的构成上进行了精心的设计，男女主角使用着N1的旋转摄像头，在他们各自的视角里，呈现了不一样的剧情演绎，如图6-12。

图6-12　OPPO微电影广告片截图

　　这则广告在互联网一上线，便引发网友的疯狂传播，当天便突破13万人次的播放量，最终获得了400万以上人次的播放量，效果非常惊人。

　　微电影作为品牌的广告传播方式，也会有延续性。每年春节OPPO都会打造属于品牌的年度宣传片，如2016年就推出了春节微电影《最亲的人在身边》，2017年推出杨洋主演的《小人国奇幻之旅》。2018年，OPPO还是以"团圆"为故事主旨，讲述了一个充满想象力的故事，一个分离、相聚的故事，一个关于男人和女人来自不同星球的故事。如图6-13，该影片讲述的是在这个宇宙里，有两颗挨得非常近的小星球，一颗小星球上长满了麦田，另一颗小星球上长满了碧绿的野草，两颗小星球上分别住着一个女孩和一个男孩，他们常常跳来跳去，在一起玩耍，就这样陪伴彼此长大。但一个新年夜里，他们因为一个小误会而发生争吵，当他们打算第二天向对方道歉的时候，两个星球却永远地分开了，女生在男生最后扔过来的手机相册里，明白了对方从未开口的心意……

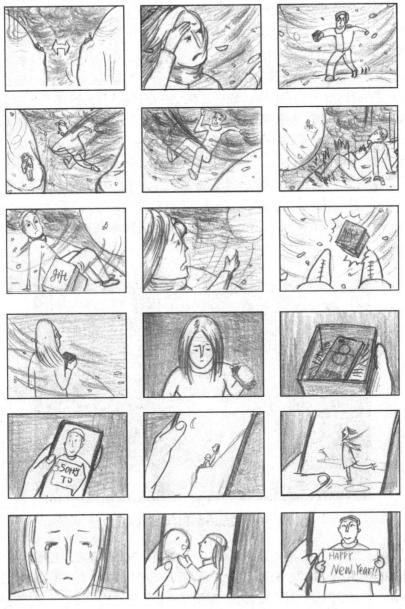

图6-13 OPPO创意类广告《男人和女人来自不同的星球》

讲述消费者身边的真实故事，品牌理念深入人心仅仅是宣传成功的体现，微电影对产品本身的宣传效果才是企业最为注重的。拥有好的创意并将其巧妙地融入剧情之中是微电影营销中的核心课题，也是今后发展的趋势。

6.互动装置技术

现今，单纯的张贴海报或者利用户外视频的广告形式，已经满足不了人们的好奇心了。科技的发展日新月异，技术手段和开发方式的转变必然会对互动装置的发展产生巨大的影响。互动装置以装置硬件为承载基础，结合其特有的交互性，在其他很多领域都有很广泛的应用。

案例：碧浪洗衣粉射击游戏互动装置。

在碧浪洗衣粉的宣传活动中，商家在瑞士中央车站大厅内搭建了一个射击游戏互动装置，如图6-14。射击装置内装满了果酱子弹，人们只需要登录Facebook，在线上操作就可以射击周围一圈缓缓移动的白色T恤。射中的这件T恤，用碧浪洗衣粉清洁过后就属于参与者了。本案例中的互动装置技术充满新奇色彩，第一步就抓住了大众的眼球，让大众成为主动参与的一方，并且利用当地民众经常使用的Facebook软件来进行远程的操控，在参与者进行游戏的同时，后台也进行着用户数据的记录。碧浪洗衣粉利用这种宣传方式，让品牌理念和产品信息通过人们的参与渐渐深入人心。

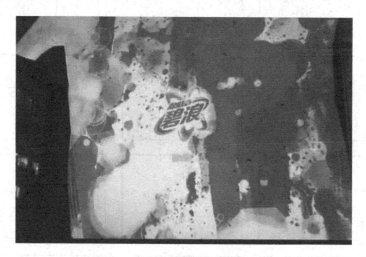

图6-14　碧浪洗衣粉互动游戏装置

互动装置技术应用在这场营销活动中，当然有着充分的理由。随着计算机技术的发展、编程技术的提高，交互技术也得到了进一步的发展。碧浪在做这个营销活动的时候，必然会先做一些市场调查，分析在现在的洗衣粉市场中，怎样的营销方式更适合消费者，了解怎样才能让消费者产生兴趣，并且能主动参与进来。碧浪的互动广告，就利用了线上、线下的平台和互动装置技术，让年轻的、喜欢上网的消费者参与到这个活动中。互动装置的应用让这个营销活动吸引了更多的消费者，增强了大众对该品牌的价值认知，从而促进了销售。

7.图像识别与虚拟现实技术

图像识别是人工智能的一个重要领域。在图像识别中，既要有当时进入感官的信息，也要有记忆中存储的信息，所以技术的背后要有数据库，存储要识别的物体的相关信息。而图像传输与图像通信，再加上高清晰度电视的飞速发展，使全数字式图像传输的实时编码、压缩、解码等技术获得了广泛的应用。现今，新媒体广告制作、动画制作中有着令人叹为观止的杰作。

案例：Axe（Lynx）香氛图像识别广告。

Axe（Lynx）香氛的广告场地选在候机大厅内。安装的摄像头对着地面中央广告区域（空地），当路过的人们站到广告区域时，会被映入前方的大屏幕上，这时通过图像识别技术，一个虚拟的天使会坠落到人们的身边，与人们进行互动，人们甚至可以与大屏幕中的天使合影，如图6-15。

图6-15　Axe（Lynx）香氛广告

广告语：Axe是如此无法抗拒，让天使也有坠落时。

这个案例就是利用图形识别技术来进行广告宣传的。"与天使的互动"吸引着候机大厅里匆匆走过的人们，让他们产生兴趣，停下脚步。这种广告形式除了需要一定的技术支撑之外，还需要有很好的创意点子，与品牌相呼应，以吸引人们的眼球。一般在车站或者机场，总有很多在等待的人，而等待是很无聊的，所以本例广告让人们在这个时间、这个地点参与进来，与天使互动起来，取得了很好的广告效果。

8.LBS定位技术

LBS（location-based service）定位技术的功能就是确定移动设备或用户所在的地理位置，并提供与位置相关的各类信息服务。利用全球定位系统和移动智能终端，LBS定位技术借助有线和无线网络，在固定用户或移动用户之间完成定位等服务。LBS定位技术已广泛应用于人们的日常生活当中。

人们驾驶汽车时经常会使用LBS定位技术进行导航，导航已成为人们确定位置信息的必备工具。现今的全球定位系统不断升级与发展，定位精度、定位时间、定位范围等得到进一步的完善，加上移动互联网的迅猛发展和智能终端的快速普及，人们使用移动端互联网的比例上升，这些都为LBS定位技术的应用打下了基础。在平时生活中，人们使用的大众点评、美团、百度地图等App软件和一些基于地理位置的社交游戏都使用了LBS定位技术，很多其他的LBS商业模式也不断推出，如LBS+团购、LBS+精准推送、LBS+图片分享、LBS+点评等。LBS技术方便着人们的日常出行，使人们享受到了更好的生活服务体验。

案例：TOYOTA汽车（驾驶游戏）。

TOYOTA汽车公司在手机App中推出的公路游戏使用了GPS定位技术。当用户进入适宜的游戏环境（比如乘车过程中），游戏中的路段及转弯会和汽车行驶时用户看到的真实情景一样，趣味十足。App中的LBS定位技术会找到手机用户当前的地理位置，并把周边搜索到的事物都在游戏中虚拟化呈现，与汽车行驶同步。这种不定时推出的活动或者服务，可以维系客户的归属感，让客户感受到品牌的亲和力。

9.温度感应技术

温度感应技术很早就被广泛应用到了各行各业中，如家电类的冰箱、手机的温度感应触屏等。手机App软件也可以结合温度感应技术来制作广告，推出各类有关温度和天气的品牌推广活动。

案例：Budweiser啤酒优惠推广活动。

天气热的时候，消费者喜欢通过喝啤酒来防暑降温。Budweiser啤酒在其App中加入了温度感应技术，消费者下载活动App后到指定酒吧，根据当天温度在喝酒时可以享受相应的折扣优惠价，天气越热，折扣越大。这个广告创意迎合了消费者的心理，促进了消费者的消费欲望，起到了很好的宣传效果，如图6-16。

10.重力感应技术

通过手机中的重力感应传感器，人们在变换手机方向时，可以感受到重心的变化，通过调整光标的位置实现选择的功能。重力感应技术让手机支持界面旋转自适应、界面摇晃切换等功能，多用在甩歌切换、翻转静音、甩动切换视频等应用中，是一种非常具有使用乐趣、人性化的技术。

图6-16　Budweiser啤酒优惠推广活动

案例1：《泰康瞬间》。

当手机从手中滑落，并重重地摔在地上时，人们会紧张地捡起手机，焦急地查看手机是否摔坏。这时，一条条的虚假裂纹出现在屏幕中，当人们发现屏幕因跌落而出现闪屏和裂纹，正焦虑不安，并对这场意外的发生感到懊恼时，突然，裂纹开始自动减少，直至消失！而且画面中出现提醒文字：我们尽最大努力，为您缓解意外带来的伤害——泰康保险。该创意获得长城奖互动创意奖金奖、艾菲奖媒体创意类银奖等。

案例2：阿迪达斯棒球运动游戏。

运动品牌阿迪达斯在日本进行推广活动时，通过市场调研了解到棒球运动在日本非常流行，但只有专业运动员才能经常在专业场地中训练。为了满足大众玩棒球的娱乐需求，阿迪达斯公司开发了一款手机App，利用手机重力感应技术，对棒球运动中的"打、投、跑、守"等不同的动作进行编程模拟，制作了一款体感棒球游戏。用户可以手握手机模仿打棒球的运动，软件还会给出相应的分数值，如图6-17。

11.视频编程技术

视频编程技术是动态图像传输在电信领域的一项技术应用，被称为视频业务或视讯业务，在计算机界常被称为多媒体通信、流媒体通信等。

案例：用互动视频的形式来表达Tabio的袜子产品。

袜子品牌Tabio的购买网站上就应用了互动视频技术，两个少女穿着该品牌的袜子在别墅进行展示，通过镜头将其记录下来并应用到网站上。用户在浏览网站的时候，通过滑动鼠标操作，就能看到各种材质图案。

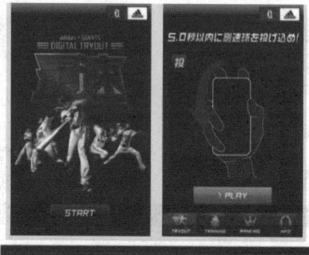

图6-17　阿迪达斯棒球运动游戏

思考题

新媒体广告中多感官的互动技术都有哪些形式？

第三节　新媒体广告文案视觉设计

一、为什么要有文案设计

对于新媒体广告设计来说，不是只会图像处理就万事大吉了。一幅好的新媒体广告作品中，文案所起的作用是至关重要的，在整体作品中文案起到画龙点睛的作用。好的文案不但能为商品本身进行详细的介绍，还能兼顾整体广告创意的一部分。从广告上来说，就是将你的产品卖点通过文字渗透到买家的思维中，让他接受你，认同你，从而购买你的产品。文案视觉设计就是利用文字、标志、插图等，对约定俗成的文字符号进行夸张变形，使之图案化、形象化，同时结合现代构成方式重新进行图形编排、产生图形符号式的标志或插图，富有视觉美感。

而要做好一个网店的文案设计，不仅要了解文字上的知识或者技巧，还要懂得一些店铺装修方面的知识。

网店中涉及的文案通常都会与商品本身图片相辅相成。店铺的推广不仅在于一些网店推广方法的运用，文案也是其中一个重要的影响因素。华丽而不失典雅、自然而不失人气的店铺文字，和主体的风格相映生辉，可以大大提高商品的转化率。对于店铺来说，优秀的文案策划，不仅要做文字功，还要用文字来引导销售，与主体图像相呼应。将文案完全融入到整张图片当中，作为整体创意的一部分，同时起到吸引眼球的作用，如图6-18。

图6-18 文案与图片相融合

与图形相对应的文案必须符合产品的整体营销战略。要考虑是单独使用还是和其他文案组成一个系列，考虑在整个广告活动中所写的这篇文案担负着什么样的任务：是前期概念宣传，还是直接推动卖货，抑或是传达促销信息以提高销量？

写文案的目的就是卖货，文案的作用就是与消费者进行"深度沟通"，让每一句话说到消费者心坎里。文案的主题就是市场营销策略围绕消费者展开的，软文要配合营销战略，针对消费者各类心理需求展开。每篇软文只能有一个主题，常常用一个系列、一个阶段的软文围绕一个主题（在一定阶段内，用各篇软文组成一个系列，围绕一个主题）进行话题宣传。

案例：小米文案与设计的完美结合。

"发烧"已成为一个热词，"小米"让产品发烧了，"锤子"让情怀发烧了。那么，如何让一组海报发烧？

2015年3月，360 OS上市的海报只有一句（图6-19）：我们在发烧友中寻找最有工匠精神的你。

图6-19　360 OS海报

设计师在设计中很容易把自己的设计思想强加给受众，往往容易和消费者产生距离感。就手机论坛文案本身来说，如果设计不够独特，只是在单一地强调发烧友和工匠精神两个名词，并不能给人具体实在的感受。设计的重要性，也由此凸显。

在被拆散的零件里，可以看到的是：相机、面包、无人机和吉他。但有的人会发散思维，延伸到相机、面包背后的智能硬件等领域。无论如何联想，这组海报成功地勾起了人们的兴趣，让人们不断在脑中加工，产生联想。这，就是再创造的魅力。当拆解的零件图呈现在人们面前的时候，却有了震撼力。当一些人在大肆炫耀借势传播的时候，文案加海报的结合又给这些浮躁的文案人上了一课：回归产品本身，才是营销之道。

西尾忠久在《如何写好广告文案》中说道：

既然文案是广告中具有带动作用的要素，就不应该忘记文案和广告中其他要素取得密切配合的重要性。文案，以及包装文案的视觉表现，可以说类似骨骼和肌肉的关系：先有骨骼，而后有相配衬的肌肉附身其上。

二、文案的布局

为了让新媒体的界面布局变得更加有条理，提高整体内容的表达能力，更加有利于用户的阅读以及接受信息，在进行文案设计时必须要考虑布局的整体性和规则性，并适当加入装饰性的设计元素，提升画面美感。文字编排不但要达到表述主题内容的要求，其整体排列风格还必须符合设计对象（一般是图片）的形象要求，才能保证文案准确无误、配合图片传达出信息。如图6-20所示，浅黄色背景简洁醒目，黑色文案主题在正中间，其中"媒体"两个字加红色，同时配用简单的人物图案，让整个文案主题非常突出。

图6-20　准确、简单的文案设计

1.段落布局

在网络端特别是移动端的文案排列中，易读性是非常重要的。易读性就是通过文字的排列和文案的布局使文字能够带给浏览者非常好的阅读体验。在真正的设计过程中，可以通过宽松的文字间隔、字号的设定以及不同字体的穿插使用，让段落

More and more people are becoming seriously overweight. Some people say that raising the price of fattening food will solve this problem. To what extent do you agree or disagree?

范文及解析

Introduction

A **conundrum** of modern societies is the declining level of health in the general population, such as **corpulence**, with conflicting views on how to tackle this worrying trend. One possible remedy is to increase the price of fattening food to encourage a healthier diet.

图6-21 易读性的文案编排

文字产生一定的差异，主次清晰，从而能够提高易读性，增加浏览者的浏览时间。如图6-21所示，在大部分文章中，设计者增大文字的间距，并配有不同的色彩、字号来提高其易读性，方便用户掌握重要信息。

2.对齐布局

文案对齐布局通常会以边对齐和居中对齐两种形态存在，每种对齐方式都是以产品本身图片作为依据的。边对齐在文案设计中使用时通常会以文本的一端作为对齐线，使文本与整体看起来给人以稳重、有力、统一、工整的感觉，是现阶段电商平台中最常见的一种文案布局方式，文本部分在主体边上，只要注意对齐即可。如图6-22所示，分别为文案的左对齐和右对齐。左对齐的排列方式具有节奏感，有虚有实，文字的使用与人物的动作互相弥补。而右对齐则具有很强的视觉性，有加强的画面效果，整个画面的视觉中心向右偏移，让人们的视觉集中在下方的产品上。

图6-22 文案边对齐示例

图6-23　文案和产品形成层次

居中对齐通常会以文本的水平居中位置作为对齐线，或者文本与整个画面进行居中对齐，使文本与整体看起来给人以正式、大气、高端、有品质的感觉。在淘宝海报中居中对齐通常要把文字直接打在商品上面，文案主体部分形成一个前后叠加的感觉，看起来更加具有层次感，如图6-23所示。在不遮挡主体时，单纯的文字居中对齐，同样会使整张海报具有大气上档次的感觉，如图6-24所示。

3.参照布局

参照布局通常是指根据图片的类型，将文本位置与图片布局特点进行合理搭配的方法，文本在整体图像中起到平衡整体的作用，如图6-25所示。

使用有对比效果的排版技巧，可以瞬间增加画面的视觉效果。对比原则包含的内容很多，如虚实对比、冷暖对比、字体粗细对比等，不同类型的对比局部，视觉效果也会不同。

图6-24　不遮挡主体的文案居中对齐

图6-25　参照布局

如图6-26所示，通过文本以背景的高反差效果进行显示。背景如果按不同的颜色、形状进行绘制，上面的文字与背景色作为对比参照物，这样更能吸引浏览者，加强整体视觉效果。

图6-26　对比文案布局

找出文案中重点的语句，运用大小对比和粗细对比，加强文字的强调和区分。字体部分如果要对比，就要选择对比较分明的字体，显示出大的够大、小的够小、粗的够粗、细的够细，让浏览者更加容易记住。对比不光增加视觉效果，还加强了文案的可读性，不必担心字小而错过浏览者的阅读，只要强调的部分吸引住了消费者，他们会对下面的小文字下意识地进行阅读，如图6-27所示。

图6-27　不同大小文字的对比布局

4.分组布局

在图像中如果存在的文案过多，就不能单纯地使用对齐加对比等布局效果了。此时需将文本进行分类，将相同的文本信息文案摆放在一起，这样不仅使整个画面看起来有条理，也非常美观，而且更加有利于浏览者进行阅读。每个分类可以作为一个元素进行重新布局，如图6-28所示。

图6-28　分组布局

三、商家活动文案设计

商品活动文案与纯文本的软文文案不同，需要与素材图片相结合，并配合当前活动的要求，设计上还要与整体相呼应，既要简练又要突出主题。图6-29所示即为融入整体的活动文案的效果。

图6-29　活动文案

活动文案的目标就是带动流量、提升销量、增强知名度等。在撰写活动文案时要体现以下几个要点：

① 活动介绍，包括活动主题、活动时间、活动地点、目标人群、活动目标、活动背景介绍（如主办方、协办方）等。

② 活动规则，包括活动的具体参与办法、面向人群、具体的奖项设置、评选规则和办法等。

③ 活动实施。活动实施要说明活动的具体实施步骤、具体的时间以及大概折扣或奖项内容。

④ 趣味性要强。活动的趣味性越强越好，只要活动好玩有趣，参与的人就会多。活动的氛围烘托起来之后，自然就达到了活动文案的目的。

⑤ 买家得到实惠。只有在文案中，让买家看到本次活动中的让利力度，才能真正调动起买家的积极性。销量增加了，卖家同样也就会得到属于自己的那部分利益，互利互惠才能更好地将活动持续下去。

四、常见字体风格

在新媒体界面设计时，文字的表现与商品展示同等重要，它可以对商品、活动、服务等信息及时进行说明和指引，并通过合理的设计和编排，让信息的传递更加准确。

1.线型字体

线型字体指文字笔画的每个部分的宽窄相当，表现出一种简洁、明快的感觉，在新媒体界面设计中较为常用。常用的线型字体有"方正细圆简体""幼圆""方正兰亭超细黑简体"等。

2.手写型字体

手写型字体是一种使用硬笔或者软笔纯手工写出的文字，代表了中国汉字文化的精髓。这种手写文字，大小不一、形态各异，对于在计算机字体库中很难实现的错落有致的效果，它能够轻松驾驭。手写型字体带有较强的个人风格，在进行此类字体设计时，可以表现出一种不可模仿的随意性和不受局限的自由性，可以更加淋漓尽致地表现主题。如图6-30所示，随意的手写字体加上鲜亮的颜色，给人清新的感觉。

图6-30　手写型字体

3.书法型字体

书法型字体就是书法风格的字体，传统上有行书、草书、隶书、篆书和楷书五种。书法型字体是具有中国特色的字体展示，字形自由、流畅，且富有变化，笔画间会显示出洒脱和力道，能够很好地展现一种精神境界。我们在进行新媒体广告设计时，可以使用书法型字体配合活动主题或商品风格，展示出独特的韵味，如图6-31所示，画面中店铺的名称使用了书法型字体，充分表现了店铺的商品风格和主题定位，很有韵味。

图6-31　书法型字体

4.规整型字体

规整型字体是指文案使用统一的字体、大小，利用整齐划一的标准设计文字，可以表现出一种规整的感觉。这样的字体也是新媒体设计中常见的一种，它能够比较准确、直观地传递出产品的信息，常用于大段文字的展现。如图6-32所示，利用规整的文字，配以图片，同时调节文字之间的距离来营造文章的节奏感，缓解了浏览者的阅读疲劳。规整型文字可以更加简单、准确地传递信息。

思考题

新媒体广告的文案布局都有哪些形式？

图6-32　规整型字体

第四节　色彩在页面设计中的应用

　　颜色给予了人们最直接的视觉感受，满足了人们的感官需求，有效地凸显出界面的主体内容。色彩是人类感知世界最重要的手段之一，在人们的判断过程中是十分重要的信息，也最容易打动人心。色彩应用到网页设计领域中，唤起了人们的情绪反应，能够满足不同人群的偏好，使用户根据个人的喜好搭配界面的配色，形成整体性的界面效果。在用户访问页面时最先吸引眼球的就是页面的色彩，通过多样化的色彩区分开页面的功能，了解网页内各个区域的主体内容，以不同的色彩更好地使用UI（用户界面）设计的产品。好的色彩选择能够提升设计的存在感和魅力，因此在手机UI设计中恰当地驾驭色彩，使其成为一把利剑，是提升产品竞争力的关键。

一、色彩在页面设计中的使用原则

　　第一，通过设计风格与颜色之间存在的相配性，创建整体协调的使用界面。网页色彩设计的每一个区域应当应用不同的颜色，确定出标准化的界面颜色，使用户通过颜色便明确区域的重要信息，简化了界面操作的方法。

　　第二，色彩应用到新媒体广告设计中需要遵循严谨性的使用原则。将界面维持在一个平稳运行的状态，在确定出界面的主色调时便应寻找与之相呼应的色调，合理搭配界面的颜色，形成和谐的颜色搭配形式。设计人员需要严谨地设计界面的颜色，以渐变的颜色维持界面的平衡，运用相似的色彩相互呼应，给予用户使用的舒适感，进而处理好色彩之间的相互关系，避免错误使用色彩。

　　第三，遵循呼应性的使用原则。注重颜色之间的相互呼应，以使用邻近色减少颜色搭配的突兀感，以互补色构建出和谐的界面视觉形式，进而强化用户的视觉感受，提高用户使用界面的效率。确定色彩的基调，以基调去调和界面的配色，区分出界面的主次内容，减少用户使用时的疲劳感。

　　第四，需要遵循有序性的使用原则。保证界面的有序性，保证界面有条不紊地运行下去，使用户通过颜色掌握界面内容的节奏变化，从而有序地阅读界面的内容，随着色彩的穿插找到自我需要的内容。

二、新媒体广告界面设计中对比色的使用

　　在人们生活的世界中，充满着各种不同的色彩，人们在接触这些色彩的时候，常常以为色彩是独立的，比如天空是蓝的，花朵是红的，等等。其实，没有哪一个

色彩是独立存在的，也没有哪一种颜色本身是好看的或不好看的，只有当色彩成为一组颜色中的一个时，人们才会产生美丑的概念，那也是来源于单独的颜色在整体中的协调与否。

色相是人们最早认识色彩时所形成的印象，也就是色彩的名称，如红、黄、蓝等。图6-33所示，是人们最常见的12色相环得到的互补色。

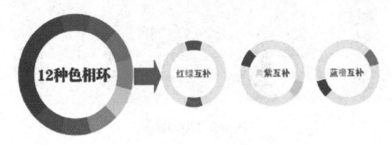

图6-33　色相环互补色

因为互补色具有强烈的分离性，所以使用互补色的配色设计，可以有效地加强整体配色的对比度、拉开距离感，而且能表现出特殊的视觉对比与平衡效果，让作品呈现出活泼、充满生命力的效果。

由于互补色之间的对比相当强烈，所以想要适当地运用互补色，必须考虑色彩彼此之间的比例问题。配色时，必须利用大面积的颜色与另一个小面积颜色的互补来达到平衡，如果两种色彩面积比例相当，那对比就会过于强烈。如图6-34所示，画面中红色和绿色形成强烈的对比，但红色占据了绝大多数的空间，绿色只是作为一个点缀出现，这样画面既丰富多彩，又能突出主题。

同一种色彩，面积越大，它的光量、色量就越强，易见性和稳定性就越高。当较大面积的色彩成为主色时，其受周围色彩的影响就会减少，色彩的面积差异越大则越容易调和。通常情况下，主色和辅色采用7：3或者8：2的分配原则。如图6-35所示，该图片采用的是面积对比的配色方案，让店铺的主色调更加清晰，容易引起浏览者注意。

图6-34　对比色配色微博界面

图6-35　对比色设计

三、新媒体广告界面设计中调和色的使用

"调"是调整、安排、搭配、组合的意思；"和"就是和谐、适宜、恰当，是指没有尖锐的冲突，相互依存，相得益彰的意思。

色彩的和谐让人感觉到愉悦，是美的首要前提。和谐来自对比，和谐是缓解对比所带来的刺激的主要方法，所以我们在进行新媒体广告视觉设计时既要有对比产生和谐的刺激，又要有调和来抑制过分的对比。常见的调和配色技巧有以下几种。

1. 以色相为基础的调和配色

在色相大致不变的前提下，通过改变色彩的饱和度来达到配色的效果，这类配色方式保持了色相上的一致性，在整体效果上容易达到调和。

同一色相的配色：相同的颜色搭配在一起，称为同一色相配色法，比如蓝色的上衣配蓝色系的裤子等。图6-36所示中信银行App的开屏广告中的背景、文字的色彩就是同一色相，只是通过饱和度和明度的不同来产生差异，使得画面产生柔和、丰富的配色效果。

类似色相配色：在色相环中，类似或相邻的两个或两个以上的色彩搭配。如黄色、橙黄色组合，紫色、紫蓝色、紫红色组合，绿色、蓝色组合等，此类类似色在大自然中出现的情况非常多。

对比色相配色：在色相环中，位于色环圆心直径两端的色彩或较远位置的色彩搭配称为对比色搭配。如图6-37所示的画面中，黑色的背景配以白色和黄色的文字，产生强烈的色相对比，使用户在一瞬间就抓住了画面的主要内容。

新媒体广告策划与设计（第二版）

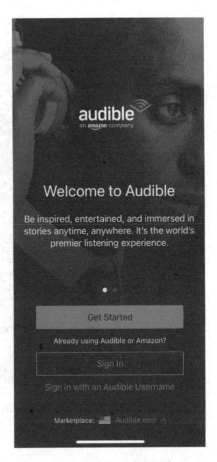

图6-36　同一色相配色　　　　　　　　　图6-37　对比色相配色

2.以明度为基础的调和配色

明度是人类分辨物体时最敏锐的色彩反应，它的变化可以表现事物的立体感和远近感。在中国的国画和希腊的雕刻艺术中经常会看到明度变化的案例。明度可以分为高明度、中明度和低明度。使用高明度色配高明度色、中明度色配中明度色、低明度色配低明度色，属于同明度配色。在新媒体视觉设计中，一般使用明度相同、色相和纯度变化的配色方案，如图6-38所示，画面中的各元素在明度上有明显的区别，但低明度的设计给人祥和、放松的感觉，符合产品的主题。

3.以纯度为基础的调和配色

纯度的强弱代表着色彩的灰度等级，在一组色彩中，当纯度的水平相对一致时，色彩的搭配也就很容易达到调和的效果。随着纯度高低的不同，色彩的搭配也会引起不一样的视觉感受。

图6-38　以明度为基础的调和配色

思考题

你能找出几个新媒体广告案例，其色彩搭配遵循对比色调和原则吗？

第七章

新媒体广告
策划与设计
（第二版）

网络购物
平台设计

第一节　网店首页视觉设计

网店的首页就像是线下店面的布局和摆设，提高网店首页用户体验才是网店长期稳定发展的最好助力。在影响用户体验的众多因素中网店首页页面布局无疑是十分重要的一项因素。

一、网店首页布局

网店首页是网店给用户的第一印象，首页页面布局需从主题、导航、内容等方面入手。

1.首页主题

首页是网店的核心页面，首页的主题也就是网店的主要核心。首页主题需让用户很容易地了解网店是卖什么的。首页主题体现在网店的标题、关键词、描述上，其中最重要的是标题，用户在搜索引擎上看到的搜索结果就是网店的标题和描述内容。在首页页面上，首页主题还体现在LOGO及网店标题上，准确概括的首页主题可以很好地帮助用户选择自己有确切需求的商品。

2.首页导航

网店导航可以看作是对网店内容的分类，把网店的内容进行细分，方便用户根据个人需求选择浏览相应栏目页面。网店首页导航要做到分类清晰，导航栏目间不重复。

3.首页内容

布置好网店首页导航就可以进行网店首页的内容布局设计了。首页一般包括店铺页头［店招（即店铺的招牌）、导航］、活动促销（全屏海报、全屏轮播、优惠券）、店铺产品（产品分类、主推产品）和店铺页尾（客服中心、购物保障、发货须知）等。进行页面的内容布局时需先对网店的用户群体进行需求分析，把用户关注最多的内容放置在首页的最重要位置。按照用户的浏览方式、内容重要程度由左上到右下进行布置。也就是说最重要的内容要放置在首页左上位置，而广告或最不重要的内容可放置在页面的右下位置，如图7-1。

二、网店首页页面设计步骤

网店首页占店铺所有页面30%以上的访问量，所以，进行首页布局时除了做好主题、导航和内容外还需注意页面的尺寸、打开速度及友情链接布置等方面。

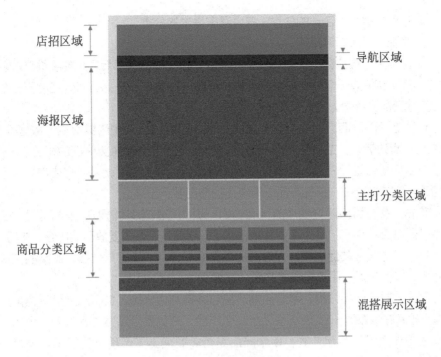

图7-1　首页内容分区

1.页面规划

针对同行做一个市场调查分析：同网络平台热卖款是哪些？平均成交价位是什么？成交时段是什么？竞争对手是谁？受众特性有哪些？

有了这些数据，对品牌与产品做一个定位，确定主推产品、开店促销方案、产品分类、导航分类、店铺整体风格定位，最后确定店铺装修原则，满足用户需求，达到销售目的。

2.页面设计需要的内容元素

① 店招——明确品牌定位与产品定位。

② 导航栏——网店地图，让买家进入店铺后有路径可寻。

③ 产品类目——建议加到首页。如果店铺产品繁多，促销区设计占据首要位置。

④ 搜索栏——方便用户直接找到需要的商品。

⑤ 促销活动——必须放在第一屏，活动的优惠政策或者产品的价格要醒目，因为据调查看不到价格的产品的点击率要比有价格的产品低5成左右。

⑥ 产品分类展示模块——产品分类能让用户更加方便地找到自己需要的产品。

⑦ 收藏店铺、服务、品质展示等——收藏很重要，对新店或许效果不明显，等有了一定的用户群后，收藏就会发挥作用，能为你的店铺带来有效流量。

⑧ 左侧分类——合理的分类，符合买家需求的分类。

⑨ 客服区——即时反馈。

⑩ 左侧产品推广区——在每一个产品描述页面的左侧都会显示你要推广的具体商品，类目是在每一个页面都要显示的。让用户在看单一产品的时候还能不经意地看到其他商品介绍页，可能就有意外收获。

有了上面的网店首页内容元素，大多数人可能还不清楚店铺页应该放些什么，往往堆叠罗列信息，或者信息单调乏味。其实网店首页就像实体店的橱窗位一样，其最终目的是希望用户进一步浏览。明确目标后，那么我们就需要将店铺最吸引人的活动、店铺最新或主推的产品以模块化的布局展示出来。

首先，考虑页头店招模块放什么内容，页头导航总共需要几个导航分类内容，是否需要放品牌文案，是否需要着重表现收藏店铺，是否需要放活动内容，等等。

其次，对于活动促销模块，考虑活动主题是什么，内容是什么，文案的主次顺序如何，是否有需要重点展示的产品，等等。

再次，对于产品分类，考虑店铺产品总共有几大分类，页面从上至下的摆放顺序是什么样的，每个分类模块里面放几个产品，产品是否需要主次区分，是用方格矩阵还是更灵活的展示方式，单个产品是否需要突出展示价格或折扣，等等。图7-2和图7-3分别是产品分类和促销信息展示。

然后，对于主推产品，考虑主推产品有哪些，它们有怎样的区别和定位，它们的推介顺序是什么样的，它们的核心卖点是什么，是否需要突出价格和折扣，等等。

最后是店铺页尾。页尾模块一定要符合店铺风格和主题，色彩要一致；内容上可添加消费者保障服务（消保）、7天无理由退换货等保障服务、客服联系方式、商品购物流程等。

图7-2　产品分类展示

　新媒体广告策划与设计（第二版）

图7-3　促销信息展示

三、网店首页视觉设计水平的指标

网店首页的视觉设计水平有四大指标：首页跳失率、首页点击率、首页人均点击次数、首页平均停留时间。这四个指标代表一个网店首页的展示水平。

首页跳失率：买家通过某种渠道进入店铺，只访问了首页就离开的访问次数占该入口总访问次数的比例。

首页点击率：商品在首页展现后的被点击比率。即：首页点击率＝首页点击量÷首页展现量。

首页人均点击次数：在一段时间内人均点击首页的次数。如假设某日该网店的唯一访问者数为150人，在此期间本店铺首页的总访问数为600次，那么首页人均点击次数为：600次÷150人＝4次/人。

首页平均停留时间：首页平均停留时间（单位：秒）＝访问店铺首页的所有访客总的停留时长÷访客数，多天的平均停留时间为多天内人均停留时长的日均值。和首页人均点击次数一样，首页平均停留时间也可以用来判断一个店铺首页是否能留住访客。

思考题

网店首页设计都有哪些主要的板块内容？

第二节　商品详情页设计

一、商品详情页的内容和作用

所谓商品详情页就是对商品进行描述的页面，主要功能有描述产品、节约客服沟通成本、提高转化率、促进销售。详情页是提高转化率的入口，能够激发消费者的消费欲望，树立消费者对店铺的信任感，打消消费者疑虑，促使消费者下单。优化商品详情页对转化率有提升的作用。

商品详情页一般包括商品的基本信息表、整体展示（场景展示、摆拍展示等）、细节展示（各部分材质、图案、做工、功能的展示）、产品规格尺码、品牌介绍、搭配推荐、活动促销信息、消费者反馈信息、包装展示（一个好的包装能体现店铺的实力，给消费者放心的购物延续体验）、购物须知（邮费、发货、退换货、衣服洗涤保养、售后问题等）、产品延伸区块以及其他关联商品、热销商品推荐。现阶段主要电商商品图片尺寸见表7-1。

表7-1　我国主要电商商品图片常用尺寸

电商平台	商品详情页设计尺寸规范
淘宝网	详情页左侧边栏宽190像素，中间空10像素，右侧宽750像素，加起来总宽度为950像素。如果关闭左侧边栏，就可以显示950像素宽，不然只显示750像素宽
天猫商城	详情页布局与淘宝类似，不同之处在于天猫商城新版页面的宽度由750像素变为790像素
京东	京东对详情页布局有统一要求，整体宽度不超过740像素

而大型企业的App页面按与消费者的营销接触过程可简单分为搜索页、导航目录页、产品详情页、物流支付页等四大页面。一些企业因无实体店，更关注这些互联网页面的消费者体验，对页面的任何元素都精益求精，对任何流程都力争符合消费者浏览、选择产品的习惯。

图7-4、图7-5所示分别为大型网络企业中淘宝、京东的产品销售详情页。

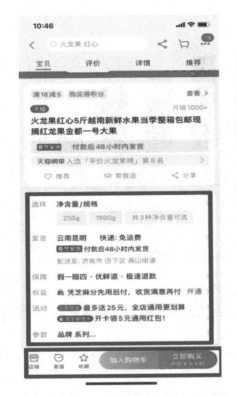

图7-4 淘宝详情页

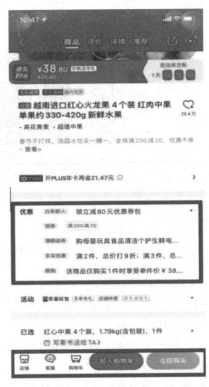

图7-5 京东详情页

二、详情页设计前期的消费者分析

详情页的作用还是在于让消费者产生购买意愿。所以要打造一张优秀的详情页，大概用60%的时间去调查、构思，确定方向，然后用40%的时间去设计优化。从消费者的角度出发，了解消费者的想法，从而以他们的想法作为出发点。

设计网店产品详情页之前要进行充分的市场调查，尤其是同行业调查，规避同款。同时也要做好消费者调查，分析消费者人群特点、消费能力、喜好，以及购买时在意的问题等。

根据消费者分析以及自身产品卖点的提炼，根据产品风格的定位，开始准备所用的设计素材。编写详情页所用的文案并确立产品详情页的用色、字体、排版等。使用正确的颜色、字体和排版结构，对赢得消费者的消费信任感也会起到重要的作用。最后还要烘托出符合产品特性的氛围，例如对于羽绒服，详情页背景可以采用冬天的冰山效果。图7-6以服装类商品为例，说明了消费者在网店购物时对商品元素的关注程度。

通过图7-6，可以看出消费者对商品详情页的内容需求。

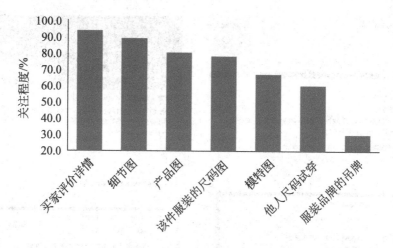

图7-6　消费者对商品详情页的内容需求

消费者在购买商品时一般会经历如下几步：

第一步，第一眼印象：是否喜欢这件商品的风格和样式等？关注点为整体展示，如摆拍、模特展示等。

第二步，仔细看：这件宝贝的质量好不好？功能全不全？关注点为细节展示、功能展示、品牌展示等。

第三步：这件商品是否适合我？关注点为功能展示、尺码规格等属性。

第四步：商品的实际情况是否与商家介绍的相符？如：是否为正品？有无色差？尺码是否有偏差？关注点为商品品牌、销量以及其他买家的评论。

第五步：产品的价格有没有优惠？关注点为活动促销信息，如打折、满减、组合价、会员价、优惠信息等。

特别要注意的是，由于消费者不能真实体验产品，因此产品详情页是要打消消费者顾虑，从消费者的角度出发，关注最重要的几个方面，并不断强化，告诉消费者自己是做这个的专家，并且很值得信赖，现在下单价格最优。要给消费者传达：真实感，真实再现产品原貌，有不同角度，有更多细节；逻辑感，根据消费者的需求部署和展开卖点陈述，层层展开，达成销售目的；亲切感，针对目标消费者的特性进行文案、图像的风格设定，通过展示的亲切氛围来打动消费者；对话感，在网店的销售过程中产品介绍是靠文字、图片的描述完成的，作为虚拟的营业员，描述要有对话感，用对话的逻辑开展交流；氛围感，网店产品介绍中的销售氛围营造和实体店一样重要，形成很多人购买的气氛，让消费者因从众心理而决定购买。

三、商品详情页设计元素模块

商品详情页设计是直接决定交易能否达成的关键因素。商品详情页怎样才能具有吸引力？怎样才能抓住消费者的心理？需要关注以下几个关键模块。

1.导航模块

为了更好地传递网店内部详情页面的权重，详情页也需要设置导航。网店各层级的页面较多，尤其是大型网店，为了更好地让站内各层页面获得权重，采用网店内部导航是很好的方式。为内容详情页设置导航就是最有利于改善消费者体验的内链形式。内部导航不但可以分配页面权重，还可以方便消费者在各层级页面间进行切换。

2.商品细节展示模块

消费者购买产品最主要看的就是产品展示的部分，在这里需要让消费者对产品有一个直观的感觉。通常这个部分是使用图片的形式来展现的，分为摆拍图和场景图两种类型。

① 摆拍图能够最直观地表现产品，拍摄成本相对较低，大多数商家自己也能够实现。摆拍图的基本要求就是能够把产品如实地展现出来。走朴实无华路线，有时候这种态度也是能够打动消费者的。

实拍的图片通常需要突出主体，用纯色背景，讲究干净、简洁、清晰。这种拍摄手法比较适合家居用品和数码产品，采用模特拍摄的话反而喧宾夺主。因此此类商品的拍摄尽可能采用纯底色来凸显产品。

② 场景图能够在展示产品的同时，在一定程度上烘托产品的氛围。通常需要较高的成本和一定的拍摄技巧。这种拍摄手法适合面向有一定经济实力，有能力把控产品的展现尺度的消费者。因为场景的引入，若运用得不好，反而增加了图片的无效信息，分散了主体的注意力。场景图需要体现出产品的功能，或者是一张唯美、有意境的图片，可以衬托商品，而不是影响商品展示。

在商品展示模块里，消费者可以找到产品的大致感觉。当消费者有意识想要购买的时候，商品细节展示模块就要开始起作用了。细节是让消费者更加了解这个商品的主要手段。消费者熟悉商品对最后的成交起到关键性一步的作用。

此模块要尽可能地展示商品细节、材质，如图7-7。

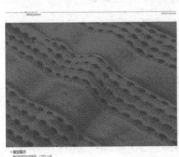

图7-7　展示商品细节

图7-8　展示商品参数

3.商品参数模块

图片是不能反映商品真实情况的，因为图片在拍摄的时候是没有参照物的。经常有消费者买了商品以后要求退货，原因就是比预期相差太多，而预期就是照片给的。所以需要加入商品规格参数的模块，如此才能让消费者对商品有正确的预估。

商品的参数是消费者判断商品整体感觉的主要方式。图7-8为商品参数图。

4.客服体系模块

客服体系是指在整个销售过程中，售前咨询、售后服务、问题投诉等一整套沟通渠道。完善的客服体系能够极大地提高客服工作效率，让消费者找到对的人问该问的问题。也许普通店铺的流量并没有达到需要分客服体系的地步，但可以在店铺首页或者详情页加入旺旺（淘宝设计的一款聊天工具，主要是让淘宝卖家和买家进行沟通）链接。在页面里合适的位置放置咨询旺旺能够更快地将消费者购买意识转化为交易，提高效率。

5.个性模块

但凡成功的商品展示店铺，都要有自己的独特性格。这个性格主要是通过店主来体现。有个性的文案描述，或者阐述店主推荐产品的理由，都是在一定程度上试图和消费者进行沟通，建立一种相互的认同感。一家有性格的店铺，能够更加为消费者所接受。在标准化的产品描述页面中，加入店主的性格阐述，能够起到意想不到的效果。

店铺是需要灵魂的，这些都在字里行间体现，如图7-9。

图7-9　网店将品牌个性通过图片文字展示

6.搭配展示模块

搭配是时下最流行的词之一，消费者在网络购物平台购物已经不仅仅是在购买商品，还是在寻找自己的风格。大多数人对于搭配感并不是很敏锐，他们更相信专业店主的搭配推荐。一旦消费者接受了店主推荐的搭配风格，那这个消费者很可能就会成为你的长期忠实消费者了。

图7-10　搭配展示

搭配是当下最流行的营销词汇，所以在详情页面中需要有大量的搭配展示图片，如图7-10。

7.活动信息模块

详情页面里的产品促销信息如图7-11，能够在消费者的购买决策中起到临门一脚的作用，活动的促销作用不言而喻。

8.功能展示模块

功能展示模块的主要作用是对产品各个功能做详细的解析。因为图片是无

图7-11　促销活动图片

法动态地展示商品使用情况的，所以需要在图片上对于产品的其他功能做更详细的说明。

时下最流行的说明方式是看图说话，能够进一步展示细节，同时对细节进行补充说明。这样能大大地提高消费者对产品的认知。但是这种形式对卖家图片处理能力的要求非常高。看图说话是最好的商品表述方式，如图7-12。

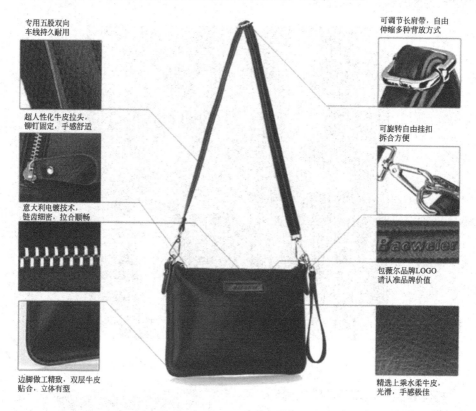

图7-12　功能细节展示

9.包装展示模块

包装是服务的重要组成部分。一个好的包装还能体现店铺的实力，给消费者放心的购物延续体验。包装是网上体现服务质量一个重要组成部分，如图7-13。

图7-13　商品包装展示详情

四、商品详情页设计营销方式

1.关联营销

关联营销是几乎所有网店都尝试过的一种促销方式，可以提高流量的利用率，让进入店铺的流量在店铺内部流动起来。关联营销主要承载着两个角色。一个是在消费者对该产品不认可的时候，推荐相似的另外几款。因为消费者既然点击到这个产品，那么对这个产品还是有部分认同的，因此推荐相似款，能够在一定程度上挽回这次交易。另外一个角色是当消费者确定要购买这件产品的时候，推荐与之搭配的另外一个产品，让消费者再购买更多的产品，提高成交量。因为消费者在确定购买一个产品的时候，会下意识地降低邮费成本，那么多选购几个产品就是不错的方法。

商品之间的关联可以分为三种：同类型商品、互补性商品，以及没有关系的商品。这里举一个例子来说明这三种商品关系：一个消费者进入了一个婚纱的商品页，另一款婚纱与这件婚纱的关系便属于同类型商品的关系，而手套、婚鞋、新娘头饰是这件商品的互补性商品，短裤、T恤就可以归入没有关系的商品行列，要拿来做关联销售的是前两种关系的商品。

关联推荐的产品切忌胡乱堆砌，要根据营销的目标选择商品。其表现为三方面：产品搭配套餐、跟所点击产品相关的类似产品、人气高低的互相组合。

由于现在新媒体数据技术的发展，我们可以使用数据分析的方法来挑选关联商品。数据型关联方法一：按买家购买记录来挑选，导出产品销售记录，看购买了A商品的人同时还购买了哪些商品，如果发现买了A的人同时购买B、C、D的概率较高，那么就可以把A商品关联上B、C、D。数据型关联方法二：按消费者浏览轨迹，关注正在浏览商品的人更喜欢浏览哪些商品，比如发现浏览了B、C、D的人中很多又浏览了F，其次是G，其次是H，就关联F、G、H。关联营销实例如图7-14。

2.粉丝营销

目前，在网络购物平台上的推广成本已经越来越高了，每争取一个消费者的成本也在逐年增加。这就迫使卖家需要想尽办法留住争取来的消费者。积累好自己的消费者群体，是当前竞争的核心环节，未来核心的竞争就是消费者之争。积累自己消费者最主要的手段就是会员营销。组建自己的粉丝群，开设各

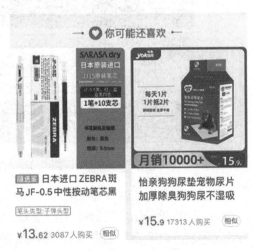

图7-14 关联营销

种会员活动。这些都需要在商品详情页面里有一个好的体现，从而不断丰富自己的粉丝群。会员折扣等能够让会员尽可能长期关注的手段若用得好，就会让店铺进入一种良性积累。

思考题

商品详情页的视觉设计都有哪些内容模块需要考虑？

第三节　网店店招设计

一、网店店招的内容和作用

店招，顾名思义就是店铺的招牌。对于实体店来说，店招就是店铺的实体招牌；网店不需要实体门面，所以店招就是网店的门面，即店铺的虚拟招牌。店招一般都有统一的大小要求，以淘宝网来说，店招为950×150像素，单独店招部分高度为120像素加上默认导航30像素，整个店招部分的高度也就是150像素。格式为JPG、GIF。自己的门面当然是越吸引人越好，一个好的店招完全可以体现出本店的特点和所售产品，在让消费者记住的同时也就会自然地增加本店的销量。不同店铺设计的店招也是不同的，有简单的也有复杂的，如图7-15所示。

图7-15　店招图片

店招可以表明商店所售物品或服务项目等，可以传递商店的经营理念以及品牌优势等，可以展示出店铺的特价活动以及促销方式等。不管是新客户还是老客户，在浏览网店的时候都会在第一时间看到店招的内容，如果店招的内容够吸引人的话，就很容易引导买家对店铺内的其他产品感兴趣，从而促成交易，否则就很可能抓不住用户的眼球和需求，从而白白浪费掉浏览用户资源。

店铺定位如何、是否有优惠、是否有核心产品，都可以从店招看出来。从内容上来说，店招上面可以有：店铺名、店铺LOGO、店铺SLOGAN、收藏按钮、关注按钮、促销产品、优惠券、活动信息/时间/倒计时、搜索框、店铺公告、网址、第二导航条、旺旺、电话热线、店铺资质、店铺荣誉等一系列信息。用一句话总结：如果可以，几乎所有能想到的内容都能在店招上面进行展现。除了店铺名必然会出现外，其他内容都可以按照卖家具体情况进行安排。如此多的信息，不可能同时显示在店招上，否则会造成信息的堆叠，失去表达重心，应适当进行取舍，选择放置最重要的内容。

二、网点店招分类

从功能上说，店招可以分为品牌宣传为主、活动促销为主、产品推广为主和随意设计4种类型。实例如图7-16。

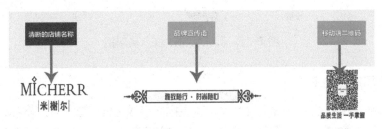

图7-16　网店店招展示

1.品牌宣传为主

顾名思义，这类店招有自己的明确目的。店铺特点是产品给力、店铺实力雄厚、有自己的品牌，或者正努力朝着这个方向发展。

这类店招首先要考虑的内容是网店名、网店LOGO、网店SLOGAN，因为这是品牌宣传的最基本的内容；其次是关注按钮、关注人数、收藏按钮、店铺资质，可以侧面反映网店实力；再次是搜索框、第二导航条等改善用户体验的内容。最好不要出现店铺活动、促销等打折讲价的信息，影响整体的品牌形象。如图7-17所示，店招大面积都是品牌的名称和LOGO。

图7-17　"品牌宣传为主"类店招

2.活动促销为主

网店在活动促销时的特点是店铺活动、流量集中增加，有别于店铺正常运营。所以店招首要考虑的因素是活动信息/时间/倒计时、优惠券、促销产品等活动或者促销信息；其次是搜索框、旺旺、第二导航条等改善用户体验的内容；再次才是店铺名、网店LOGO、网店SLOGAN等以品牌宣传为主的内容。

这种类型的店招，不管是氛围设计还是内容展现，都要让活动信息占据更大的篇幅，否则用户对网店信息的关注度反而会降低。利用产品的一些特点，结合重要的促销信息来编辑成广告用作宣传，需要注意的是，在店铺的活动结束后一定要及时将促销的信息去掉，这样才能保持店铺的专业性。实例如图7-18。

图7-18 "活动促销为主"类店招

3.产品推广为主

此类店招的特点是表现主推产品，有主推产品或主推一款、几款产品。在店招上，这类网店要主打促销产品、优惠券、活动信息等促销信息；其次是店铺名、网店LOGO、网店SLOGAN等以品牌宣传为主的内容；再次是搜索框、第二导航条等改善用户体验的内容。实例如图7-19。

图7-19 "产品推广为主"类店招

三、网店店招设计原则

无论何种品牌，店招的两个设计原则是：首先要直观明确地告诉客户自己店铺是卖什么的，表现形式最好是实物照片；其次要直观明确地告诉客户自己店铺的卖点，如产品特点、优势、与其他店铺的差异。

从店招的两个设计原则上可以看出店招必须要体现的四个要素：

① 店铺名字：告诉客户自己店铺是卖什么的，品牌店铺可以标榜自己的品牌，同时品牌LOGO一定要出现在店招显眼的位置，让客人一眼就能看到。

② 实物照片：直观形象地告诉客户自己店铺是卖什么的。

③ 产品特点：直接阐述自己店铺的产品特点，第一时间打动客户、吸引客户。

④ 店铺产品优势和差异化：告诉用户自己店铺和产品的优势以及和其他店铺的不同，形成差异化竞争。

一个好的店招能够吸引更多用户进入店铺。传统的网络广告设计都喜欢在网店的店招上放很多的内容，从想法上来说是没有错误的，毕竟能够展现出店铺的更多信息。但是效果上就不能令人满意了，像这样堆满了内容的店招，不仅不能给店铺带来视觉上的强化，还会因为视觉的过度堆砌而降低了店铺整体的转化率。下面来看看店招应该如何布局。

首先来看一个如图7-20所示的不成功的案例。

图7-20　店招示例

图7-20是某个网店的店招设计图，店招里面总共放置了5条信息，设计者想要这5条信息都能够得到顾客的关注，但实际上只会有一两条信息能够得到用户的关注，而剩下得不到用户关注的那几条信息则没有能够传达。这样就会造成应该传达给用户的部分理念没有得到应有的注意，用户反而去注意一些无关紧要的信息，得不偿失。另外，设计者也想把促销信息加入到店招中来，如图中数字5部分，但又没有足够的空间，导致部分浏览者的页面会出现错误显示。

下面再来看看如图7-21所示的一些设计得比较好的店招。

KISSDEAR ｜ 让 我 更 懂 你
卡丝迪尔家纺旗舰店 ｜ LET ME KNOW MORE ABOUT YOU

首页　所有商品　套件系列　绒类套件　被芯系列　枕芯系列　单品系列　床垫系列　毛毯盖毯

图7-21　店招正确示范

这个店招的品牌LOGO出现在醒目的位置，使得用户一眼就看到了，同时体现了品牌诉求、主题口号，然后就是下方的导航栏部分，简单布局的店招和色彩的强烈对比突出主题，让消费者可以轻松了解店铺、品牌和进入下一级页面。若要在店招添加促销信息，促销信息可以在店铺促销的时段放上去，店铺活动结束后，及时把促销信息去掉，这样才能保持店铺的品牌性。

如图7-22所示，大家的视觉焦点在哪里？大面积色彩鲜艳的画面让浏览者一下子就明白了这个店铺是销售什么产品的，而且让人垂涎欲滴的图片更进一步延长了浏览者在网站逗留的时间。

图7-22　视觉冲击画面的设计

由此能够总结出设计店招时要注意的一些问题：首先，视觉重点不宜过多，有1～2个就够了，太多了会给店招造成压力！其次，根据店铺现阶段的情况来分析，如果现阶段是做大促销，可以着重突出促销信息，但是品牌性也不能忽略。再次，店招一定要凸显品牌的特性，包括风格、品牌文化等等，让用户很容易就清楚这家店是卖什么的！这些元素需要店家对自己有一定的理解再去下定论，用一些特殊形象来作为品牌的形象代表突出品牌文化！最后，颜色不要复杂，一定要保持整洁性，不要使用过多的颜色。店铺本来需要表达的信息量就不大，不需要把店招做得太花哨，否则将给用户造成视觉疲劳，很可能就会流失客户的关注度。尽量只使用1～3种颜色，减少使用过于刺激的颜色！

思考题

店招设计中版面内容不可以堆积过多，过多的内容会分散读者的注意力，你认为几条重要信息为最合适？

第四节　网店店标设计

店标指的通常是网店的核心标识，也就是店铺的LOGO。它是店铺的标志，就是利用文字、图标、插图设计，对约定俗成的文字符号进行夸张变形，使之图案化、形象化，同时结合现代构成方式重新进行图形编排，产生图形符号式的标志或插图，富有视觉美感。文件格式为GIF、JPG、JPEG、PNG，文件大小在80kB以内，建议尺寸为100×100像素。当顾客搜索店铺类目或是进行收藏的时候，有创意的网店店标设计更容易让人记住。

对于一个店铺而言，店标有着相当重要的地位。大到国际连锁品牌，小到零售网店，一般都会有自己的独特标志。标志能够代表一个品牌、一种形象，可以代表着店铺的风格、店主的品位、产品的特性，也可起到宣传的作用，更能给顾客留下深刻的印象，并稳定扩展自己的客户群。

店标的设计要便于消费者识别，要以最简单的形式，在最短的时间内让消费者和产品产生联系，同时还要有较强的可记忆性，使得消费者能够长久记忆。如图7-23所示奥迪品牌的标识。

图7-23　奥迪标识

店标的设计分为以文字为主题、以写实为主题、以抽象图形为主题以及组合型几种。

1.店标文字的设计

如图7-24，店标的文字设计可分为中文文字型、非中文文字型和混合型。文字设计由基础字体设计形成变体、装饰体和书法体，其中包括：中文字，以汉字为主，还包括蒙古文、藏文、回文和壮文等；外文字，以英文为主，还有法文、德文与拉丁文等相近文字，日文、朝鲜文、越南文等。文字设计分类：字体设计、中英文组合字设计、文字图形创意等。

图7-24　店标文字

文字设计一定要兼顾可读性、艺术性和形式与内容的统一这三条原则。在进行和店标有关的文字设计时，常常用到变形的文字，如线条和图片在字形设计中的使用。在一些很具有现代感的字体（例如Bodom）中，往往有一些非常细的线条，删除某个字母的一个线条然后把它们靠在一起，会形成意想不到的效果，如图7-25。

SA SA SA

图7-25　线条的删除使用

对于一些有着相同高度的字母，它们可以通过这些简单的线条结合起来，不过这样往往有一种排列过于紧凑的感觉，为了避免这种感觉，可以给它们加上底纹或者描边，如图7-26。

图7-26　线条的统一

2.店标图形的设计

店标图形作为网店标志设计中的图形部分，是利用绘画、摄影等艺术形式的语言手段、技法，补充说明特定的信息；通过以造型、色彩为主题的艺术手法，直接发挥信息传达作用，增强信息传达的可视性、可读性，从而形成强大的视觉冲击力。店标中图形设计是运用图案表现的形象，本着审美与实用相统一的原则，尽量使线条、形态清晰明快。其设计内容在新媒体广告领域应用上通常分为人物、动物、商品形象。人物形象图形以人物为题材，容易与消费者相投合，因为人物形象最能表现出可爱感与亲切感，人物形象的想象性创造空间非常大，如图7-27。生活中成年人的头身比为1：7或1：7.5，儿童的比例为1：4左右，而卡通人物常以1：2或1：1的大头形态出现，所运用夸张变形的手法不会给人不自然、不舒服的感觉，反而能够使人发笑，让人产生好感，整体形象更明朗，给人印象更深。

动物形象图形作为标志的历史已相当久远，动物作为卡通形象更受到公众的欢迎。须十分重视创造性，注重形象的"拟人化"手法。比如，动物与人类的差别之一，就是表情不显露，但是卡通形象可以通过拟人化手法赋予动物如人类一样的笑容，使动物形象具有人情味。运用人们生活中所熟知、喜爱的动物更容易被人们接受，如图7-28。

图7-27 卡通人物形象的店标设计

图7-28 动物形象的标识

思考题

店标设计分哪两部分内容？

第五节　网店主图设计

在产品标题输入正确的情况下，消费者关注的产品的主要图形，称为主图。主图承载了产品的款式、风格、颜色等多个特征，这些特征比文字描述更加直接地影响消费者对产品的喜好程度。移动端页面中的主图还会出现在搜索页、首页、列表页、商品详情页这四类页面中，因此，设计好主图是一项非常重要的工作。

一般网店的主图有三种尺寸：1920×500像素的全屏主图，1920×600像素的全屏主图，950×400像素的主图。

一、主图设计原则

网店主图设计有几个"3"原则，如图像中要包含3个元素：背景，文案（名称、卖点、价格）和产品信息。还要有3段文字：主标题、副标题、附加内容。同时字体不能超过3种，主标题可用粗大字体，副标题略小。整个画面尽量不要使用3种以上的颜色：70%主色，25%辅助色，5%点缀色。在空间设置上保持30%以上留白，尽量让用户在0.3秒内读完。

1.主图色调要与大色调统一

在设计主图时，先观察大环境，尽量避免主图色调与环境整体色调产生强烈对比。必须要用对比色设计主图时，要考虑降低纯度或明度。

2.观察产品亮点定背景色

背景的设计选择上要充分考虑产品图片元素，为了做出一张比较漂亮的图片，最好要做到背景与产品的呼应。可以直接将拍摄的产品图用作背景，这样的设计由于产品图片面积较大，可以制造视觉冲击感，吸引浏览者注意力；另外一种设计形式是将文字文案、背景环境设计和产品图片三者结合，需要合理搭配空间布局和呼应关系。

3.文案策划排版式

要明确自己的主图是给中国人看的，过度使用英文是不合适的，可将英文作为中文的辅助元素。

4.合理版式突出主题

产品图片展示与摄影图片展示不同。摄影作品突出原生态，添加文字是为了更好地突出画面。设计作品是画面烘托文案主题，应将主题文案放在首位，重点突出。

二、主图的具体设计

如果完全按照自己的意愿，不规范地设计主图，那就容易影响商品的排序。如果直接盗用其他店家的主图，是会被处罚的！所以在制作之前一定要了解所属类目的主图制作规范，这样才可以避免违规。

设计主图的时候，注意以下事项：产品本身要突出、清晰，不能模糊；摆放的位置、比例要合适；产品在修图处理以后和实物、详情页一致；促销文字占页面比例在50%以下，清晰可见；不要用过分夸张的语言作为促销语。以下是几个主图设计的案例。

1. 辐射式构图

图片内的文字和图片由画面中心点向周围辐射，各个产品比重不同，便于引导消费者的视线，如图7-29。

图7-29　辐射式构图

2. 倒三角构图

多个产品进行倒三角形构图，各个产品所占比重有大有小，构图稳定自然，立体感强，如图7-30。

图7-30　倒三角构图

3.垂直水平式构图

水平排列每一个产品,各产品所占比重相同,此类构图让每个产品的展示效果都很好,次序感强,如图7-31。

4.对角线构图

对一个产品或两个产品进行对角线构图,各产品所占比重均衡,能增强画面的动感,如图7-32。

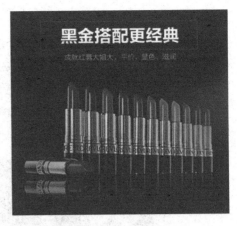

图7-31　垂直水平式构图

图7-32　对角线构图

5.色彩捕捉

好的配色能让消费者加深对产品的印象,在不同的季节、针对不同的消费者群也要考虑颜色的选择。商业设计讲求颜色简单至上,如果是为一个浅色调风格的网站设计详情图,画面部分颜色采用暗一点的会比较醒目;相反,如果是暗色调的网站,则用明度较高的颜色会比较醒目。颜色过多会打乱整体的色彩节奏,并且减弱了颜色之间的对比,使整体效果变弱,同时颜色越多则图片越大,页面加载慢,会大大减弱消费者体验感。实例如图7-33。

图7-33　色彩捕捉

6.简单统一体验

用简单的线条来勾勒整体布局，这种表现方式能很好地突出产品的特性。网店详情页设计要尽量保持统一的效果体验，例如页面中出现的字体不要超过3种，主色调和点缀色调要合理使用，界面风格保持一种姿态。同时尽量不打破设计中的习惯，例如箭头是用来引导消费者点击查看下一篇或者更多的内容，按钮元素引导消费者点击去看看或者进行某种操作体验，给消费者带来简单统一的体验，如图7-34。

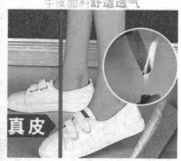

图7-34　简单统一体验

常见主图设计形式，如表7-2。

表7-2　常见主图设计形式

主图的设计形式	图片	
展现商品的全貌		
场景化设计		

主图的设计形式	图片
拼接化设计	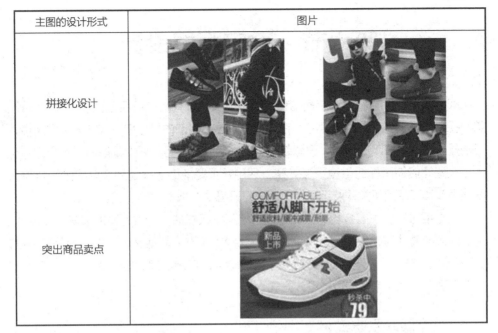
突出商品卖点	

7.主图中文字的使用

在商品详情页中的主图上可以添加价格信息和商品的材质简介文字，提升商品形象，让用户更多更精确地了解商品，激发购买欲，提升销量，也可以添加品牌信息或者LOGO，提升用户的黏性。还可以局部图解商品的细节部分，如图7-35对羽绒服进行系统介绍，让消费者一目了然。

标题文字：对细节图的内容进行概括和归纳，应用画龙点睛的关键词进行文案设计。

段落说明文字：详细阐述细节图的内容，对标题文字进行展开说明。

图7-35　介绍商品细节的主图文字

思考题

网店主图的设计有哪几种构图形式？

第六节 网店页尾设计

很多网店都只会看重淘宝网店首页装修的页头设计，往往会把页尾的装修设计给忽视了。页尾也是非常重要的，它同样可以提高店铺的转化率。其实大家要注意，页尾是一个共同展示的页面，意思就是说店铺每个页面打开后页尾都是一样的。

页尾让店铺页面的结构更加完整，利用好页尾能为店铺起到良好的分流作用，而且页头和页尾属于共同展示页面，无论打开哪个详情页都会显示。

页尾相对来说，内容会少点，而且系统默认只能放一个自定义的模块，在设计上要注意与整体风格统一，放一些消费者保障等信息。通常来说，大部分卖家都是放一些联系方式、"7天无理由退换货"等，增加用户对店铺的信任感。

下面介绍几种常见的页尾设计方式。

一、客服联系方式

很多店铺会将客服联系方式设置在左右两边，而设置到页尾的原因就是页头和页尾属于共同页面，增加展示机会，方便顾客咨询，如图7-36。

图7-36 页尾展示联系方式

二、"购物保障"以及"发货须知"

"购物保障"以及"发货须知"的目的是让用户对店铺增加信任，可以在这部分添加商品的质量保障说明以及物流信息等，给消费者更多的购物保障，能够在第一时间留住顾客。如图7-37所示，为产品的品牌及质量做了详细的说明，而且包邮以及公益慈善品牌等字样增加了消费者对店铺以及品牌的信任度。

图7-37　购物保障说明的页尾

三、数据对比

随着数据计算技术的发展，很多的网店都会在页面的尾部添加店铺动态评分，如图7-38所示。根据数据的提取和计算，可以向消费者展示店铺近期的售后服务以及买家的评价情况，可以让消费者更加详细系统地了解之前买过商品的消费者对商品的反馈情况。

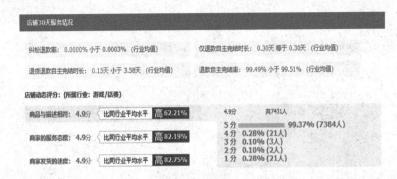

图7-38　页尾的数据分析对比

思考题

在浏览网页时，你会看页尾的内容吗？哪些内容会吸引你？

第八章

新媒体广告
策划与设计
（第二版）

移动新媒体
广告设计

第一节　移动终端界面设计

随着信息化时代的来临，产品自身的信息化属性也越来越健全，根据人们日常的需要，我们在产品的设计方面需要考虑到人机的交互。手机的功能也得到了迅速拓展，通信功能不再是其唯一的重要功能，手机的交互方式发生了很大的变化，其交互界面也更加多样化，其终端性质决定了手机在人机交互界面上更加功能集成化、人性化、趣味化等。

移动终端界面指的是通过手机、平板电脑等移动终端设备呈现的用户能够体验到的图形形态，主要表现为移动应用平台。而由于移动设备的便携性、位置不固定性和计算能力的有限性，以及无线网络的低带宽、高延迟等诸多的限制，移动界面设计又存在着自己的特点。

一、移动终端界面设计的基本流程

1.交互流程设计

App的交互流程设计，可以说像建造房子，要有清楚的平面图纸才能搭建房子。设计交互流程时应该对应用的功能需求有清晰的把握。应该清楚了解整个应用界面的跳转和相关层级的关系。

2.风格定位

整个页面的风格定位非常重要。图片分享类应用中，图片是最重要的视觉元素，应用的设计风格定位要符合视觉的流程，所以一定要设定好整个页面的整体色调。

3.功能图标设计

功能图标（icon）指的是在App中用以表达某一操作或功能的图形。功能图标的设计要尽可能形象、简洁，以准确表达其代表的功能。

4.界面视觉效果整体优化

在选用页面图片时，应尽可能按照应用的风格选取，使页面效果达到整体性优化。

5.应用图标设计

将应用图标放到最后进行设计，是因为一开始无法预知最后的整套UI效果，如果提前设计，极有可能最后仍要根据需求不断调整，而在界面设计接近完成时再进行应用图标设计更方便与整套UI风格吻合。

二、移动终端界面设计整体原则

1.界面设计需清晰明了

调查表明，手机用户在首次使用一个新的应用程序时，视觉效果和操作难度将直接影响用户是否会再次使用这个应用程序。首先，主界面是一个应用程序的"门面"，直接影响到用户对这个应用程序的第一判断。一个优质应用程序，其界面应是清晰、简洁的，用最醒目、最简洁的结构，给用户提供最直观、最值得信任的视觉效果。其次，应用程序的界面设计也需要降低用户使用难度以及对用户知识水平和操作能力的要求，拓展用户群体范围。

2.视觉布局应简明、合理

状态栏高度：50px
导航栏高度：96px
内容区域高度：1038px
主菜单栏高度：96px

图8-1　设计简单的界面

应用程序界面的视觉效果来自页面布局与结构、色彩搭配、文字与图案设计等内容。视觉布局主要指应用程序界面的排版布局，由于智能手机的屏幕尺寸有限，因而要求应用程序界面结构不能过于复杂、界面信息不能过多。科学调查显示：当屏幕总覆盖率低于40%时，用户在使用过程中的焦虑感和心理压力较低。基于以上因素，应用程序的界面设计应简明、合理，优化用户使用体验感，如图8-1。

3.设计语言具有一致性

设计语言包括App研发与设计过程中所呈现的所有元素。为提供更好的用户使用体验，App的界面设计需呈现统一的美术效果，包括风格、字体、色彩、排版等，都应保持统一，使用户使用得更舒适、更流畅。统一的视觉效果能给人们在审美和使用上带来极大便利，同时，设计语言的一致性也有助于App品牌的建立。

4.及时响应用户体验反馈

在用户使用过程中，设计者需及时跟进了解用户的使用体验反馈，包括用户使用情况大数据监控、用户调查与反馈等；同时，设计者也需要及时对用户的反馈做出响应，尤其是对不合理的内容及时进行调整，不断优化App的内容与操作，提升用户使用体验感。

三、常见版式布局

在设计一个新媒体界面时，通常要用到很多的元素，这些元素的布局需要依靠设计者的灵活运用和搭配，比较常见的有以下几种。

1.对称与均衡

对称是在统一中求变化，均衡则侧重在变化中求统一。

对称的图形具有单纯、简洁的美感，以及静态的安定感。对称给人以稳定、沉静的感觉，产生秩序、理性之美。对称的形态在视觉上有安定、完美的感觉，符合大部分人的视觉习惯。均衡的形态设计让人产生视觉与心理上的宁静、和谐，静态平衡的格局大致是由对称与均衡的形式构成的，能够实现画面的上下、左右在面积、色彩和重量上的大体平衡。

在画面设计上，对称与均衡产生的视觉效果是不同的，前者有统一感、韵律感，后者生动活泼，但如果过分均等就容易产生呆板，而过分强调变化则会失去平衡，所以两者的合理搭配至关重要。如图8-2所示，商品详情页面中使用上下对称的设计，但又不是绝对的对称，画面中的布局在基本元素的安排上赋予规律的变化，对称均衡，更灵活生动，具有现代感，也让画面中的商品细节与文字搭配显得更自然和谐。

2.节奏与韵律

节奏与韵律是物质运动的一种周期性表现形式，是有规律的重复、有组织的变化现象，是在艺术造型中求得整体统一和

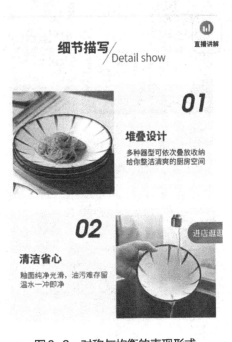

图8-2　对称与均衡的表现形式

图8-3　节奏与韵律的版面布局表现形式

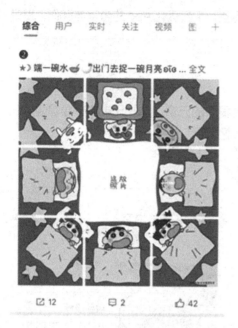

图8-4　对比、调和布局的表现形式

图8-5　虚实结合的表现形式

变化，从而形成艺术感染力的一种表现形式。韵律是通过节奏的变化来产生的，只有在组织上形成一种节奏感，才能具有某种韵律。在移动端的网店设计上，合理运用节奏与韵律，才能将复杂的信息以轻松、优雅的形式表现出来。如图8-3所示，三幅图片的色彩和布局统一，相似的画面体现一种韵律感，但每一幅又不完全一样，既有规律又不重复，让图片信息更有吸引力。

3.对比与调和

在新媒体的移动终端广告设计中，画面中的各种设计元素都存在着相互的对比关系，我们需要在不断的对比中寻求相互协调的因素。对比就是差异性的强调，可以在大小、明暗、黑白、强弱、粗细、疏密、远近、高低、动静等方面形成，但对比的元素一定要有主从关系；而调和则是近似性的强调，是两种或两种以上要素之间具有的共性。图8-4所示为一微博图片，画面中周围的卡通图片形成包围，留出中间位置，在色彩和密度上都形成了对比，而周围的图片又形成了一系列的调和。

4.虚实与留白

虚实与留白是移动新媒体版面设计中非常重要的视觉传达手段，特别是在屏幕尺寸有限的情况下，要想给画面添加灵气、制造空间，使版面更加有层次感，主次分明，就需要依靠虚实与留白的设计运用。任何形体都具有一定的实体空间，而在形体之外的文字、图形和色彩就是虚的空间。实体空间与虚的空间之间没有绝对的分界线，需要利用一定的设计来获得视觉上的虚实感。所谓"实"就是指画面中确实表达含义的文字、图片和色彩;"虚"就是留白,是版面中未放置任何图文的空间,虽然它没有实质的内容,但其形状、大小、比例决定着整体的效果。在排版设计中,巧妙地留白,可以更好地衬托主题。如图8-5所示,化妆品广告中的虚实设计,提升了画面的质感,留给浏览者更多想象的空间。

四、移动终端交互设计信息展现要点

在移动媒体终端上浏览信息,存在着太多的局限:屏幕小注定了一页不能显示太多的信息,环境光线的变化注定了页面设计不能过于花哨,流量限制注定了不能有太多的图片和样式。如果让你的用户直接在手机上浏览为电脑端所设计的网页,即使是经过一些手机浏览器的优化,体验还是会很糟糕,甚至有时候会让人难以忍受。如何调整信息展现方式,使内容在移动终端的小屏幕上也能更友好地展现呢?

移动终端上的信息展现,一方面要有利于用户找到需要的信息,另一方面要为用户提供友好的方式以阅读用户需要的信息。为了在终端上有效地支持这两个任务,移动终端设备中的信息设计需要满足以下几条要求。

1.以摘要形式展示信息

移动终端上的信息展现和web上的信息展现都有一个共同的出发点——方便阅读。任何有助于用户迅速判断某条信息是否有价值的方式都可以借鉴,以防止用户花了大量的时间去阅读一些对他来说没有意义的内容。因为web可以展现很详细的信息,而手机上显示一篇稍微长点的文章就需要好几页,所以我们不是把一篇篇文章直接适配到手机版就可以了,而是还需要提供一个新的方式,让用户可以总览全局,一下子看到所有的文章。这就需要把信息缩略成摘要的形式,但是这也需要分情况考虑,比如:

对于新闻来说,需要显示标题;

对于博客来说,需要显示标题+时间+评论;

对于论坛来说,需要显示标题+作者+时间;

对于微博来说,需要显示全部。

Twitter的Android客户端Twidroid以全文方式显示Twitter信息,单击弹层选择操作,既简化了操作步骤,又有利于快速浏览。

2.导航和提示处于明显的位置

新浪微博Android客户端提供了明确的提示信息和导航信息,如果这类新信息提醒是可以操作的,客户体验感会更好。Android上的Twitter客户端TweetCaster提供了一个提示和导航集成到一起的解决方案,而且保证了可操作性,体验很好。

3.减少滚动

显而易见，用户在web上就很讨厌滚动操作，在手机上更是如此。但是我们面对的问题是，手机客户端需要把大量的信息整合到终端上展现给用户，势必造成一些不得不进行的滚动和翻页。

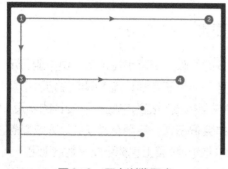

图8-6　用户浏览顺序

五、界面元素视觉流程

按照我们得出的用户视觉习惯特点，在整体页面布局上应该遵循从上到下，从左到右的原则；品牌标志和导航应该放在页面的顶部，这是用户对页面的第一印象；在内容结构中，图片更容易获得关注；用户浏览完图片后，最后的关注点便是标题。用户浏览顺序如图8-6。

而对于手机、Pad等屏幕较小的移动设备，则应关注小屏幕的准确率、热区和死角问题。所谓热区，就是在界面中点击成功率比较高的区域；死角则为点击成功率较低的区域。在设计过程中尽量将最重要的界面交互元素放置在热区范围当中。对于那些起到界面导航作用的交互元素，例如"菜单""返回""关闭"等，以及用来完成分享、收藏、编辑、删除等功能的按钮，通常可以将它们放置在界面顶部。持机的那只手通常会握住机身的上半部分，因为这样最符合杠杆原理；相应地，拇指热区基本会位于屏幕的前三分之一部分，偏向左上角或右上角。Pad的屏幕相对较大，用户很难像使用手机那样瞄上一眼就能看到界面中的几乎全部内容。用户通常会首先将目光聚焦于Pad界面的顶部区域，所以设计方案也要相应地在这一点上符合用户习惯。手机屏幕操作区域如图8-7。

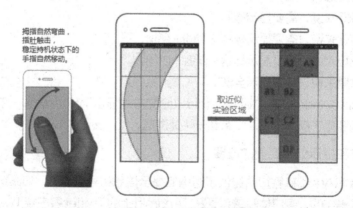

图8-7　手机屏幕操作区域图

234

手机用户在大多数情景下是单手操作手机，所以要考虑到产品的重要功能是否能单手完成，并且要注意在同一个产品中，手势操作种类不要太多，不要用同一个手势实现不同操作。移动系统或应用中一些重要的工具栏、导航结构和控制元素，通常被放置在界面底部，称为底部原则，这是一条具有广泛适用性的设计原则。我们可以在很多其他类型的设备中看到这种原理的体现，例如Pad、计算器、带有实体键盘的普通手机、电子秤等，无不是内容在上、控制在下，这与拇指的作用范围有关。当我们使用拇指在屏幕上进行操作的时候，手指下方的内容部分将会被遮挡住；只有将交互控制元素放在内容区域的下方，才能让这种负面效应降至最低。

　　在iPad及同类平板设备的应用当中，主要的交互控制对象应该被放置在界面的左上角或右上角，以便拇指可以很容易地触摸到。尽量避免将交互元素放在屏幕顶端正中间的位置，否则在用户进行操作的时候，手掌会将很大一部分内容遮住。实际上，任何会对下方内容产生直接控制作用的交互元素都不应该被放在这个位置，如图8-8。

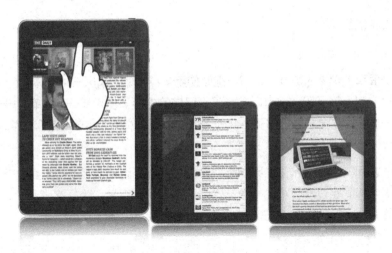

图8-8　重要图标放置在左上或右上

六、文字的层级关系设计

1.字体的选择与大小

　　现在市面上流行的两种操作系统是iOS和Android。iPhone上的英文字体为HelveticaNeue；至于中文，Mac上用的是黑体或简体，Windows上则为华文黑体。Android上的字体为Droid sans fallback，是谷歌自己的字体，与微软雅黑很像。图8-9是"百度用户体验"做过的一个小调查，可以看出用户可接受的文字大小，其中数据以像素（px）为单位。

		可接受下限（80%用户可接受的下限）	最小值（50%以上用户认为偏小）	舒适值（用户认为最舒适）
iOS	长文本	26px	30px	32px～34px
	短文本	28px	30px	32px
	注释	24px	24px	28px
Android 高分辨率 （480×800）	长文本	21px	24px	27px
	短文本	21px	24px	27px
	注释	18px	18px	21px
Android 低分辨率 （320×480）	长文本	14px	16px	18px～20px
	短文本	14px	14px	18px
	注释	12px	12px	14px～16px

图8-9　常用操作系统字体大小

2.文字的编排

（1）只用一种字体

减少屏幕上字体的数量，是指不需要使用多种字体，只用一种字体，配上斜体、加粗、改变字号等手段，也可以分辨不同区域的内容。使用单一字体有助于增强品牌的统一性，优化全平台的体验。此外，用户也更喜欢单一字体所带来的简洁性。

（2）文字之间留足空间

字体之间的空间对字体的影响是非常巨大的，甚至超过了字母本身对字体的影响。如果字母间距过窄，将会导致文本阅读困难，太宽又会降低阅读速度，进而影响阅读体验，一行显示14个左右的中文字符比较恰当。

（3）适当的行距

行距是行之间的空隙，如果行距太紧密，会让视线难以从上一行的行尾过渡到下一行行首，但行距要是太宽松，字间距又会开始形成队列。行距通常以1.4em（1em=16px）为标准，但在电脑屏上显示时，这样的距离显得过于紧密；在移动端行宽变短，相应也该缩小行距，1.4em是一个恰当的选择。

另外字母间距应当小于字间距，字间距又应小于行间距，行间距要小于段落间距。要注意这些特殊层次才能在移动端创造最佳阅读体验。

（4）尽量不要采用两端对齐的方式

起伏边是指一段文字的边缘，现在大多数中文网站都是居左对齐，所以会导致每行右边沿参差不齐。当视线从上一行行尾扫视到下一行行首时，最好让大脑可以估计下一次跳跃的距离和角度，假如文字左侧边缘是平的，那么间距保持一致，就能加快阅读速度。两端对齐的意思是把文字设置成每行文字所占空间相等，采用这种方式，两侧都不会产生起伏边；但是两端对齐也有缺点，那就是文字间产生的间隙不一样宽，甚至有时一行中只有几个字，而在下一行则填满了，非常不协调。更窄的行宽会加重两端对齐的问题，因此两端对齐的文字在移动端是难以阅读的，所以尽量不要在移动端使用两端对齐。

3.文字的层级关系设计

谈到层级关系时，在HTML代码语言中它通常是指H1到H6这六个层级。文字间的层次能够告诉用户哪些是主要信息，哪些是次要信息，引导用户的阅读次序和主次关系。如果网页中的文字层次不分明，会让用户感到混乱厌烦、不知所措，如果用户没有主次感，就没有读下文的欲望，用户体验差。

图8-10　字体的编排

利用留白和卡片式设计。以前人们会使用线条和各种分隔符号来区分界面上的不同区域，但实际上这种方式现在看来会显得过于拥挤。在设计中去掉线条，通过留白和卡片的方式呈现内容，可以创造出更干净的界面，如图8-10。

七、移动终端界面与交互设计的发展趋势

1.内容为王、多通道协同

移动互联网终端的界面交互设计布局应以内容布局为核心，提供符合用户期望的内容。同时为触摸而设计，界面的交互系统以自然手势为基础建构，符合人体工学并保持一致性，保持应用交互的手指及手势的操作流畅性、用户的注意流畅性和界面反馈转场的流畅性。

发挥设备的多通道特性。不同设备兼容的多通道界面和交互，让用户更有真实感和沉浸感。多通道设计是指系统的输入和输出都可以由视觉、听觉、触觉等来协作完成。保持界面架构简单、明了，导航设计清晰易理解，操作简单可见，通过界面元素的表意和界面提供的线索就能让用户清楚地知道其操作方式，同时考虑应用的使用情境，确保在各个产出中断的情境下，让用户能够方便地恢复之前的操作。保护用户的劳动付出，给用户提供让他感到惊喜有趣的、智能高效的、贴心的设计。

建立手势交互规范。在一个移动应用中，手势的统一性非常重要。同一页面内，

尽量不要多用手势操作，让用户在应用的任何界面中都知道怎么使用手势，并达到预期的结果。很多手势是符合用户的直觉的，比如当需要删除某个东西时，不论什么年龄、性别的用户可能都会想到把这个东西扔出屏幕。手势可以显著提升产品的使用体验，帮助用户以更少的点击完成更多交互，如图8-11。

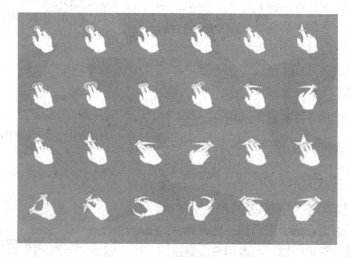

图8-11　手势

2.更加方便的输入转换方式

采用选择列表或模糊查询，即用户输入一部分查询关键词就可以获得检索目标或包含目标的列表可供选择，这样可以降低用户进行关键字文本输入的麻烦。

将文本输入转化为手势输入，手势操作会以更快的形式进行输入，提升了输入的效率。如天猫客户端的价格输入转化为手势拨动。同时简化输入选项，变填空为选择，在设置输入或者对于一些已知项目的输入中，尽量把用户要输入的内容变成选择，如日期、地址等尽量使用选择输入。

使用语音或扫描识别二维码、条码、文字等形式减少用户的文字输入，给用户提供便利，节约时间。

3.使用更简洁的配色方案及分层的界面

正确使用颜色可以营造情境，将用户的注意力引导到合适的位置，强调关键功能，提高使用App整个过程中的体验。自扁平化设计开始普及以来，使用更简洁的配色方案就成为一种趋势，用户倾向于使用更少的颜色，喜欢界面的干净。

以前，用户界面都是拟物化的，从事物本身选取素材，比如电子日历长得和纸质桌面日历一样，把App图标设计成立体的，按键音也模仿传统电话。现在，扁平化设计通过分层的方式来表现事物的深度和层次，创造一种更加"有形"的感觉，如图8-12。现实世界是多维的，以前人们习惯的界面也是拟物的，所以在进行扁平化设计时可能会出现的一个风险就是"过于扁平"，导致用户的不适应，而分层设计就是解决这个问题的方法：把一个物件放在另一个物件的上方，充分利用纵向的层次，帮助用户理清不同物件之间的关系，把注意力放在特定的位置。

图8-12　扁平化设计实现多维世界

思考题

移动新媒体广告终端的设计原则是什么？

第二节　手机微博广告设计

微博相对于其他新媒体平台来说，设计的元素要少一些，空间更小一点，所以如何高效地利用其小空间，最大限度地展示自己的优势与特点，成为微博新媒体设计的关键问题。

一、好名称的设计

用户可以第一次就记住一个他觉得有趣的或者简单、朗朗上口的名称，所以微博名的设计是吸引读者，扩大传播范围的第一步。大部分企业都会将品牌的名称或者产品名称作为微博的名字，如"vivo智能手机"，许多网络大V也会给自己的微博起一个能够代表其个性特征的名字，如"财经××"等。需要注意的是，微博的普通会员一年内只能修改一次名称，其他根据等级的不同，会员可以修改名称3～5次，所以在设置微博名称时要谨慎。

微博头像的设计也像微信头像一样重要，老粉丝在传播微博内容时，往往是通过名称，而对于那些随便逛逛的读者，一个吸引人的头像则至关重要。

二、热门话题的借用

新浪微博是我国现如今微博界的领头羊，自从它开放了微博话题运营后，营销话题就成为一种新的营销方式，通过提高在话题榜上的排名，可以有效推广个人与企业，增加浏览量。那么如何制造话题呢？一般有三种方式，如图8-13所示。

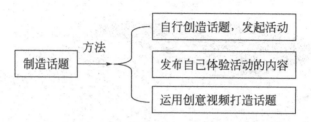

图8-13　制造话题的三种方式

很多电影在上映前，会请相关的微博大V通过发布微博"#电影话题#"的方式来扩大宣传，让更多的人参与到此话题的讨论中来，进而通过话题提前认识电影，喜欢电影。

思考题

要设计好一个微博新媒体广告，需要关注哪两点？

第三节　微店店铺设计

店铺装修是店铺运营中的重要一环，微店设计的好坏，直接影响到顾客对于店铺的最初印象。对于微店设计装修需要注意以下几点原则。

① 店铺名称尽量简洁。淘宝店铺给掌柜30个字的编辑限度，这很重要。有的掌柜认为简单就是一种美，店铺起名非常简单。虽然简练的名称容易使人记忆，但也不能忽视搜索店铺这个关键的动作，因为简练的名称所涵盖的有效信息往往不够全面，不利于顾客准确地搜到。店铺掌柜需要充分利用好这30个字，让消费者能够非常容易地找到想要的店铺。

② 图片展示要合适。大部分的微店产品内容多以图片展示，如首页、店招、公告以及产品详情页等。但在设计图片时要考虑到移动网络环境中网速限制问题，因为大多数的消费者都是用移动终端浏览微店，在图片过多、过大，网速又跟不上的情况下，消费者的浏览速度会大大降低，店铺的很多栏目和产品也找不到，最终导

致购买行为的失败。

③ 谨慎添加背景音乐。非常多的微店为了增加气氛，会在页面加载时添加背景音乐。在进行此类设计时首先要注意音乐加载的时间，同时还要设定音乐下载完成后播放默认为静音模式，添加播放按钮，给不同喜好的消费者选择的权利。

④ 设计风格要一致。虽然微店店主的审美喜好不同，但要遵循店铺设计风格统一的原则，无论选择哪一种设计风格，图片的基本色调与公告、字体颜色之间最好对应，这样才会给消费者一个和谐统一的视觉印象。

⑤ 页面布局重点突出。微店装修的页面布局设计切忌复杂，不要把店铺设计成门户网站风格。过多的内容和不合理的"高大上"会让人眼花缭乱，影响了消费者的使用体验。所以不是所有的角落都需要设计和装修，次要区域的放弃反而会更突出主要内容。总之目的只有一个，就是让消费者进入店铺首页或商品详情页后，能够顺利地找到自己想要的商品信息，可以快捷地看清楚商品。

⑥ 商品图片水印尺寸要合适。商家为了避免图片侵权的情况出现，通常都会在商品图片上添加自己店铺的水印。但如果不能准确地把握好水印的尺寸大小，就会削弱商品的表现，形成喧宾夺主的情况。

一、直观地展示淘宝店铺的信息

网络店铺的装修设计可以起到一个品牌识别的作用。对实体店来说，好的形象设计能使店铺保持长期的发展，为商店塑造更加完美的形象，加深消费者对企业的印象。

同样，建立一个网络店铺或者手机微店也需要设定自己店铺的名称、独具特色的LOGO和区别于其他店铺的色彩和装修风格。消费者在微店的首页中可以提取很多重要的信息，如店铺的名称、店铺的LOGO、店铺的配色方案和风格、商品的详情等。

1.首页欢迎模块

用户可以从欢迎模块中的各式图案中了解到店铺主要营业方向，如图8-14所示，也有些首页会标明商品的优惠价格。

2.店铺介绍

店铺介绍可以展示店铺的名称、掌柜信息、收藏人数、店铺所在城市、店铺标签等信息，如图8-15所示。

3.商品列表

从店铺首页的推荐列表中，可以看到陈列的商品，直接知道店铺销售的商品，如图8-16所示。网店和微店中的LOGO和整体的店铺风格，一方面作为一个网络品牌容易让消费者熟知，从而产生心理上的认同，另一方面，也作为一个企业的CI（企业文化识别系统），让店铺区别于其他竞争对手。

图8-14 首页欢迎模块

图8-15 店铺信息

图8-16 商品列表

二、提高店铺转化率

店铺各个模块都有不同的作用，其中每个模块所传递的信息内容，对消费者都有很强的引导作用。

做微店，最主要考虑的是如何把自己的商品信息准确地传达给消费者，让消费者光顾自己的店铺。图片传递的只是商品的样式和颜色的信息，对于性能、材料、售后服务，消费者需要通过文字描述来了解。

网上购物，商品描述是影响买家是否购买的一个重要因素。很多店主会花大心思在商品描述上。但只靠商品描述还是不够的，准确、详细的参数表述也非常重要，两者结合才能方便消费者根据商品的信息确定是否购买。

思考题

手机微店的视觉设计和电脑端网店设计在布局上有什么不同？

第四节 微信公众号设计

近年来微信公众平台变得越来越火热。借助这个平台，个人和企业、机构都可以打造属于自己的微信公众号。下面主要介绍微信公众号的设计要点。

一、公众号头像设计

无论哪种新媒体运营的头像，都是一个非常重要的标志。一张优秀、吸引眼球的头像图片能够胜过千言万语，它不但能够带来视觉上的冲击，还能收到意想不到的效果。如"樊登读书"用的是LOGO加文字的设计，让读者能够在众多的信息中找到它，如图8-17所示。

图8-17 樊登读书公众号

一个好的头像，对一个微信公众号来说非常重要。它将出现在企业策划的各类平台中，并且长期跟随企业的发展，成为企业的一部分，为企业的品牌发展贡献出非常重要的作用。

1.头像设计的作用

一个好的头像设计，除了能够吸引读者、粉丝的眼球之外，还有一个作用就是通过设计尽可能为企业微信公众平台引流，使其传播范围更广。什么样的头像能够帮助企业传播形象、吸引更多的粉丝呢？一般具备三个条件：适合平台推广，图像清晰，辨识度高。

什么是适合平台推广的头像？就是符合企业公众形象和风格主题的头像。

例如"樊登读书"的微信公众平台，就是专门为那些想读书但不知道读什么书、没有时间读书或者自制力和行动力较差的人群打造的一个公众号，让更多的人能够利用碎片化的时间换种形式来读书。其微信公众号的头像设计，也偏向于简洁唯美，以温暖的黄色衬托深灰色字体，配上简化了的书的图像，公众号的主题一目了然。

什么是清晰的头像？顾名思义，就是头像的像素要高，因为微信上的用户无论是搜索还是订阅，首先看到的是小小的四方形或者圆形头像，如图8-18所示。因此，越是高清的图片，在小图呈现的情况下，越容易被一眼扫到，所以清晰是头像设计的第二大关键。

头像除了清晰以外，还要有较高的辨识度，让读者在众多的小图中一眼辨识。如北美省钱快报的头像由一个红色背景和大大的"省"字组成，鲜明的颜色对比和大字体设计，使得读者一眼就了解了此公众号的主题，如图8-19所示。

图8-18　头像的小图展示形式　　　　图8-19　北美省钱快报的头像设计

2.设置头像的技巧

当我们设置公众号时，头像设置可以使用三种图片：包含企业LOGO的图片、企业产品图片和复合类型图片。

（1）包含企业LOGO的图片

企业将自己的企业LOGO图片放置在公众号头像中是一个不错的选择，既让读者在每次看到公众号的时候就能够看到企业的LOGO，还能够加深企业的品牌形象在读者心目中的印象，有利于品牌形象的传播，如图8-20所示中国农业银行的公众号头像。

（2）企业产品图片

除了可以使用企业的LOGO作为头像之外，还可以选择企业产品图片作为微信公众号的头像，使得企业更多的产品多次出现在读者和粉丝的视线中，增加产品的曝光量，进一步宣传、推广产品效果。

（3）复合类型图片

有些企业会将一段时间内业务内容和合作伙伴图片展示在微信头像中，如中国联通和2022年北京冬奥会主办方合作，那么它的微信公众号头像就变成了图8-21所示。

对于那些自媒体个体，他们可能没有自己的公司LOGO，也没有主营的产品，那么这一类公众号头像的图片设定就极具个性化，有自媒体大V的照片、个人签名照片或者漫画头像等形式。在进行这类头像图片的设计时，要让原本单调的图片鲜活起来，通过艺术化处理给图片"化妆"，使其更加夺目，如图8-22所示。

中国农业银行官方订阅号。第一时间掌握农行最新资讯、品牌形象、文化理念。

4篇原创内容 2位朋友关注

视频号：中国农业银行

#荣誉背后 #奋斗新征程 #消保锦囊 展开

消息   视频   服务

图8-20 中国农业银行的公众号头像

北 京 2022 年 冬 奥 会 官 方 合 作 伙 伴
Official Partner of the Olympic Winter Games Beijing 2022

图8-21 微信头像同时显示合作单位图片

图8-22 个性化的微信头像图片设计

二、公众号文章封面的设计

封面是公众号文章正文中非常重要的一部分。一个精美的封面，能够给新媒体平台带来的流量是不可估量的。文字能够传达深刻的感情，图片让文字插上翅膀飞起来。运用得当的图片能够成为微信公众号文章的"重型武器"。

封面图片按尺寸的大小，分为小图和大图，小图一般为200×200像素，大图则可以是900×500像素。图片过小则压缩后易失真，而过大则会影响其他文字内容的展示，效果会大打折扣。文章内容中的图片大小可以根据公众号定位的读者爱好和阅读时间的相关情况来确定，所谓合适大小的图片，主要从读者的阅读体验出发，不能让过大的图片耗费读者大量的流量和加载时间，也不能因为图片太小而导致看不清内容。如果一个公众号的读者大部分都是在早上阅读文章，那么他们使用手机流量的可能性就大一些，这时候推送文章时需要控制其中图片的大小，不但节约流量也节省时间；而如果读者喜欢在晚上阅读文章，那么在家使用WiFi的可能性就大，此时推送的文章可以适当加载高清的大图，提升读者的阅读体验。

对图片的格式选择也要注意，一般有PNG、JPG、GIF、TIFF等。不同格式的图片在清晰度和色彩显示上有细微的差别，色彩饱满、亮度高的图片更能够给读者一个愉快的阅读环境，如图8-23、图8-24所示。

图8-23　带有大图的微信文章内容

图8-24　商品信息介绍

1.购买者使用反馈

淘宝网会员成功完成一笔交易后，双方均有权对对方交易的情况做一个评价，这个评价也称为信用评价。已经购买过的消费者对商品的正向评论对后续买家是否购买起到决定性的作用，因为商家的商品信息宣传性太强，而消费者的评论却被认为是比较真实的描述。

2.相关证书或者证明的展示

如果是某类特殊商品，既可以展示能够证明商品品质的权威机构颁发的证明资料，如证书、鉴定结果等，也可以展示消费者所关心的商品制作过程，这些都是可以增强消费者对商家信任度的方法，如图8-25所示。

图8-25 某一类产品的证书展示

思考题

微信公众号头像的设计有哪些注意事项？

第五节 微信小程序设计

一、界面设计要点

随着微信小程序的持续火热，越来越多的微信用户在使用小程序来点餐、乘坐公交、刷健康码等。随着用户的增多，商家也看到了其中的商机，不断地制作出更多的小程序。下面就简单介绍如何设计一个小程序界面。

小程序有多个界面，不同的界面效果与功能都不同。如何让这些功能更快速地传达给用户呢？从以下三点来考虑：

首先，要有精细的排版。在移动设备上使用小程序，不像是在电脑上那么轻松自在，设计者在为小程序的元素和文字进行排版时，应该适当放大这些元素和文字的间距。

其次，避免使用太花哨的元素。过于花哨的图片或者文字在小屏幕上更容易吸引读者的注意力，使他们忽略主要的信息，同时也会增加流量和载入时间。

最后，注重导航部分设计。大部分小程序是通过导航栏来分割其功能的，导航栏的存在可以确保用户不会在页面中迷失，还会对读者的下一步预期有引导作用。如图8-26所示，携程App首页的中上部有着非常显眼的导航栏，使得读者一眼就能找到自己想要的内容，进行下一步操作。而当用户进入二级菜单后，小程序会根据用户的动作推荐进一步的内容，如当用户点击火车票部分时，在页面的下半部分是酒店预订和接站专车服务的推荐链接，如图8-27所示，可以让有预期需要的用户方便寻找。

图8-26　携程App中的导航部分

图8-27　"火车票"二级菜单中的推荐

二、内容设计要点

小程序是一种不需要下载安装就能使用的应用。作为一个方便的移动应用，每一个程序都有其专属功能和业务，所以程序内所有的内容，都要围绕着企业的主要经营内容来设计，这样用户才能够快速判断出此小程序的主要功能是否符合自己的需求。如"沪上阿姨"小程序的"首页"最显眼处就是取餐方式，"点餐"部分的左侧导航和右侧大图都能够非常清晰地向用户传递此程序的主营业务，用户可以通过自取或者送餐的方式方便下单，如图8-28所示。

图8-28 "沪上阿姨"小程序

随着小程序的普及，越来越多的企业和单位开始尝试使用微信小程序，也就导致市场上出现了许多设计水平不高的产品。让自己的小程序在琳琅满目的小程序中脱颖而出，让读者愿意在小程序中多停留一点时间是我们进行设计的根本出发点。

思考题

举例说明在你使用过的微信小程序中，哪些界面设计会让你眼前一亮？

第六节　直播新媒体广告设计

随着移动终端的快速普及和网络提速，依托于手机、平板电脑等设备的直播开始进入人们的视野。热点是网络直播的生命力，要做一个能够将粉丝留在直播间里的直播，就要对热点话题和时尚潮流有敏锐的洞察力，时刻注意市场的动向。

一、确定直播主题

确定直播主题时不但要抓住时事热点，还要有恰当的时间点，才能在合适的时间做合适的事，抓住消费者的心理。如对于近来比较流行的词语"躺平"，许多品牌方就利用"躺"这个关键词，将自己的产品与其结合起来，如"躺平＋床垫""躺平＋美容产品"等等。

如果想让粉丝从头到尾、一分钟都不落地看完直播，那么直播产品的设计就要极具新颖性。要向直播间里的粉丝全面展示产品的优势和与众不同的地方，并尽量地在短时间内展示出来，让用户能够区分你的产品和其他产品的本质区别，提高购买效率。"产品是主角、产品是关键"，需要把握以下三点：尽可能地多展示产品或者产品的图片，如图8-29所示；主播讲话内容要与产品相关；主播的各种动作要与产品相关联，围绕产品衍生直播行为。

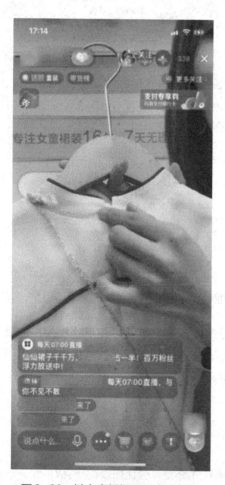

图8-29　抖音直播间展示产品细节

二、直播间里气氛的营造

直播间不同于其他的购物形式，它需要在短时间内激起粉丝的购买热情，于是直播间里气氛的营造就至关重要。可以通过很多方式来设计和营造直播间的气氛，比如当展示一件商品时，屏幕上可以同时显示当前购买的人数，这就带动了那些正在犹豫的消费者，形成一种群体的购买冲动。

再比如，某主播在直播时喜欢用的标志性语句"OMG""买它买它就买它"，某主播直播间常用的"321上链接"等，这些带着情绪，能够在短时间内激起粉丝购买欲望的语言、动作都是在直播之前的设计准备工作中需要思考的。

直播已经不仅仅是一种社交模式，更是一种娱乐方式。对个人来讲，直播是一种购物行为，而对商家而言，直播是推销产品、赚取利润的全新营销方式，需要关注逐渐向娱乐消费转变的消费观念。面对这样的状况，商家需要利用直播这种具有高效益的娱乐营销方式，设计出一套适合自身产品的广告宣传路线。

例如，2016年，小米在四大平台进行了关于"小米5黑科技"的直播。这并不是一场普通的直播，过程处处充满了惊喜，很好地结合了"娱乐+直播"的设计方式。首先是雷军放出了一段预告片，宣传小米黑科技的直播时间，内容将会涉及处理器、防抖相机、屏幕、3D陶瓷机身等，让用户对直播充满了好奇与期待，如图8-30。

图8-30　直播预告

直播期间，主持人每隔一段时间就送出产品作为大奖，同时产品展示图都以细节为重，运用大面积的低明度色彩，给人以深沉、神秘的感觉，符合产品神秘的特质，说明性文字则采用白底黑字，最大限度地避免产品图影响用户对产品信息的文字解读。这些具有特色的直播广告形式，让用户感觉企业的直播有新意，就像表演一样给人带来精神享受，同时对产品也产生了深刻的印象。

新媒体直播也需要设计海报，其中包括主播招募海报、直播宣传长页、主播推荐海报等。设计制作主播招募海报时，可以采用黑白装饰与亮色矩形形成鲜明对比，使得粉丝能够更好地注意到人物和展示信息。制作直播宣传长页时，需要运用矩形框将不同内容分成几个区域，这样的信息分区会更加明显。

思考题

直播带货是现如今发展非常快的一种营销方式，你认为直播间的布置、主持人的风格中哪一项会更重要？

参考
文献

[1] 黄河，江凡，王芳菲. 新媒体广告[M]. 北京：中国人民大学出版社，2019.

[2] 周艳，吴殿义，吴凤颖. 新媒体概论[M]. 北京：高等教育出版社，2020.

[3] 郑龙伟，刘境奇. 数字广告[M]. 北京：人民邮电出版社，2019.

[4] 倪林峰. Photoshop新媒体广告设计[M]. 北京：清华大学出版社，2019.

[5] 郭靓，徐辉，苏欣，等. 微营销[M]. 北京：电子工业出版社，2014.

[6] 阳翼. 数字营销[M]. 北京：中国人民大学出版社，2015.

[7] 熊澄宇. 新媒体与创新思维[M]. 北京：清华大学出版社，2001.

[8] 陆小华. 新媒体观——信息化生存时代的思维方式[M]. 北京：清华大学出版社，2008.

[9] 黄升民. 数字传播技术与传媒产业发展研究[M]. 北京：经济科学出版社，2012.

[10] 宫承波. 新媒体概论[M]. 北京：中国广播影视出版社，2020.

[11] 杨雪睿. 分化与重聚：对城市居民消费行为的重新解构[M]. 北京：中国广播影视出版社，2009.

[12] 李传江. 终端营销[M]. 北京：中国经济出版社，2006.

[13] 赵龙.情景终端[M].北京：中国发展出版社，2005.

[14] 张海良.终端不竞争[M].北京：北京工业大学出版社，2008.

[15] 维尔斯，伯奈特，莫里亚提.广告学原理与实务[M].张红霞，主译.北京：北京大学出版社，2007.

[16] 吴俊.程序化广告实战[M].北京：机械工业出版社，2017.

[17] 彭兰.社会化媒体理论与实践解析[M].北京：中国人民大学出版社，2015.

[18] 高杉尚孝.麦肯锡教我的写作武器[M].北京：北京联合出版公司，2013.

[19] 费斯克.关键概念[M].李彬，译.北京：新华出版社，2004.

[20] 海涛.信息检索与利用[M].北京：北京航空航天大学出版社，2015.

[21] 陈冬旭，梁琳.电信运营商APP产品详情页面视觉设计研究[J].计算机时代，2019（7）：43-46.

[22] 李怀颖.色彩在UI设计中的应用[J].信息与电脑，2020（18）：10-12.

[23] 李婉晨.基于5G的新媒体广告研究[D].武汉：湖北美术学院，2020.

[24] 陈培爱，闫琰.中国新媒体广告人才需求的调查研究[J].新闻与传播评论，2020，73（4）：20-31.

[25] 曹瑾林.新媒体广告传播中视觉呈现的趋势研究[D].武汉：湖北美术学院，2020.

[26] 韩燕飞.我国新媒体广告现状与发展趋势研究[J].中州大学学报，2020，37（02）：67-71.

[27] 陈锦钰.基于感官互动体验的新媒体广告设计研究[J].新媒体研究，2020，6（13）：39-41.

[28] 宋安琪.新媒体广告传播研究[D].哈尔滨：哈尔滨师范大学，2016.

[29] 张昭，侯小锋. 当代中国服装网页设计的艺术风格初探[J]. 大众文艺，2017（14）：153-154.

[30] 杨洋，沈真波. 网络店铺用户界面设计[J]. 现代交际，2018（4）：10-11.

[31] 闫芳. 网店店招设计的研究与分析[J]. 科技经济市场，2015（9）：141.

[32] 匡文波. 2006新媒体发展回顾[J]. 中国记者，2007（1）：76-77.

[33] 黄升民. 终端者，终极也[J]. 媒介，2012（6）.

[34] 赵思远. 四大门户的移动营销套路[J]. 计算机与网络，2016，42（12）：42-43.

[35] 王鑫. Native App与Web App移动应用发展[J]. 计算机系统应用，2016，25（9）：250-253.

[36] 顾春来. App应用程序开发模式探究[J]. 硅谷，2014，7（5）：35-36.

[37] 刘春华. 基于HTML5的移动互联网应用发展趋势[J]. 移动通信，2013，37（9）：64-68.

[38] 谢耘耕，徐颖. 微博的历史、现状与发展趋势[J]. 现代传播，2011（4）：75-80.

[39] 程士安. 微博"粉丝"行为解读[J]. 中欧商业评论，2011（11）：34-38.